JEWRY-LAW

IN

MEDIEVAL GERMANY

LAWS AND COURT DECISIONS
CONCERNING JEWS

By

GUIDO KISCH

*Visiting Professor of History, Jewish Institute of Religion,
Formerly Professor of Legal History at the Universities of
Leipzig, Königsberg, Prague, and Halle.*

THE LAWBOOK EXCHANGE, LTD.
Clark, New Jersey

ISBN 978-1-58477-259-0

Lawbook Exchange edition 2003, 2016

The quality of this reprint is equivalent to the quality of the original work.

THE LAWBOOK EXCHANGE, LTD.
33 Terminal Avenue
Clark, New Jersey 07066-1321

*Please see our website for a selection of our other publications
and fine facsimile reprints of classic works of legal history:*
www.lawbookexchange.com

Library of Congress Cataloging-in-Publication Data

Kisch, Guido, 1889-
Jewry-law in medieval Germany: laws and court decisions concerning
Jews / by Guido Kisch.
    p. cm.
  Originally published: New York : American Academy for Jewish
  Research, 1949. (Texts and studies ; v. 3).
  ISBN 1-58477-259-X (cloth: acid-free paper)
    1. Jews—Legal status, laws, etc.—Holy Roman Empire. 2. Jews—
  Legal status, laws, etc.—Germany—History—Sources. I. Title. II. Texts
  and studies (American Academy for Jewish Research) ; v. 3.

  KK305 .K57 2002
  342.43'0873—dc21   2002024330

Printed in the United States of America on acid-free paper

JEWRY-LAW

IN

MEDIEVAL GERMANY

LAWS AND COURT DECISIONS
CONCERNING JEWS

By

GUIDO KISCH

Visiting Professor of History, Jewish Institute of Religion,
Formerly Professor of Legal History at the Universities of
Leipzig, Königsberg, Prague, and Halle.

NEW YORK

AMERICAN ACADEMY FOR JEWISH RESEARCH

S-GRAVENHAGE
N. V. MARTINUS NIJHOFF'S BOEKHANDEL
EN UITGEVERSMAATSCHAPPIJ

1949

PRINTED IN THE UNITED STATES OF AMERICA
PRESS OF THE JEWISH PUBLICATION SOCIETY
PHILADELPHIA, PENNA.

DEDICATED

AMERICAN ACADEMY FOR JEWISH RESEARCH

PREFACE

REEDOM and power, those driving and determining forces in the life of nations, are concepts unrealized in the history of the Jews during the long centuries of the Diaspora. Since the loss of their ancient state the Jewish people, in its entirety and through its several groups, has had to strive for "living space" — in the physical as well as the figurative sense — among the nations of the earth. This struggle for existence was and is decisively waged in the domain of the state and the law. Prior to the victorious march of modern democratic ideas, beginning about a hundred and sixty years ago, the Jewish people was completely doomed politically and strictly excluded from every walk of public life. Its organizing forces could operate only within the narrow confines of the Jewish community. Legally, the situation of the Jews was little different. Conditions favorable for the formation of an independent and centralized system of law, like that of ancient Rome, for example, had existed within the frame of the Jewish state. These conditions were not dependent on the political autonomy of the Jews. They existed before the attainment of statehood and survived the dissolution of the Jewish state, resulting in the traditional system of Jewish law which remained the guide of Jewish life in the Diaspora. However, after the Jews had lost their political independence and had ceased to be regarded as a separate nation, wherever they found admission and settled, their position was assigned to them by those powers to whose authority they were subjected. In other words, the political and legal status of the Jewish community in the Diaspora was always determined by forces and influences foreign to the Jews and, almost always, beyond their control.

The special rules of law determining the status of the Jews within the structure of the state are comprised in the term "Jewry-law," formed after and equivalent to the expression, *Judenrecht*, a compound found — characteristically — only in the German language. It is obvious that both these terms, unlike designations such as "Roman law" or "English law," meaning the law of the Romans or English, do not refer to the Jews as the law-creating factor. Jewry-law is, on the contrary, of non-Jewish origin, the product of legislation, administration of justice and legal doctrine in Christian states. It deals with the legal status of the Jews who, as a rule, are treated as passive objects of legislation and law-enforcement. In its strictest sense the term "Jewry-law" includes laws enacted for the Jews collectively as a separate social group. The specific meaning of the word thus carries with it a discriminative connotation. All this is true of ancient Rome as well as of the medieval state and the state of the pre-emancipatory era. The status in law assigned to the Jew by the world around him and described by the norms of Jewry-law exerted a determining influence on his entire intellectual, economic, social and cultural life.

The history of Jewry-law from its initial stages until its complete abolition by Jewish emancipation discloses the inseparable interdependence between the Jews' legal status and the rule of law in the state. The development and quality of the laws governing the Jews are directly dependent on the rise and decline of the rule of law. The ideal of law and justice thus provides the decisive criterion for the essentially negative conception of a Jewry-law. Its existence and intensity are a barometer recording with unerring certainty the retreats and advances in the struggle to materialize the idea and ideal of law.

This non-Jewish element in the history of the Jews deserves the serious consideration of both historian and sociologist. Little attention, however, has been paid in the last century to the problems offered by the legal and social past of European Jewry. There were only few exceptions worthy of note — the works of men like Otto Stobbe, Johannes Scherer, Georg Caro, and Jean Juster. It is the writer's endeavor to continue the tradition created by these scholars, in his work, *The Jews in Medieval Germany: A Study of Their Legal and Social Status*, which will be published early in 1949 by The University of Chicago Press. The present publication is its companion volume. It contains the source material that has been expounded in the other book.

The beginnings of both works reach a long way back. The history of law as the story of the development of the human mind and the ordering of human society has fascinated the author for many years. Interest in Jewish history was early aroused by the Jewish milieu of his native Prague with its ancient synagogue and hallowed cemetery. His first study dealing with specific aspects of Jewry-law, entitled "Das Schadennehmen," was published in 1913. In the midst of an active life of teaching at the universities of Leipzig, Königsberg, Prague, and Halle, (1915–1933), and of intensive research in the history of medieval German law, he did not lose sight of Jewry-law. During that period several monographs on the subject were published by him in various scholarly journals. After the catastrophe to German Jewry had set in and the loss of his chair of legal history at the University of Halle-Wittenberg had compelled the author to seek asylum in the United States, it was first the generous award of a research fellowship by the American Academy for Jewish Research and later the appointment as visiting professor of history at the Jewish Institute of Religion which enabled him to continue his studies. These were considerably aided by the facilities of the Library of the Jewish Theological Seminary of America. After the collected material had been prepared for publication, the American Academy for Jewish Research resolved by spontaneous action to incorporate it as a separate volume in its "Texts and Studies" series. The dedication of this book is therefore only a modest token of the author's indebtedness to the Academy, to its consecutive presidents and to the members of its board.

GUIDO KISCH

New York City, August 30, 1948

—

CONTENTS

PAGE

Preface.... vii

Contents.. xi

INTRODUCTION

MEDIEVAL GERMAN LAW-BOOKS AND COURT
DECISIONS AS SOURCES OF JEWRY-LAW

CHAPTER ONE

MEDIEVAL GERMAN LAW-BOOKS

I. The Literature of the Law-Books........ 3
II. The Law-Books as Sources of Jewry-Law..................... 5

CHAPTER TWO

MAGDEBURG JURY-COURT DECISIONS

I. Magdeburg Law and the *Oberhof* of Magdeburg................. 9
II. Magdeburg Jury-Court Decisions as Sources of Jewry-Law........ 11

CHAPTER THREE

THE PRESENT EDITION OF SOURCES OF MEDIEVAL
JEWRY-LAW

I. Character of the Sources..... 19
II. Editorial Technique.. 20

CHAPTER FOUR

BIBLIOGRAPHY

I. Manuscripts.................... 24
    A. Law-Books.... 24
    B. Jury-Court Decisions........ 25
    C. Census of Manuscripts of Medieval German Law-Books.. 27
    D. Literary History of the Medieval German Law Sources.... 27
II. Printed Editions... 28
    A. Law-Books.... 28
    B. Jury-Court Decisions........ 31
III. Key to Abbreviations...... 34

PART ONE

LAW-BOOKS

                                                                    PAGE
 1. Mühlhäuser Reichsrechtsbuch............................... 37
 2. Sachsenspiegel Landrecht [Ssp. Ldr.]....................... 37
 3. Sachsenspiegel Glosses [Ssp. Gl.].......................... 39
 4. Jewry-Oath Formulas Appended to the Sachsenspiegel Edition of
    Augsburg (1516)... 51
 5. Schwabenspiegel [Schwsp.]................................ 54
    Appendix: Original Formula of the Schwabenspiegel's Jewry Oath.... 62
 6. Deutschenspiegel [Dsp.].................................. 64
 7. Weichbild-Vulgata [Wb.]................................. 66
    Appendixes:
    Gloss on the Weichbild-Vulgata [Gl. Wb.]................... 69
    Jewry-Oath Formula Appended to the Gloss on the Weichbild-
    Vulgata.. 71
 8. Freisinger Rechtsbuch.................................... 72
 9. Richtsteig Landrechts [RLdr.]............................. 74
10. Zwickauer Rechtsbuch.................................... 74
11. Meissener Rechtsbuch (Rechtsbuch nach Distinctionen, Vermehrter
    Sachsenspiegel) [MRb.].................................. 75
12. Holländischer Sachsenspiegel............................. 89
13. Blume von Magdeburg [BlM.].............................. 92
14. Blume des Sachsenspiegels [BlSsp.]........................ 93
15. Berliner Stadtbuch [Berlin StB.].......................... 94
16. Johannes Purgoldt's Rechtsbuch [Purgoldt's Rb.]............ 99
17. Remissorium Regulae Juris "Ad Decus" [Reg. Jur.] 118
18. Theodor von Bocksdorf's Remissorium [Bocksdorf's Rem.]........ 130
19. Remissorium by Caspar Popplaw [Rem. RW.]................... 132
20. Remissoirum oder Register über den Sachsenspiegel, Lehenrecht und
    Weichbild [Rem. Wolrab]................................. 135

PART TWO

JURY-COURT DECISIONS

 1. Law Instruction of the Jury Court of Magdeburg for the City of
    Görlitz... 139
 2. Stendaler Urteilsbuch [Stendal UB.]....................... 140
 3. Collection of Magdeburg Court Decisions [Ms. Dreden, M 25]...... 141
 4. Magdeburger Schöffenrecht [Wasserschleben, RQ., III b].......... 142
 5. Dresden Collection of Jury-Court Decisions [Wasserschleben,
    RQ., IV].... 144

PAGE

6. Collection of Jury-Court Decisions [Ms. Leipzig, 953; Wasserschleben, RQ. V] 147
7. Collection of Magdeburg Jury-Court Decisions [Ms. Leipzig, 1096, formerly 945ᵉ; Wasserschleben, RQ.²] 151
8. Magdeburg-Breslau Law Instruction to Olmütz 152
9. Magdeburg-Breslauer Systematisches Schöffenrecht [MBSchR.]..... 153
10. Magdeburg Court Decisions for Schweidnitz 154
11. Magdeburger Fragen [MFr.] 156
12. Court Decisions according to Magdeburg Law [Ms. Cracow, 399]... 158
13. Collection of Magdeburg Court Decisions to Eisleben 159
14. Collection of Court Decisions for Naumburg [Ms. Leipzig, 945; MSchSpr.] 160
15. Leipziger Schöffenspruchsammlung [LSchSprS.] 179
16. Magdeburg Jury-Court Decisions for Zerbst 190
17. Revised Collection of Magdeburg Jury-Court Decisions [Ms. Cracow, 170ᵇ] 192
18. Merseburg Collection of Magdeburg Jury-Court Decisions [Ms. Merseburg, 3] 193
19. Liegnitz -Görlitz Collection of Court Decisions [Ms. Görlitz, Varia 4].. 195
20. Dietrich von Bocksdorf's "Informationes" [Ms. Görlitz, Varia 4].... 196
21. Collection of Magdeburg Jury-Court Decisions [Ms. Breslau, R 568].. 198
22. Collection of 234 Magdeburg Court Decisions [Ms. Breslau, J 5].... 203
23. Magdeburg Jury-Court Decisions Issued for Posen 211
24. Summa "Der Rechte Weg" by Caspar Popplaw [RW.] [Ms. Breslau, J 7] 214
25. Summaries of Court Decisions of Magdeburg, Leipzig, and Dohna [Ms. Dresden, M 20a] 219
26. Collection of Magdeburg Jury-Court Decisions Sent to the Jury Court of Leitmeritz for Various Bohemian Towns [MSchSpr. Leitmeritz].. 220

APPENDIX

1. Brünner Schöffenbuch [Brünn SchB.] 243
2. Decisions of the Jury Court of Brünn (Brno), Moravia, to the Court of Eibenschitz, Near Brünn 260

INDEXES AND ILLUSTRATIONS

Index of Subjects 265
Index of Jewish Names 273
Index of Places 274

FACING PAGE
Illustrations

1. A Page from Summa, *Der Rechte Weg*, by Caspar Popplaw. End
of Fifteenth Century....................   14
Courtesy of the Municipal Archives, Breslau

2. The Jews under the King's Peace.
Illustrations to *Sachsenspiegel, Landrecht*, III, 2, from the Hei-
delberg and Dresden Picture-Manuscripts of about 1300–1315
and of the Middle of the Fourteenth Century Respectively....   38
Courtesy of the University Library, Heidelberg, and the
Sächsische Landesbibliothek, Dresden

3. The Legal Position of the Jews.
Illustrations to *Sachsenspiegel, Landrecht*, III, 70, 1, from the
Heidelberg and Dresden Picture-Manuscripts of about 1300–
1315 and of the Middle of the Fourteenth Century Respectively.   50
Courtesy of the University Library, Heidelberg, and the
Sächsische Landesbibliothek, Dresden

4. A Page from a *Schwabenspiegel* Manuscript of the Fifteenth
Century (Homeyer, *Rechtsbücher*, No. 898)...   58
Courtesy of the Library of the Jewish Theological Seminary
of America

5. A Jew's Participation in the Judiciary Police Service.
Illustration to *Sachsenspiegel, Landrecht*, II, 71, 3, from the
Dresden Picture-Manuscript of the Middle of the Fourteenth
Century.......   90
Courtesy of the Sächsische Landesbibliothek, Dresden

INTRODUCTION

MEDIEVAL GERMAN LAW-BOOKS AND COURT DECISIONS AS SOURCES OF JEWRY-LAW

CHAPTER ONE

MEDIEVAL GERMAN LAW-BOOKS

1*

The Literature of the Law-Books

IN THE mind of medieval man law and legal matters played a great role, perhaps even a far more important one than they do in our thinking today. In the Middle Ages legal doctrine and legal practice constituted a vital function and an organic part of the cultural activity of the people. Law-books and judicial decisions are the historical witnesses of juridical thought and of the application of the law in past centuries. They mirror, better than almost any other legal source, medieval law and life. Their actual nature and evolution emerge from these sources in clear and unmistakable design. These types of sources are valuable for legal history because of their specifically juridical content. On the other hand, their social and cultural foundations make them particularly fit to serve the purposes of legal-historical and sociological investigations.

The German "law-books" (*Rechtsbücher*) or "mirrors of the law" (*Spiegel des Rechts*) first appeared in the thirteenth century.[1]

*Chapter One of this Introduction was first published as a part of the author's essay, "The Jewry-Law of the Medieval German Law-Books," Part I, in *Proceedings of the American Academy for Jewish Research*, VII (1935–1936), pp. 61–145, especially on pp. 79–80 and 89–93. It appears in greatly expanded form in his book, *The Jews in Medieval Germany: A Study of Their Legal and Social Status* (Chicago: The University of Chicago Press, 1949). Merely the essence of the original presentation can be given here.

[1] The best information regarding the German law-books of the Middle Ages, on their transmission in manuscripts, on the editions, and the literature is offered in Gustav Homeyer, *Die deutschen Rechtsbücher des Mittelalters und ihre Handschriften* (third edition, by Conrad Borchling, Karl August Eckhardt, and Julius von Gierke; Weimar, 1931, 1934); see the reviews by G. Kisch, *Zeitschrift der Savigny-Stiftung für Rechtsgeschichte*, Germanistische

The term *Rechtsbuch*, as well as *Spiegel*, is used in legal sources as early as the second half of the thirteenth century.[2] Accordingly, the period between 1200 and 1500 is called in the history of German law the "age of the law-books," whereby importance and value attached to these law sources are clearly expressed.

Rechtsbücher or law-books are private records or digests of customary law, compiled by expert lawmen and intended to give a comprehensive account of the whole body of legal material in special spheres of law within a certain territory and covering a certain subject matter. They do not represent products of the legislative activity of the Holy Roman Empire, its territories, cities, or rural districts. The law-books are, rather, the literary work of individual men who were experienced in the legal field. These books are private compilations of customary law; they are the earliest "scholarly" treatises on German law. Almost all of them came into being at a time when Roman law was not yet known in most parts of Germany and when it had won no influence of any moment anywhere. They were composed in the German language. In the beginning none of these private works possessed the authority of codified law. But in practice some of

Abteilung, LII (1932), pp. 377–383; LV (1935), pp. 376–379. Cf. also Otto Stobbe, *Geschichte der deutschen Rechtsquellen*, I (Braunschweig, 1860), pp. 286–446; Karl von Amira, *Grundriss des germanischen Rechts* (third ed.; Strasbourg, 1913), pp. 60–72; Richard Schröder and Eberhard von Künssberg, *Lehrbuch der deutschen Rechtsgeschichte* (seventh ed.; Berlin-Leipzig, 1932), pp. 718–732, 1061–1063; Heinrich Brunner, *Grundzüge der deutschen Rechtsgeschichte*, (eighth ed., by Claudius von Schwerin; Munich-Leipzig, 1930), pp. 109–117, 123–129; Claudius von Schwerin, *Grundzüge der deutschen Rechtsgeschichte* (Munich-Leipzig, 1934), pp. 125–132, 134–138; Wolfgang Stammler, *Die deutsche Literatur des Mittelalters: Verfasserlexikon*, I–III (Berlin-Leipzig, 1933–43), passim; Fritz Kern, *Kingship and Law in the Middle Ages* (Oxford, England, 1939), p. 168.

[2] Cf. Otto Stobbe, *Geschichte der deutschen Rechtsquellen*, I, p. 287, note 2; Ferdinand Frensdorff, "Beiträge zur Geschichte und Erklärung der deutschen Rechtsbücher," IV, *Nachrichten der Königlichen Gesellschaft der Wissenschaften zu Göttingen*, philosophisch-historische Klasse, 1921, p. 132 and note 2; p. 147; also Fr. W. von Rauchhaupt, *Geschichte der spanischen Gesetzesquellen* (Heidelberg, 1923), p. 110 and n. 174. — According to medieval opinion the mirror reflects an idealized picture; cf. Wilhelm Wackernagel, *Kleinere Schriften*, I (Leipzig, 1872), p. 132.

them were looked upon and employed as codes of law. Hence they contributed greatly to the further development of law. Their value as sources of legal history is evident and acknowledged.

When these sources offer information about the legal status and treatment of Jews, it is well to pay careful attention to what they say and to attribute particular importance to their statements. They supplement our knowledge of the legal past at many points where other sources leave us in the dark. In fact, they — and the judicial decisions in particular — reveal how the German of the Middle Ages, in his thoughts and feelings, saw himself in relation to the Jew, and how he brought his legal attitude and action into agreement with the leading ideas of his time. All this lends an unusual significance and value to this source material. Law-books and court decisions are, indeed, indispensable for an investigation of the legal history of the Jews in the medieval period. This is true even if the historical information which they disclose proves to have gaps; for, even then, these sources afford material of great factual value, by means of which a check might be kept, at least to a certain extent, on the several laws and regulations concerned with Jews which have until now served as the principal or only sources of our knowledge.

II

THE LAW-BOOKS AS SOURCES OF JEWRY-LAW

Importance and value of the law-books as specific sources of medieval Jewry-law need hardly be emphasized.

As is well known, in the medieval conception "law" comprised, in general, customary law. It was written down for the sole purpose of preventing it from falling into oblivion and of thus insuring its permanent validity. Furthermore, customary law, as it was, was identified with the law as it ought to be.[3]

---

[3] Fritz Kern, "Recht und Verfassung im Mittelalter," *Historische Zeitschrift*, CXX (1919), p. 19 f.: "Für das Mittelalter dagegen ist, wie gesagt, 'Gesetzesrecht' nichts als Gewohnheitsrecht, aufgezeichnet, damit seine an sich stets vorhandene unbegrenzte Geltung vor dem Vergessenwerden gesichert sei" (this passage was omitted in the English translation of Kern's essay, on p. 161);

Law regarding Jews, as fixed in a medieval law-book, must be viewed under the same aspect. Moreover, such law reduced to writing and intended for permanent use, is indicative of a more or less finished state of development of the rules that it contains. These rules disclose the Jewish status in several special spheres of law, such as in territorial or municipal law. The omission of Jewry-law regulations from a certain law-book may indicate the absence of Jews from a certain territory. The fact that such provisions are missing in all books of feudal law offers evidence that Jews played no role in this domain, which was of fundamental importance for the stratification of medieval society. On the other hand, the participation of Jews in almost all other branches of legal life is attested by a voluminous body of pertinent Jewry-law regulations in the various law-books.

The law-books also bear witness to the fact that the legal status of the Jews, its juridical conception, and historical foundation were of concern to medieval experts in law. The problem of chamber serfdom discussed in some of the law-books is perhaps the best example of this. The legal treatment of the Jews, different as it was in point of time and place, is clearly mirrored in the law-books. Some of them adopted or imitated the elaborate rules of canon law concerning Jews as was the case in southern Germany, whereas in others no trace of ecclesiastical influence can be found. Various reasons may account for this divergence. The reception of canon-law rules in books of secular law effected, to some degree, a unification of the principles of Jewry-law extending over large territories. If a law-book was disseminated over wide areas and enjoyed recognition in many lands, the same result was brought about even if canon law did not come into play, as in the case of the *Sachsenspiegel*, the outstanding book of Saxon law. In other law-books, again, there can be observed a patent deviation from that uniformity which was to become almost a rule. The personal standpoint — political, religious, or juridical — of the author determined, of course, his

Kern, *Kingship and Law in the Middle Ages*, p. 169: "In the Middle Ages, on the other hand, the law that is was regarded as identical with the law that ought to be" (German original, p. 30: "Der mittelalterliche Rechtsgedanke aber setzt ja das Recht, das ist, gleich mit dem Recht, das sein soll").

attitude toward, and presentation of, the subjects of Jewry-law. In this respect each law-book has a distinct character, which gives it particular significance. Every law-book must thus be studied individually.

For an investigation and evaluation of the Jewry-law in the German law-books two circumstances are to be taken into consideration: first, the importance of each individual law-book in legal history and second, the fulness and quality of its regulations on Jewry-law.

The center of research must be occupied by those law-books which are of greatest value for legal history in general. They are the books which stood out for their juristic significance and, for this reason, were widely used and held in great esteem by lawyers and laymen. These law-books obviously exercised important and sometimes lasting influence on the life of medieval man. To this group belong, above all, the *Sachsenspiegel* and its southern German counterpart, the *Schwabenspiegel*; the *Sächsisches Weichbild*, a compilation of Saxon municipal law, and the *Meissener Rechtsbuch*, which was intended by its author to describe the common municipal law of Saxony.

Legal-historical research depends, however, also on the fulness and importance of the regulations on the subject of Jewry-law which each law-book contains. It is fortunate that both circumstances overlap or are interwoven in the source-material at hand. The only exception is the *Sächsisches Weichbild*, which, in its earlier versions, did not concern itself with Jews. The *Schwabenspiegel* and the *Meissener Rechtsbuch* treat the legal conditions of Jewry in great detail. The regulations of the *Sachsenspiegel* dealing with Jews and their status in law are not numerous, to be sure; but they are of a fundamental character and clear enough to bring to life the basic principles which governed medieval Jewry-law in Germany. In fact, they were of utmost importance for its further development. As an essential part of the *Sachsenspiegel* they were put into practice in a very large territory, and they also served as a model for the formulation of the Jewry-law in other law-books. Therefore, first place in any collection of the sources of medieval Jewry-law must be assigned to the *Sachsenspiegel* and its commentaries (*Glosses*). Naturally, the other law-books of a comparatively more restricted circulation (comprising territorial law or town law) must also receive their appropriate places.

Among all German law-books the *Sachsenspiegel* and the *Schwabenspiegel* enjoyed the widest dissemination as is attested by hundreds of medieval manuscripts which have come down to us. These law-books were imitated by a series of others of a similar kind. The objective of some of the latter, however, was not to describe the law of a particular territory, such as Eastphalia, or a definite stratum of society within it, as in the case of feudal law. They rather aimed at a much broader scope: to comprise the common territorial or municipal law in general. The limited outlook of the several authors kept them, however, — quite naturally — within narrow confines. Thus, despite their intentions, their works took on a local coloring. They were also somewhat confused by Roman- and canon-law influences. It is mere book-learning and a lack of criticism in the choice of their sources which distinguishes these compilers from their great Saxon predecessor, both in aim and in performance.[4]

The formulation of the Jewry-law regulations in the later law-books mirrors the same attitude in general. Nevertheless, the need for a law applicable in daily practice must have played some role as a causative factor in their setting forth the definite rules which should govern the life of the Jews and their relations to non-Jews. These rules, in turn, were dependent on the presence and importance of Jews within the territory for which the individual law-book was to define a system of laws. The law-books, whose Jewry-law regulations are presented in this volume, must be considered under these different, specific aspects.

---

[4] Cf. Karl von Amira, *Grundriss des germanischen Rechts*, p. 63.

CHAPTER TWO

MAGDEBURG JURY-COURT DECISIONS

I*

MAGDEBURG LAW AND THE *Oberhof* OF MAGDEBURG

VERY few cities in medieval Germany developed a town law of their own as an *Urrecht*, representing an original and independent system of law. In the twelfth and thirteenth centuries most of the then rising towns obtained their constitution and statutory laws by way of *Bewidmung*, that is, by transmission of an older system of town law which had originally grown up in one of Germany's ancient cities. These, through the act of conferring their law and constitution upon younger municipal foundations, became "mother"- towns of these "daughter"- towns. The latter derived their "daughter"-law from the "mother"-law of their models. It was therefore only in the natural course of legal development that, in difficult or doubtful law cases, court authorities or litigating parties applied for legal advice or instruction in law to the jurors or the court of their mother-city, on whose laws their own statutes were founded. Such "recourse to the superior court," or *Zug an den Oberhof*, developed in the early centuries of medieval city life and soon became a widespread, common and regular legal practice all over Germany.

As early as the twelfth century, Magdeburg town law, *Magdeburger Recht*, was the legal system predominant in central Germany. The law of this old city, whose origin reaches back to the tenth century, owed its popularity and rapid expansion to its progressive and commerce-favoring character. In the era of the

---

*Chapter Two was first published under the title, "Magdeburg Jury-Court Decisions as Sources of Jewry-Law," in *Historia Judaica*, V (1943), pp. 27–34. The original version has been revised and annotated.

spontaneous rise and systematic founding of towns, franchises and privileges according to Magdeburg law were striven after by most of the new municipal settlements in the east. "Magdeburg law" then won its universal importance for the dissemination of law and civilization. It was first adopted by Halle, Stendal, and Leipzig. It conquered almost all large cities in the March of Brandenburg and in the Lausitz. In the course of the thirteenth century it came to Silesia, Pomerania, and the domain of the Teutonic Order. Subsequently, it spread over Bohemia, Moravia, Hungary, over the whole Polish realm, Lithuania, Galicia, Volhynia, Podolia, and in the beginning of the sixteenth century it became the dominant system of law even in numerous cities of Russia.[1]

This tremendous expansion of Magdeburg law east, north and south of the province of its origin effected a very lively legal intercourse of the younger settlements with their common mother city. Recourse to the *Schöffenstuhl*, or superior court of Magdeburg, was by no means obligatory or in any way prescribed in the customary charters which endowed individual towns with Magdeburg law. It was rather the great respect for the mother city's model institutions of law and the almost unbounded esteem accorded to the Magdeburg jury-court decisions for their juridical value which raised this *Oberhof* of Saxon provincial law and jurisdiction to the level of a supreme tribunal of European authority. At the height of its fame it was consulted by more than four hundred local courts and provincial *Oberhöfe*. Such secondary superior courts which, in the course of time, became

---

[1] On the history and dissemination of Magdeburg law in eastern Europe, see Gertrud Schubart-Fikentscher, *Die Verbreitung der deutschen Stadtrechte in Osteuropa*, "Forschungen zum deutschen Recht," Band IV, Heft 3 (Weimar, 1942), pp. 57–379, and bibliography on pp. 526–557. The older literature is critically discussed in Guido Kisch, *The Jews in Medieval Germany*, Chapter II, note 89. There is no comprehensive monograph on the historical significance of the *Oberhof* of Magdeburg for the development of medieval law in central and eastern Europe. A map showing the territorial range of the Magdeburg law in Europe during the Middle Ages, "Die Verbreitung des deutschen Stadtrechts nach dem Osten," is appended to the work, *Magdeburg in der Politik der deutschen Kaiser*, published by the City of Magdeburg (Heidelberg-Berlin, 1936).

to a certain extent competitors of the *Schöffenstuhl* of Magdeburg and, after its decline, its successors, rose in Halle, Leipzig, Dresden, Naumburg, Leitmeritz, Breslau, Görlitz, Lemberg, Cracow, Thorn, Culm, and other capitals of diverse provinces. All of them maintained, expounded, and at times developed more fully the original principles of Magdeburg law.

II

MAGDEBURG JURY-COURT DECISIONS AS SOURCES OF JEWRY-LAW

After this — though only very sketchy — description of the historical development and legal significance of Magdeburg law and the *Oberhof* of Magdeburg, there is no need to stress the particular importance and priceless value for legal-historical research of the decisions which emanated from that medieval "supreme court" or its younger offspring. They comprised instructions in law of a general character called *Weistümer*, or decisions in individual lawsuits, *Schöffensprüche*. Both groups have long been recognized as mines of information on the legal and social past in general.[2]

Their paramount importance as sources for the legal history of medieval German Jewry, however, has hitherto hardly been noticed.[3] The range of Magdeburg jurisdiction extended over

[2] Cf. Ernst Theodor Gaupp, *Das alte Magdeburgische und Hallische Recht* (Breslau, 1826), pp. 166–184; Guido Kisch, *Schöffenspruchsammlungen als Quelle der Rechtsgeschichte*, Christian Friedrich Kees memorial lecture delivered at the University of Leipzig on February 2, 1918 (unpublished, manuscript in the author's library); G. Kisch, "Schöffenspruchsammlungen," *Zeitschrift der Savigny-Stiftung für Rechtsgeschichte*, Germanistische Abteilung, XXXIX (1918), pp. 346–365; G. Kisch, "Schöffensprüche als historische Quellen," *Niederdeutsche Mitteilungen*, IV (Lund, 1948), pp. 50–58. In the introductions to the modern editions of *Schöffensprüche*, their significance as a source of legal history is usually discussed.

[3] Otto Stobbe, in his *Die Juden in Deutschland während des Mittelalters in politischer, socialer und rechtlicher Beziehung* (Braunschweig, 1866), p. VI, stated: "Gerade die Urkunden und Schöffensprüche sind die unzweideutigsten Quellen" [namely, for the history of the legal status of the Jews in the Middle Ages]; and the same thought was expressed by Robert Hoeniger in Geiger's

numerous cities and provinces inhabited by Jews, and Jews therefore took a place, even if only a modest one, as subjects of Magdeburg jury-court activity. This fact alone puts Magdeburg decisions, from the point of view of Jewish history, on a level shared only by the *Sheelot u-Teshuvot*, the rabbinic decisions of individual cases according to Jewish law, which are universally recognized as source material of the first rank.

It is well known that Jews were among the first settlers of Magdeburg and, together with non-Jewish traders, formed the early free community established there on the bank of the Elbe.[4] Members of the Magdeburg courts thus had at an early date an opportunity to come into contact with Jews and Jewish affairs of secular character. From their general acquaintance with the *Sachsenspiegel* and other law-books, on which many of their *Weistümer* and decisions were based, the conclusion may be drawn that the Jewry-law of the Saxon law-book did not escape the attention of the Magdeburg jurors. Indeed, it was to a great extent incorporated in the law-instruction which they transmitted to the city of Görlitz, in 1304.[5] Moreover, there are many references to its basic principles in the regulations of Magdeburg law. It is a matter of fact that lawsuits of Jews against non-Jewish litigants and vice versa were brought before the *Schöppen* of Magdeburg and decided by their *Oberhof*.

Zeitschrift für die Geschichte der Juden in Deutschland, I (1887), p. 66. Both authors, however, in their contributions to medieval Jewish history, made only scant use of these sources.

[4] See Julius Aronius, *Regesten zur Geschichte der Juden im Fränkischen und Deutschen Reiche bis zum Jahre 1273* (Berlin, 1887–1902), Nos. 129, 133, 140; Siegfried Rietschel, *Markt und Stadt in ihrem rechtlichen Verhältnis* (Leipzig, 1897), pp. 53, 55, 58; Moritz Güdemann, *Zur Geschichte der Juden in Magdeburg* (Breslau, 1866), p. 7 f.

[5] Carl Gustav Homeyer, *Des Sachsenspiegels Zweiter Teil nebst den verwandten Rechtsbüchern, zweiter Band: Der Auctor Vetus de beneficiis, das Görlitzer Rechtsbuch und das System des Lehnrechts* (Berlin, 1844), p. 56; Richard Jecht, "Über die in Görlitz vorhandenen Handschriften des Sachsenspiegels und verwandter Rechtsquellen," *Neues Lausitzisches Magazin*, LXXXII (1906), p. 225 f.; Gustav Adolf Tzschoppe and Gustav Adolf Stenzel, *Urkundensammlung zur Geschichte des Ursprungs der Städte und der Einführung und Verbreitung deutscher Kolonisten und Rechte in Schlesien und der Oberlausitz* (Hamburg, 1832), p. 473.

This meant much more than merely an application of the principles of the *Sachsenspiegel* Jewry-law in cases involving Jewish litigants. It involved, indeed, an authentic and authoritative interpretation of these principles and their logical expansion and unfolding, with the ultimate tendency to develop a unified Magdeburg Jewry-law. This evolution is to be regarded as a reflection of the general trend in the development of Magdeburg law: to remodel and adjust with a unifying tendency the principles of territorial law to the requirements of municipal law. In the case under consideration such legal practice exercised its influence upon a special sphere of law, the medieval Jewry-law. The Jewry regulations in the *Sachsenspiegel* were peculiarly suited for adoption and logical development by the Magdeburg town law: in contradistinction to law matter of territorial or feudal character, the *Sachsenspiegel* Jewry-law itself refers to municipal conditions, medieval Jews being predominantly city dwellers. The unifying tendency in the evolution of a specific Magdeburg Jewry-law was twofold. First, the jurors, as a rule, would be inclined to adhere to their established practice. Second, the decisions handed down from Magdeburg were not only respected by the provincial courts but regarded as precedents for future cases of the same or a similar nature, so to be decided even by subsequent generations of jurors.[6]

It is not the tendency toward unification alone, however, which, in the medieval German realm, makes the Magdeburg Jewry-law stand out from the unparalleled provincial and local

[6] This tendency was one of the main reasons why, as early as the Middle Ages, the decisions of the Jury Court of Magdeburg were compiled by local court authorities to whom they had been issued. The underlying purpose found clear expression on the first page of a collection of 234 Magdeburg jury-court decisions from the first half of the fifteenth century, which is preserved in Ms. J 5 of the Stadtarchiv in Breslau. The passage reads as follows: "Zu nutcze und stewre der hernoch komenden herren und schepphin, das sie ire houpte nicht dorffen mwhen und denn der gleich snelle mogen hirynne finden beschrieben" ("For the benefit and guidance of later gentlemen and jurors so that they need not fatigue their heads and may here quickly find similar [decisions] written down)"; cf. Hugo Böhlau, "Aus der Praxis des Magdeburger Schöffenstuhls während des 14. und 15. Jahrhunderts," *Zeitschrift für Rechtsgeschichte*, O. S., IX (1870), p. 1.

diversity of laws, including the laws for the Jews. Even more remarkable may be considered the high standard of ethics in law as generally applied by the *Schöppen* of Magdeburg in their judicial practice, with regard to Jews no less than to non-Jews.

Thus, the "fact" value to the historian of the Magdeburg jury-court decisions, which exhibit the actual application of the rules of law to human life and relations, is only too evident. Yet, it is not surprising that so important and promising a source of legal history as the Magdeburg jury-court decisions has not yet been systematically explored, collected, and expounded for the history of medieval Jewry. True, the collections of Magdeburg jury-court decisions already published form a considerable literature scattered through diverse books and historical journals of a more local nature.[7] Many more of these collections, however, are still unpublished.[8] A tremendous bulk of source material, amounting to thousands of individual decisions and hundreds of volumes of whole collections, is still resting in numerous archives all over Germany, Czechoslovakia, Austria, Hungary, Poland, the Baltic States, and Russia. It has as yet not even been opened to general research in legal history. Only those among the published collections of Magdeburg law which were current and widely used as law-books among medieval lawyers, such as the *Magdeburg-Breslauer Schöffenrecht* and the *Magdeburger Fragen*, have received treatment by legal historians.[9] The causes for such neglect are obvious. This is the type of

---

[7] For bibliography, see Chapter Four of this Introduction.

[8] Very few of these manuscripts are listed in Carl Gustav Homeyer, *Die deutschen Rechtsbücher des Mittelalters*, where emphasis is placed on the law-books based on Magdeburg law; cf. G. Kisch, *ZRG.*, LII (1932), p. 381 f.; Paul Gülland, *ZRG.*, LX (1940), p. 278 ff. A census of the extant manuscripts of collections of medieval German court decisions is a desideratum.

[9] Cf. Paul Laband, *Das Magdeburg-Breslauer systematische Schöffenrecht aus der Mitte des 14. Jahrhunderts* (Berlin, 1863).— Jacob Friedrich Behrend, *Die Magdeburger Fragen* (Berlin, 1865); Ferdinand von Martitz, "Die Magdeburger Fragen," *Zeitschrift für Rechtsgeschichte*, O. S., XI (1873), pp. 401–431; Emil Kalužniacki, "Die polnische Rezension der Magdeburger Urteile und die einschlägigen deutschen, lateinischen und czechischen Sammlungen," in *Sitzungsberichte der Wiener Akademie der Wissenschaften*, phil.-hist. Kl., CXI (1886), pp. 113–330.

A PAGE (107) FROM SUMMA, *Der Rechte Weg*, BY CASPAR
POPPLAW, OF THE END OF THE FIFTEENTH CENTURY

[The text appears in print on pages 216–218]

source material which, through its peculiar character, offers the greatest difficulties to proper handling by scholars: the number of individual documents as well as of complete collections is immense; they are widely scattered through many countries; moreover, the writing in these manuscripts is very hard to deal with, even for well-trained paleographers. Hence the bulk of this manuscript material has remained unknown, and even the known collections have not been satisfactorily utilized for research. Several attempts to solve the problem have been doomed to failure.[10]

For two full decades, from early 1915 until the end of 1934, the present writer endeavored to bring together for a legal-historical analysis and systematic survey all *collections* of Magdeburg jury-court decisions still in existence,[11] whereas previous efforts had been chiefly concentrated on collecting individual decisions only.[12] In spite of the considerable number and the great variety of types of these collections, this seemed to be the sole method of approach holding out a promise of success. Hundreds of manuscripts were studied, many of them carefully analyzed, either on the spot or in the writer's respective resi-

[10] Cf. Karl von Amira, *ZRG.*, XXIII (1902), p. 281 ff.; Hubert Ermisch, *Neues Archiv für Sächsische Geschichte und Altertumskunde*, XL (1919), p. 426. — In the early eighteen-seventies the late Geheimrat Professor Ferdinand von Martitz of the University of Berlin prepared a collection of Magdeburg *Schöffensprüche* not referred to either by von Amira or Ermisch. It was, however, neither completed nor published. The considerable material consisting of transcripts and notes from manuscripts, some of these lost in the meantime, are now in the possession of the author to whom they had been presented by Professor von Martitz shortly before he died.

[11] Cf. Kisch, "Schöffenspruchsammlungen," *ZRG.*, XXXIX (1918), p. 348; G. Kisch, *Leipziger Schöffenspruchsammlung*, "Quellen zur Geschichte der Rezeption," I (Leipzig, 1919); in agreement, Ermisch, *loc. cit.*, p. 427; G. Kisch, "Schöffensprüche als historische Quellen" (cited above, note 2), p. 52.

[12] Erich Liesegang, "Bericht über eine zur Herstellung eines Verzeichnisses der Magdeburger Schöffensprüche im Auftrage der königl. bayrischen Akademie der Wissenschaften im Jahre 1889 unternommenen Reise", *ZRG.*, XVI (1895), pp. 281–300; Victor Friese and Erich Liesegang, *Magdeburger Schöffensprüche*, I (Berlin, 1901); cf. the extensive reviews by Karl von Amira, in *ZRG.*, XXIII (1902), pp. 281–288; and Richard Behrend, in *Göttingische Gelehrte Anzeigen*, CLXV (1903), pp. 671–687.

dences, in Leipzig, Prague, and Halle, whither the materials had been sent by courtesy of the then owners. This work, already near its completion, was, however, abruptly halted shortly after the National Socialist regime had firmly established itself in Germany. In the course of the subsequent political events all this writer's property was seized by the Nazi authorities. All his efforts to regain it after the German defeat remained unsuccessful. The results of years of painstaking labor could thus not escape a tragic fate. The writer's monograph on the *Oberhof* of Magdeburg, which had been announced for publication, will probably never appear in print.[13]

All the more fortunate, indeed, is the rescue of Magdeburg material pertaining to the legal history of the Jews. In the course of his general studies, the writer had always noted down and collected the jury-court decisions referring to Jews or to Jewish affairs. They amount to a respectable number of items, if one takes into consideration the strict regulations of Jewish law prohibiting Jews from bringing their lawsuits before non-Jewish courts. Picking out the decisions bearing on Jews from printed material required the reading of hundreds, or rather thousands, of cases, for there are no adequate indexes. Even greater labor was demanded, for the same purpose, in scrutinizing the manuscript material of the thirteenth to the fifteenth centuries, with its special paleographical difficulties, particularly if only photostats were available.

Not only in number but also as far as the variety of their law content is concerned, these *Schöffensprüche* represent a welcome supplement, as interesting as it is important, to the universally known and used sources of the medieval history of the

---

[13] A descriptive four-page prospectus was issued by the publishing firm of S. Hirzel in Leipzig. In 1937, the City of Magdeburg founded an "Institute for the History of Magdeburg Law" ("Institut zur Erforschung des Magdeburger Rechts"); see communication of the Municipal Archives of Magdeburg, *ZRG.*, LIX (1939), p. 670; Schubart-Fikentscher, *Die Verbreitung der deutschen Stadtrechte in Osteuropa*, p. 73. Nazi scholars took up and continued the writer's research adopting his editorial principles, naturally without reference to his earlier work. Three volumes of *Schöffensprüche* were published which are listed below in the Bibliography. In 1945, in the course of war events, the Institute, its library and materials were destroyed.

Jews. The material at hand is of great importance with regard to the legal status and general culture of medieval Jewry and particularly its relationship to non-Jewish authorities and Christian neighbors. These documents disclose to a gratifying extent — just as the law-books do — how the German in his personal thoughts and feelings regarded himself in relation to the Jew and how the medieval court brought the administration of law concerning Jews into agreement with the leading ideas of the ruling legal philosophy of the time. The Magdeburg decisions further reveal hitherto unknown data concerning the settlement and economic activities of the Jews, their social standing and, above all, their legal status, in public as well as private law, their actual treatment in matters of law, and their general place in German legal history. They are, therefore, certainly worthy to be rescued from oblivion.[14]

[14] Unfortunately, some collections containing *Schöffensprüche* on Jews or Jewish affairs were not accessible to the author: 1. Manuscript from the beginning of the fourteenth century in the Municipal Archives of Brno (Brünn), Moravia; Homeyer, *Rechtsbücher*, No. 213; a copy of the table of contents of the *Schöffensprüche* in this volume (fol. 18–19: "Hie hebt sich an von klagen und von urteile") written many years ago by Otto Stobbe and now in the author's possession, shows the following headings: "15. Ob ein man auf den andern claget, das er erlanget habe in den juden mit allen rechten hundert schock grossen und mer"; "21. Das ein jude claget gegen einen cristen umbe hauptgut." 2. Manuscript collection of Magdeburg jury-court decisions sent to Merseburg (1424–1452), in the Municipal Library of Merseburg, Germany; Homeyer, *Rechtsbücher*, No. 788. — Other manuscripts were deliberately withheld by the Nazi authorities as early as 1933: 1. Collection of jury-court decisions, probably of the fifteenth century, discovered in the *Altertumsmuseum* of Torgau, Germany, after a long search by this writer; Homeyer, No. 1111 a; an inadequate description of this codex was published by Martin Granzin in *ZRG.*, LIV (1934), p. 244 ff. 2. In 1875, a manuscript collection of jury-court decisions of Magdeburg, Leipzig, and Halle for various Thuringian towns (compiled in 1474), was discovered in Poessneck, Thuringia, by Professor Karl Schulz, the late Librarian of the *Reichsgerichtsbibliothek* in Leipzig. It is not listed in Homeyer, *Rechtsbücher*, and was completely unknown and unpublished. In 1915, because of his advanced age, Professor Schulz abandoned his plan of publishing this manuscript, which was then deposited in the *Forschungsinstitut für Rechtsgeschichte*, located in the University Library of Leipzig. For many years this writer prepared editions of both manuscripts under the auspices of the aforementioned *Forschungs-*

institut für Rechtsgeschichte. In April 1933, due to Hitler's access to power, he was barred from further using these codices whereby his work was bound to be frustrated. A complete apograph of the Poessneck manuscript remained with the original codex in possession of the *Forschungsinstitut für Rechtsgeschichte* in Leipzig. Thus, hitherto unknown jury-court decisions concerning Jews may come to light some day, after access to European archives has been restored.

CHAPTER THREE

THE PRESENT EDITION OF SOURCES OF MEDIEVAL JEWRY-LAW

I

CHARACTER OF THE SOURCES

IN THE present work, an attempt is made for the first time to gather the Jewry-law regulations of the medieval German law-books and to collect systematically all accessible decisions of the Magdeburg Jury Court concerned with Jews or Jewish affairs. The method of presenting this material depends on the historical character of these two groups of medieval law sources; and by this character is also determined the manner of expounding and evaluating their content historically, juridically, and sociologically.

The origin of the law-books had a bearing upon the formulation of the Jewry-law which they contain, and their dissemination was important for the influence of Jewry-law on the shaping of the legal life of the Jews in various countries. Therefore, at least a basic knowledge of the history of these law-books is indispensable for the understanding of their specific regulations concerning the Jews. For the same purpose the historical origin of these regulations must also be traced, so far as source history permits and conclusions can be validly derived. Furthermore, the spirit of each individual law-book as manifested in its specific formulation of the Jewry-law regulations must be studied.

To offer such a basic information on each source, would far surpass the limits of a source-book which is merely intended to present material for the investigation of various historical subjects. A detailed study on these lines has been undertaken by the author in his book, *The Jews in Medieval Germany*, in which all the law-books with pertinent material are listed and briefly

19

analyzed from the point of view of *Quellengeschichte*, and the exact places where regulations regarding Jews are to be found are indicated. There are traced all genealogical relationships of these early products of legal literature, whereby roots, development, and dissemination of every individual principle of medieval Jewry-law set forth in them could be followed.

The character of the jury-court decisions differs in many respects from that of the law-books. The *Schöffensprüche* demonstrate how the principles of medieval Jewry-law were applied to individual cases and interpreted with regard to particular situations or problems resulting from legal practice. As in the court decisions the emphasis is on the application and dogmatics of law, it is sufficient for the student to know — besides the purely legal aspects — that each individual decision under consideration is found in an authentic collection and belongs to a definite period and region. The history of the manuscript collection, in which the cases and their decisions have come down to posterity, which is for the most part very complicated and often no longer to be unraveled, can remain in the background. No separate enumeration and analysis, therefore, have been devoted to these collections of *Schöffensprüche*, most of which contain only sporadic cases concerning Jews. Thus, in the case of the jury-court decisions, a brief characterization of the various collections, including a short history of the manuscripts and a basic bibliography given at the head of each group, will suffice. By this method the discussion of their historical content, which was presented by the author in *The Jews in Medieval Germany*, will be supplemented and supported.

II

Editorial Technique

Despite the dissimilarity in character of the law-books and jury-court decisions, it seemed advisable and possible to apply the same editorial technique in reproducing their historical material on Jews.

In the textual reproduction the writer followed the same

principles of editing medieval texts of this kind which he had previously explained and employed in his *Leipziger Schöffen-spruchsammlung*. He felt all the more entitled to do so since they had met with general approval among scholars.[1] However, no standardization, particularly in spelling, was attempted, to avoid arbitrariness. Instead, the wording and spelling of the manuscripts or editions based on manuscripts have been retained without changes. Division of the text into paragraphs and punctuation in accordance with modern usage have been introduced in order to make the texts more easily readable and understandable.

The regulations of law-books as well as jury-court decisions previously published have been reprinted from the best or only edition. When two manuscript versions were available, both have been collated and textual deviations — although not mere differences in dialect or orthography — called to the reader's attention in footnotes. The rare corrections which the writer deemed necessary, made in accordance with the meaning or caused by textual criticism, have also been noted in each individual instance. When full restoration of the text from the manuscript was impossible, the omission of single words has been indicated by the ellipsis mark of three periods, which seemed preferable to uncertain conjectures. Fortunately, the application of this customary device proved necessary in only very few instances.

The individual regulations of the law-books and the jury-court decisions concerned with Jewry-law have been arranged in their original sequence within each book or collection. The original or traditional numbering of the articles or *Schöffen-*

---

[1] See the comprehensive critical reviews by legal historians as well as general historians and philologists, especially those by Paul Rehme, in *Schmollers Jahrbuch für Gesetzgebung, Verwaltung und Volkswirtschaft*, XLV (1921), p. 296; Heinrich Mitteis, *Kritische Vierteljahrsschrift für Gesetzgebung und Rechtswissenschaft*, LVII (1925), pp. 212–213; Hans Planitz, *ZRG.*, XL (1919), p. 325; Herbert Meyer, *Göttingische Gelehrte Anzeigen*, CLXXXIII (1921), pp. 77–84; Hubert Ermisch, *Neues Archiv für sächsische Geschichte*, XL (1919), p. 428; Wolfgang Stammler, *Zeitschrift für deutsche Philologie*, XLIX (1923), pp. 274–275.

sprüche has been retained. In the absence of any such numeration, Arabic numerals enclosed in brackets have been introduced in order to facilitate eventual citation. The arrangement of the law-books and collections of judicial decisions from which portions or individual cases are reproduced, follows the chronological order.

At the head of each group of texts drawn from the same source, there appears of course its original or traditional name and the date of the laws or decisions (in many cases the manuscripts were written at a later date). Moreover, a brief characterization is given, consisting of a description and the location of the manuscripts, of an enumeration of the various editions, and of bibliographical notes. The source from which the reproduction was directly derived, is also indicated. References to similar or related source material outside the realm of Saxon law have been omitted as have bibliographical notes with reference to the content or discussion of the various legal and historical problems involved. All this can be found in the volume, *The Jews in Medieval Germany*, and in the comprehensive apparatus of notes contained in it.

The editor deviated in two points from his aforementioned principles of editing medieval texts of this kind.

First, all regulations of Jewry-law found in German law-books as well as the jury-court decisions dealing with Jews or Jewish affairs have been reproduced *in full*. Of the Jewry-law regulations, only those few have been excluded which are fully or almost literally taken over from older law-books and show no mark of originality. They can easily be identified from the comparative tabulations in Part One of *The Jews in Medieval Germany*. On the other hand, in order to make the present collection of source material as complete as possible, no jury-court decisions, even if already published, have been excluded.[2]

---

[2] The omission from the author's *Leipziger Schöffenspruchsammlung* of *Schöffensprüche*, which had previously been published elsewhere, was the only criticism directed against his principles of editing medieval jury-court decisions; see Planitz, *ZRG.*, XL (1919), p. 325. It was justified, although the omission was caused by paper shortage during World War I and therefore justifiable at the time.

There is an additional reason for this procedure: some of the books containing these texts were very rare even in Europe before the war. In this country they are either difficult or impossible to procure.

Second, *regesta*, that is, brief excerpts from or analyses of the content have been provided for each text, in spite of the fact that "headings" were frequently found already in the original manuscripts in the medieval language. In his earlier publication of *Schöffensprüche* the author had refrained from providing *regesta*. Good, and later widely approved, reasons had been given for this omission.[3] They are not fully valid for the present edition, however. The *regesta* which were added in the English language will facilitate the use of these medieval texts, all of which are in various foreign and archaic languages.

The texts are reproduced in the original medieval languages. In *The Jews in Medieval Germany* they are given in literal translation, accompanied by precise citation of the original. It will, therefore, be easy to find the way to the original sources of all material drawn from them, and vice versa, to the English translation. For the latter purpose, the *regesta* will offer some guidance.

The *regesta* had also some bearing on the index of subjects. They provide instant information as to the content of the texts and thereby obviate the need for an elaborate subject index as recommended in the author's earlier publication. Such a specific index would, moreover, duplicate the work done in *The Jews in Medieval Germany* to which the student is referred. Nevertheless, he will find appropriate indexes also at the end of the present volume.

---

[3] G. Kisch, *Leipziger Schöffenspruchsammlung*, "Einleitung," p. 117*. In agreement, Rehme, Ermisch, *loc. cit.* Even such a circumspect editor of medieval law sources and jury-court decisions in particular as Jacob Friedrich Behrend (see *supra*, chapter II, note 9), had refrained from providing *regesta*, which *per se* represent an evaluation of the content and thus anticipate rather than prepare its scholarly analysis. On the other hand, *regesta* were provided for the edition of Magdeburg *Schöffensprüche* by Victor Friese and Erich Liesegang, *Magdeburger Schöffensprüche*, I (Berlin, 1901). These editors, however, were rightly criticized for their *regesta* by such a competent scholar as Karl von Amira, *ZRG.*, XXIII, (1902), p. 284 ff.

CHAPTER FOUR

BIBLIOGRAPHY

O NLY those works providing material and actually employed for the present volume have been listed. A more comprehensive bibliography on the history of medieval Jewry and Jewry-law in Europe — not restricted to Germany — is appended to the author's volume, *The Jews in Medieval Germany: A Study of Their Legal and Social Status*, Chicago: The University of Chicago Press, 1949.

I

MANUSCRIPTS

A. LAW BOOKS

Blume des Sachsenspiegels [BlSsp.].

Compiled by Nicholas Wurm at the end of the fourteenth century, written in the fifteenth century.

Breslau, Stadtarchiv, Ms. J 15. — Gustav Homeyer, *Die deutschen Rechtsbücher des Mittelalters und ihre Handschriften* (third ed., Weimar, 1931–1934), No. 210.

Theodor von Bocksdorf's *Remissorium*.

Compiled in the middle of the fifteenth century (1449), copied in 1468.

Breslau, Stadtarchiv, Ms. J 16. — Homeyer, No. 211; cf. *ibidem*, p. *57; Homeyer (second ed.; Berlin, 1856), pp. 59–60, No. 7.

Meissener Rechtsbuch [MRb.].

Compiled between 1357 and 1387.

Vienna, Nationalbibliothek, Ms. 2680. — Homeyer, No. 1144.

Regulae Juris "Ad Decus" [Reg. Jur.].

Compiled at the end of the fourteenth century, possibly by Nicholas Wurm; written in the fifteenth century.
(a) Breslau, Stadtarchiv, Ms. J 15. — Homeyer, No. 210.
(b) Breslau, Stadtarchiv, Ms. J 3. — Homeyer, No. 204.

Remissorium "Rechter Weg" [Rem. RW.].

Compiled between 1484 and 1493, by Caspar Popplaw, author of the collection, *Rechter Weg*.
Breslau, Stadtarchiv, Ms. J 8. — Homeyer, No. 207.

Schwabenspiegel Landrecht [Schwsp.].

Compiled about 1275; written about 1500.
New York City, Library of Guido Kisch. — Homeyer, No. 578.

Weichbild-Vulgata.

Compiled in the second half of the thirteenth century; written in 1382.
Berlin, Preussische Staatsbibliothek, Ms. Germ. fol. 391.— Homeyer, No. 50.

Weichbild-Vulgata and *Sachsenspiegel Landrecht* (Berlin-Steinbeck Manuscript).

Written in the fourteenth century.
Berlin, Preussische Staatsbibliothek, Ms. Germ. fol. 631.— Homeyer, No. 63.

B. JURY-COURT DECISIONS

Collection of 234 Magdeburg Court Decisions.

From the first half of the fifteenth century, with additions from the sixteenth century.
Breslau, Stadtarchiv, Ms. J 5. — Homeyer, No. 205.

Summa *"Der Rechte Weg"* [RW.].

By Caspar Popplaw; end of the fifteenth century.
Breslau, Stadtarchiv, Ms. J 7. — Homeyer, No. 206.

Collection of Magdeburg Court Decisions.

> Compiled in 1464, the decisions being older.
>
> Breslau, Stadtbibliothek, Ms. R 568. — Photostat in New York City, Library of Guido Kisch. — Not in Homeyer.

Revised Collection of Magdeburg Court Decisions.

> Compiled and written in the beginning of the fifteenth century; related to the *Magdeburger Fragen.*
>
> Cracow, Poland, University Library, Ms. 170^b. — Apograph in New York City, Library of Guido Kisch. — Homeyer, No. 645.

Summaries of Court Decisions of Magdeburg, Leipzig, and Dohna.

> Completed in 1504, the decisions originated in the fifteenth century.
>
> Dresden, Sächsische Landesbibliothek, Ms. M 20a. — Homeyer, No. 304.

Dietrich von Bocksdorf's *Informationes.*

> A collection of court decisions from Magdeburg and excerpts from various Saxon law-books; compiled in 1433, but the decisions are older.
>
> Görlitz, Ratsarchiv, Ms. Varia 4. — Homeyer, No. 418.

Liegnitz-Görlitz Collection of Court Decisions.

> Decisions of the Jury Court of Dohna, Saxony, sent to Görlitz during the first half of the fifteenth century.
>
> Görlitz, Ratsarchiv, Ms. Varia 4. — Homeyer, No. 418.

Merseburg Collection of 165 Magdeburg Jury-Court Decisions.

> From the period of 1424–1452, compiled in the fifteenth century.
>
> Merseburg, Stadtbibliothek, Ms. No. 3. — Partial apograph, Library of Guido Kisch. — Homeyer, No. 788.

C. CENSUS OF MANUSCRIPTS OF MEDIEVAL GERMAN LAW-BOOKS

GUSTAV HOMEYER, *Die deutschen Rechtsbücher des Mittelalters und ihre Handschriften.* Erste Abteilung: *Verzeichnis der Rechtsbücher*, bearbeitet von Karl August Eckhardt. Zweite Abteilung: *Verzeichnis der Handschriften*, bearbeitet von Conrad Borchling und Julius von Gierke (Weimar: Hermann Böhlaus Nachfolger, 1931–1934). |Cited as Homeyer|.

> The book contains a full bibliography on pp. 314–323. An analogous census of the extant manuscripts of medieval German court decisions is a desideratum.

D. LITERARY HISTORY OF THE MEDIEVAL GERMAN LAW SOURCES

ERNST THEODOR GAUPP, *Das alte Magdeburgische und Hallische Recht: Ein Beitrag zur Deutschen Rechtsgeschichte* (Breslau: Josef Max & Co., 1826).

ERNST THEODOR GAUPP, *Das Schlesische Landrecht oder eigentlich Landrecht des Fürstentums Breslau* (Leipzig: C. H. F. Hartmann, 1828).

GUIDO KISCH, "Schöffenspruchsammlungen," *Zeitschrift der Savigny-Stiftung für Rechtsgeschichte*, Germanistische Abteilung, XXXIX (1918), pp. 346–365.

GUIDO KISCH, *Sachsenspiegel and Bible: Researches in the Source History of the Sachsenspiegel and the Influence of the Bible on Medieval German Law.* "Publications in Medieval Studies," Volume V (Notre Dame, Ind.: University of Notre Dame, 1941).

> Comprehensive bibliography on pp. 180–185.

GUIDO KISCH, "Schöffensprüche als historische Quellen," *Niederdeutsche Mitteilungen*, Jahrgang IV (Lund, Sweden, 1948), pp. 50–58.

GUIDO KISCH, *The Jews in Medieval Germany: A Study of Their Legal and Social Status* (Chicago: The University of Chicago Press, 1949).

FERDINAND VON MARTITZ, *Das eheliche Güterrecht des Sachsenspiegels und der verwandten Rechtsquellen. Mit einer Einleitung über die Quellen des sächsischen Rechts* (Leipzig: H. Haessel, 1867).

OTTO STOBBE, *Geschichte der deutschen Rechtsquellen.* Two volumes (Braunschweig: C. A. Schwetschke und Sohn, 1860, 1864).

II

PRINTED EDITIONS

A. LAW-BOOKS

KARL VON AMIRA, *Die Dresdener Bilderhandschrift des Sachsenspiegels,* Erster Band: *Ausgabe,* two parts (Leipzig: Karl W. Hiersemann, 1902); Zweiter Band: *Erläuterungen,* two parts (Leipzig: Karl W. Hiersemann, 1925–26).

HUGO BOEHLAU, *Die Blume von Magdeburg* (Weimar: Hermann Boehlau, 1868).

HANS-KURT CLAUSSEN, *Freisinger Rechtsbuch.* "Germanenrechte," Neue Folge (Weimar: Hermann Böhlaus Nachfolger, 1941).

P. CLAUSWITZ, *Das Berlinische Stadtbuch aus dem Ende des XIV. Jahrhunderts* (Berlin: [no publisher mentioned], 1883).

A. V. DANIELS, *Dat buk wichbelde recht: Das sächsische Weichbildrecht nach einer Handschrift der königlichen Bibliothek zu Berlin von 1369* (Berlin: Th. Chr. Fr. Enslin, 1853).

A. V. DANIELS and FR. V. GRUBEN, *Das Saechsische Weichbildrecht: Jus Municipale Saxonicum. Erster Band: Weltchronik und Weichbildrecht in [C]XXXVI Artikeln mit der Glosse* (Berlin: Mylius, 1858).

KARL AUGUST ECKHARDT, *Sachsenspiegel: Land- und Lehnrecht.* "Monumenta Germaniae Historica: Fontes Iuris Germanici Antiqui", Nova Series, Tomus I (Hannover: Hahnsche Buchhandlung, 1933).

Karl August Eckhardt and Alfred Hübner, *Deutschenspiegel und Augsburger Sachsenspiegel.* "Monumenta Germaniae Historica: Fontes Juris Germanici Antiqui," Nova Series, Tomus III (second revised edition; Hannover: Hahnsche Buchhandlung, 1933).

Julius Ficker, *Der Spiegel deutscher Leute: Textabdruck der Innsbrucker Handschrift* (Innsbruck: Wagnersche Buchhandlung, 1859).

Eduard Fidicin, *Historisch-diplomatische Beiträge zur Geschichte der Stadt Berlin. Erster Teil: Berlinisches Stadtbuch* (Berlin: A. W. Hayn, 1837).

B. J. L. Baron de Geer van Jutphaas, *De Saksenspiegel in Nederland* ('s Gravenhage: Martinus Nijhoff, 1888).

Heinrich Gottfried Gengler, *Des Schwabenspiegels Landrechtsbuch* (second revised edition; Erlangen: Andreas Deichert, 1875).

Hans Christoph Hirsch, *Eike von Repgow: Der Sachsenspiegel (Landrecht), in unsere heutige Muttersprache übertragen und dem deutschen Volke erklärt* (Berlin and Leipzig: Walter de Gruyter & Co., 1936).

Carl Gustav Homeyer, *Der Richtsteig Landrechts nebst Cautela und Premis* (Berlin: Georg Reimer, 1857).

Carl Gustav Homeyer, *Des Sachsenspiegels Erster Teil, oder das Sächsiche Landrecht, nach der Berliner Handschrift vom Jahre 1369 herausgegeben* (third revised edition; Berlin: Ferdinand Dümmler, 1861).

> Quotations citing book, article, and paragraph without any further addition, e. g., III, 7, 3, always refer to *Sachsenspiegel Landrecht.*

Hermann Knapp, *Das Rechtsbuch Ruprechts von Freising (1328)* (Leipzig: R. Voigtländer, 1916).

F. L. A. Freiherr von Lassberg, *Der Schwabenspiegel oder Schwäbisches Land- und Lehenrechtbuch nach einer Rezension vom Jahr 1287 mit späteren Zusätzen* (Tübingen: Ludwig Friedrich Fues, 1840).

JACOB FRIEDERICH LUDOVICI, *Das Sächsiche Weichbild in der Lateinischen und jetzo gebräuchlichen Hoch-Teutschen Sprache aus alten bewährten Codicibus, Nebst nöthigen Auszügen aus der Glosse* (Halle: Waysenhaus, 1721).

G. LUDWIG VON MAURER, *Das Stadt- und das Landrechtsbuch Ruprechts von Freysing: Ein Beitrag zur Geschichte des Schwabenspiegels* (Stuttgart and Tübingen: J. G. Cotta, 1839).

HERBERT MEYER, *Das Mühlhäuser Reichsrechtsbuch aus dem Anfang des 13. Jahrhunderts: Deutschlands ältestes Rechtsbuch nach den altmitteldeutschen Handschriften herausgegeben, eingeleitet und übersetzt* (second revised edition; Weimar: Hermann Böhlaus Nachfolger, 1934).

FRIEDRICH ORTLOFF, *Das Rechtsbuch nach Distinctionen* [Meissener Rechtsbuch] *nebst einem Eisenachischen Rechtsbuch* (Jena: Crökersche Buchhandlung, 1836).

FRIEDRICH ORTLOFF, *Das Rechtsbuch Johannes Purgoldts nebst statutarischen Rechten von Gotha und Eisenach* (Jena: Friedrich Frommann, 1860).

HANS PLANITZ, "Das Zwickauer Stadtrechtsbuch," *Zeitschrift der Savigny-Stiftung für Rechtsgeschichte*, Germanistische Abteilung, XXXVIII (Weimar: Hermann Böhlaus Nachfolger, 1917), pp. 321–366.

EMIL FRANZ RÖSSLER, *Das altprager Stadtrecht aus dem XIV. Jahrhunderte.* "Deutsche Rechtsdenkmäler aus Böhmen und Mähren," I. Band (Prague: J. G. Calve, 1845).

Sassenspegel mit velen nyen Addicien san dem Leenrechte vnde Richtstige [Latin and Low German text of the *Sachsenspiegel* with Johann von Buch's and the Stendal *Gloss*] (Augsburg: Sylvanus Othmer, 1516).

> Described in Homeyer, *Sachsenspiegel*, p. 70, No. 15; Homeyer, *Des Sachsenspiegels Zweiter Theil nebst den verwandten Rechtsbüchern*, I (Berlin: Ferdinand Dümmler, 1842), p. 42 f., No. 7.

Sechsisch Weichbild, Lehenrecht, vnd Remissorium, Auffs new an vielen orten in Texten, Glossen, vnd derselben allegaten, aus

*den warhafftigen glossen Keiserlicher vnd Bepstlicher Recht,
vnd also den hauptquellen, mit fleis anderwerts corrigiert vnd
restituiret, Darzu etliche Vrteil, In teglichen fürfallenden
sachen sehr richtig vnd dienstlich, zum teil vor nicht gedruckt*
(Budissin: Nicolaus Wolrab, 1557).

J. J. SMITS, "De Spiegel van Sassen of zoogenaamde Hollandsche
Sachsenspiegel," *Nieuwe Bijdragen voor Regtsgeleerdheid en
Wetgeving*, XXII (1872), pp. 5–72, 169–237.

W. VON THÜNGEN, *Das Sächsische Weichbildrecht nach dem Codex
Palatinus Nro. 461* [of 1504] (Heidelberg: August Osswald,
1837).

GÜNTHER ULLRICH and HANS PLANITZ, *Zwickauer Rechtsbuch*.
"Germanenrechte, Neue Folge, Abteilung Stadtrechtsbü-
cher" (Weimar: Hermann Böhlaus Nachfolger, 1941).

WILHELM WACKERNAGEL, *Das Landrecht des Schwabenspiegels
in der ältesten Gestalt* (Zürich and Frauenfeld: Christian
Beyel, 1840).

CHRISTOFF ZOBEL, *Sachsenspiegel, Auffs newe vbersehen, mit
Summarijs vnd newen Additionen, so aus den gemeinen
Keyserrechten vnd vieler vornemer dieser Lande Doctorn bericht
vnd Radtschlegen, Auch der Hoffgericht vnd Schöppenstuel
vblichen Rechtsprüchen zusammenbracht, vnd an den Glossen
vnnd Allegaten vielfeltig gebessert*; edited by Georgius Menius
(Leipzig: Ernestus Vögelin, 1560 [1561]).

B. JURY-COURT DECISIONS

J[AKOB] FR[IEDRICH] BEHREND, *Die Magdeburger Fragen* (Berlin:
I. Guttentag, 1865). [MFr.]

J[AKOB] FR[IEDRICH] BEHREND, *Ein Stendaler Urteilsbuch aus dem
vierzehnten Jahrhundert als Beitrag zur Kenntnis des Magde-
burger Rechts* (Berlin: I. Guttentag, 1868). [Stendal UB.]

FERDINAND BISCHOFF, "Über eine Sammlung deutscher Schöffen-
sprüche in einer Krakauer Handschrift," *Archiv für Kunde
österreichischer Geschichtsquellen*, XXXVIII (Vienna, 1867),
pp. 1–24.

[JOHANNES EHRENFRIED BÖHME], *Diplomatische Beyträge zur Untersuchung der schlesischen Rechte und Geschichte,* VI [Zweyten Bandes Zweyter Theil] (Berlin: Haude und Spener, 1775.)

VICTOR FRIESE and ERICH LIESEGANG, *Die Magdeburger Schöffensprüche für Gross-Salze, Zerbst und Anhalt, Naumburg und aus dem Codex Harzgerodanus.* "Magdeburger Schöffensprüche," Erster Band (Berlin: Georg Reimer, 1901). [MSchSpr.]

THEODOR GOERLITZ and PAUL GANTZER, *Die Magdeburger Schöffensprüche und Rechtsmitteilungen für Schweidnitz.* "Die Magdeburger Schöffensprüche und Rechtsmitteilungen," herausgegeben von Fritz Markmann, Reihe VII, Schlesien, 1. Band (Stuttgart and Berlin: W. Kohlhammer, 1940).

THEODOR GOERLITZ, *Magdeburger Schöffensprüche für die Hansestadt Posen und andere Städte des Warthelandes.* "Die Magdeburger Schöffensprüche und Rechtsmitteilungen," herausgegeben von Fritz Markmann, Reihe VIII, Wartheland, 1. Band (Stuttgart and Berlin: W. Kohlhammer, 1944).

HERMANN GRÖSSLER, "Sammlung älterer nach Eisleben ergangener Rechtsbescheide des magdeburgischen Schöppenstuhls," *Zeitschrift des Harzvereins für Geschichte und Altertumskunde,* XXIII (1890), pp. 171–201.

EMIL KALUZNIACKI, "Die polnische Rezension der Magdeburger Urteile und die einschlägigen deutschen, lateinischen und czechischen Sammlungen," *Sitzungsberichte der Kaiserlichen Akademie der Wissenschaften in Wien,* philosophisch-historische Klasse, Band 111 (Vienna: Carl Gerolds Sohn, 1885), pp. 113–330.

GUIDO KISCH, *Leipziger Schöffenspruch-Sammlung.* "Quellen zur Geschichte der Rezeption," Erster Band (Leipzig: S. Hirzel, 1919). [LSchSprS.]

PAUL LABAND, *Das Magdeburg-Breslauer Systematische Schöffenrecht aus der Mitte des XIV. Jahrhunderts* (Berlin: Ferdinand Dümmler, 1863). [MBSchR.]

PAUL LABAND, *Magdeburger Rechtsquellen* (Königsberg: Hübner und Matz, 1869).

C. K. LEMAN, *Das Alte Kulmische Recht, mit einem Wörterbuche* (Berlin: Ferdinand Dümmler, 1838).

HEINRICH MÜHLER, *Deutsche Rechtshandschriften des Stadtarchivs zu Naumburg an der Saale* (Berlin: Ferdinand Dümmler, 1838).

EMIL FRANZ RÖSSLER, *Die Stadtrechte von Brünn aus dem XIII. und XIV. Jahrhundert.* "Deutsche Rechtsdenkmäler aus Böhmen und Mähren," II. Band (Prague: J. G. Calve, 1852). [Brünn SchB.]

GERTRUD SCHUBART-FIKENTSCHER, "Neue Fälle zum Brünner Recht," *Deutsches Archiv für Geschichte des Mittelalters*, III (Weimar, 1939), pp. 430–496.

GUSTAV ADOLF TZSCHOPPE and GUSTAV ADOLF STENZEL, *Urkundensammlung zur Geschichte des Ursprungs der Städte und der Einführung und Verbreitung deutscher Kolonisten und Rechte in Schlesien und der Oberlausitz* (Hamburg: Friedrich Perthes, 1832).

HERRMANN WASSERSCHLEBEN, *Sammlung deutscher Rechtsquellen.* Erster Band (Giessen: Ernst Heinemann, 1860). [RQ.]

HERRMANN WASSERSCHLEBEN, *Deutsche Rechtsquellen des Mittelalters* (Leipzig: Veit und Comp., 1892). [RQ.²]

WILHELM WEIZSÄCKER, "Die Rechtsmitteilung Breslaus an Olmütz," *Festschrift für Otto Peterka* (Brünn and Prague: R. Rohrer, 1936), pp. 85–103.

WILHELM WEIZSÄCKER, *Magdeburger Schöffensprüche und Rechtsmitteilungen für den Oberhof Leitmeritz.* "Die Magdeburger Schöffensprüche und Rechtsmitteilungen," herausgegeben von Fritz Markmann, Reihe IX, Sudetenland, 1. Band (Stuttgart and Berlin: W. Kohlhammer, 1943.) [MSchSpr.Leitmeritz.]

III

KEY TO ABBREVIATIONS

Auth.	—	Authentica
C.	—	*Codex*, Causa
c.	—	capitulum
Cod. Just.	—	*Codex Justinianus*
Coll.	—	collatio
Decr. Grat.	—	*Decretum Gratiani*
Dig.	—	*Digesta*
Dist.	—	distinctio
ed.	—	edidit, editor
g., Gl., glo.	—	*Glossa*
i. f.	—	in fine
Instit.	—	*Institutiones*
Ms.	—	manuscript
Nov.	—	*Novella, Novellae*
O. S.	—	Old Series
q., qu.	—	quaestio
Rb., Rbb.	—	Rechtsbuch, Rechtsbücher
Ssp., SS.	—	*Sachsenspiegel Landrecht*
Wb., Wich.	—	*Weichbild-Vulgata*
X	—	*Liber Extra*, Gregory IX's Decretals in the *Corpus Juris Canonici*
ZRG.	—	*Zeitschrift der Savigny-Stiftung für Rechtsgeschichte, Germanistische Abteilung.*

PART ONE

LAW-BOOKS

1

MÜHLHÄUSER REICHSRECHTSBUCH
About 1200

E d i t i o n: Herbert Meyer, *Das Mühlhäuser Reichsrechtsbuch aus dem Anfang des 13. Jahrhunderts: Deutschlands ältestes Rechtsbuch, nach den altmitteldeutschen Handschriften herausgegeben, eingeleitet und übersetzt* (Weimar, 1923; second revised ed., Weimar, 1934).

B i b l i o g r a p h y: Herbert Meyer, *Das Mühlhäuser Reichsrechtsbuch*, pp. 1–94; H. Meyer, "Neue Studien zum Mühlhäuser Reichsrechtsbuch," *Mühlhäuser Geschichtsblätter*, XXX (1931), pp. 226–240; H. Meyer, "Das Mühlhäuser Reichsrechtsbuch und die deutsche Stadtrechtsgeschichte," *Hansische Geschichtsblätter*, LIX (1934), pp. 1–27 (separate edition).

R e p r i n t e d from Meyer's second edition, p. 170.

45, 8

Borrowing Money from Jews as a Means of Contractual Enforcement of Debt Obligations

Suilich man mi andirin sezzit ein phant mit gutin willin, daz sal he umi bihalde virzennacht, iz si ummi suilichirlegi geld iz sie, edir al darnach, daz ur beidir glubidi steit. Wil heiz dan nichit ledige zu demi tage, alsi su globit han, so sal he sin gelt duf borgi zu din judin, ab ur beidir glubidi also steit.

2

SACHSENSPIEGEL LANDRECHT
About 1221–1224

E d i t i o n s: Carl Gustav Homeyer, *Des Sachsenspiegels Erster Teil oder das Sächsische Landrecht, nach der Berliner Handschrift vom Jahre 1369 herausgegeben* (first ed., Berlin, 1827; second ed., Berlin, 1835; third ed., Berlin, 1861). — Karl August Eckhardt, *Sachsenspiegel Land- und Lehnrecht*, in Monumenta Germaniae Historica: Fontes Juris Germanici Antiqui, Nova Series, Tomus I (Hannover, 1933). — Hans Christoph Hirsch, *Eike von Repgow, Der Sachsenspiegel (Landrecht), in unsere heutige Muttersprache übertragen und dem deutschen Volke erklärt* (Berlin and Leipzig, 1936).

Illuminated Manuscripts: Karl von Amira, *Die Dresdener Bilderhandschrift des Sachsenspiegels*, I: Ausgabe, two volumes (Leipzig, 1902); II: Erläuterungen, two volumes (Leipzig, 1925–1926).

Bibliography: For full bibliography, see Gustav Homeyer, *Die deutschen Rechtsbücher des Mittelalters und ihre Handschriften*, neu bearbeitet von Conrad Borchling, Karl August Eckhardt und Julius von Gierke (third ed., Weimar, 1931–1934), pp. *3–*4; Guido Kisch, *Sachsenspiegel and Bible: Researches in the Source History of the Sachsenspiegel and the Influence of the Bible on Mediaeval German Law*, (Publications in Medieval Studies, Vol. V), (Notre Dame, Ind., 1941), pp. 3–20, 173–175, 180–184; G. Kisch, *The Jews in Medieval Germany* (Chicago, 1949), chap. ii, n. 8.

Reprint: The following text of the Quedlinburg manuscript (Homeyer, No. 1006) is reproduced from Eckhardt's edition, pp. 103, 109, 112–113.

Book II, Article 66

The Jews under the King's Peace

1. Nû vernemet den alden vrede, den die keiserlîke walt gestêdegit hât deme lande zu Sassen, mit der gûden knechte willecore von deme lande. Alle tage unde alle zît sollen vrede haben paphen unde geistlîche lûde, megede unde wîph unde joden an yrme gûde unde an yrme lîbe, kerken unde kerhove unde iewelk dorph binnen sîner grûve unde sîme thûne, plûge unde molen, unde des kuninges strâzen in wazzere unde in velde, die sollen stête vrede haben, unde alliz daz dâ binnen kumt.

Book III, Article 2

Clerics and Jews Excluded from Bearing Arms

Paphen unde joden de wâfen vûrent unde nicht geschoren ne sint nâch yrme rechte, dût men ine gewalt, men sol ine bezzeren alse eynen leyen, went se ne sollen nicheine wâphene vûren, die mit des kuniges tagelekes vrede begripphen sîn.

Book III, Article 7

Warranty of Jewish Vendors

1. Die jode ne mût kerstenis mannis gewere nicht sîn, her ne welle antwarden in kerstenen mannis stad.

Punishment of Crimes Committed by Jews

2. Sleit die jode eynen kerstenen man, oder dûth her yme ungerichte, dâ her mede begriffen wirt, men richtet uber ine alse uber eynen kerstenen man.

ILLUSTRATIONS
TO *SACHSENSPIEGEL, LANDRECHT,* III, 2

PICTURE-MANUSCRIPT OF HEIDELBERG

PICTURE-MANUSCRIPT OF DRESDEN

THE JEWS UNDER THE KING'S PEACE

Jews and clerics were under the same law and forfeited
royal protection by carrying arms.

Protection of Jewish Life under the King's Peace

3. Sleit ouch die kersten man eynen joden, men richtet uber ine durch des kuninges vrede, den her an ym gebrochen hât, oder dûth her eyn ungerichte an ym. Dissen vrede irwarf one Josaphus weder den koning Vaspasianum, dô her sînen sonen Tytus gesunt machede von der icht.

Acquisition by Jews of Movable Objects, Both as Property and Security

4. (1) Koupht die jode oder nymt her zu wedde kelkhe oder bûche oder gerwe, dâ her nichênen weren ane hât, vint men iz binnen sînen weren, men richtet uber ine alse uber eynen dief. (2) Swaz die jode kouft anderis dinges unvorholen unde unvorstolen bî tagis lechte, unde nicht in beslozzeneme hûs, mach her daz gethûgen selbe dritte, her behalt sîne phenninge dâ an, die her dâ umme gaph oder dâ ûph tede, mit sîneme eide, ob iz wol virstolen is; brikt yme an deme thûge, her virlûsit sîne phenninge.[1]

3

SACHSENSPIEGEL GLOSSES

Gloss by Johann von Buch: About 1325
Gloss of Stendal: Before 1434

Editions: *Sachsenspiegel Landrecht* with *Glosse* (Augsburg: *Sylvan Othmer*, 1516), described in Homeyer, *Sachsenspiegel Landrecht*, third ed., p. 70, No. 15, and p. 75 f., No. 4. — *Sachsenspiegel, auffs newe vbersehen mit Summariis vnd newen Additionen so aus den gemeinen Keyserrechten vnd vieler vornemer dieser Lande Doctorn, bericht vnd Radtschlegen, Auch der Hoffgericht vnd Schöppenstuel vblichen Rechtsprüchen zusammenbracht, vnd an den Glossen vnd Allegaten vielfeltig gebessert, wie solches stückweis vnd ordentlichen hernach wirdt angezeiget. Durch den Hochgelarten Herrn Christoff Zobel* [edited by Georgius Menius], (Leipzig, 1560).

[1] In a *Sachsenspiegel* manuscript of the fourteenth or early fifteenth century in the University Library of Rostock (Mscr. Jurid. 1 in Fol.; Homeyer, *Rechtsbücher*, No. 1024), an addition to article III, 8 is found "concerning the *Busse* which was to be paid by a Jew who would build a synagogue without his overlord's consent;" Homeyer, *Sachsenspiegel*, p. 307, note 5; J. Aronius, *Regesten zur Geschichte der Juden im Fränkischen und Deutschen Reiche bis zum Jahre 1273* (Berlin, 1887–1902), p. 201, no. 458. This manuscript was not available to the author.

Bibliography: On Johann von Buch and his *Gloss*, Emil Steffenhagen, *Die Entwicklung der Landrechtsglosse des Sachsenspiegels*, "Sitzungsberichte der kaiserlichen Akademie der Wissenschaften in Wien," philosophisch-historische Klasse, Vols. 113 (1886), 114 (1887), 131 (1894), 194 (1922), 195 (1923); Erika Sinauer, "Studien zur Entstehung der Sachsenspiegel-glosse," *Neues Archiv der Gesellschaft für ältere deutsche Geschichtskunde*, L (1935), pp. 475–581; G. Kisch, "Juridical Lexicography and the Reception of Roman Law," *Seminar*, II (1944), p. 60, note 31.

On Nicholas Wurm and his *Gloss*, Hugo Boehlau, *Nove Constitutiones Domini Alberti, d. i. der Landfriede vom Jahre 1235 mit der Glosse des Nicolaus Wurm* (Weimar, 1858), pp. XXI–XLI; Guido Kisch, *Leipziger Schöffenspruchsammlung*, (Quellen zur Geschichte der Rezeption, Vol. I), (Leipzig, 1919), p. 87*, note 4; Emil Steffenhagen, *Die Landrechtsglosse des Sachsenspiegels*, in Akademie der Wissenschaften in Wien, philosophisch-historische Klasse, "Denkschriften," 65. Band, 1. Abhandlung, (Vienna, 1925), pp. 15, 32, n. 184.

On the Stendal *Gloss*, Steffenhagen, *op. cit.*, p. 15 f.; Steffenhagen, *Die Entwicklung der Landrechtsglosse des Sachsenspiegels*, "Sitzungsberichte der kaiserlichen Akademie der Wissenschaften in Wien," philosophisch-historische Klasse, C. Band, 2. Heft (Vienna, 1882), pp. 887–934; CXIV. Band, 2. Heft (Vienna, 1887), p. 701 f.

A modern critical edition of the *Sachsenspiegel Gloss* is lacking. The Augsburg edition of 1516 is based on lost manuscripts which are thus represented by this edition. It offers the text of the law-book in Latin and in Low German. The *Stendal Gloss*, partly in Latin partly in the Low Saxon dialect, is arranged in two sections. The first is placed between the Latin and the Low German text of the *Sachsenspiegel*, the second follows the Low German *Sachsenspiegel* text. Johann von Buch's *Gloss* is reproduced thereafter.

For the reader's convenience, the origin of the individual portions of the *Gloss* is indicated in brackets, in the following reproduction. Homeyer's numeration of the articles and paragraphs of the *Sachsenspiegel*, to which the Glosses refer, has also been added in brackets.

Reprinted from the edition, Augsburg, 1516, fol. 119–121, 125, 130–131.

Book II, Article 66

[Latin Text]

Nunc considerate antiquam pacem, quam in terra Saxonie imperialis potestas ex consensu religiosorum et proborum hominum in ea commorantium confirmavit. Omnibus in perpetuum temporibus clerici et religiosi, mulieres, virgines et iudei in corpore et rebus necnon ecclesie cimiteria et quelibet villa intra sepes suas aut foveas, aratra cum molendinis et regia via tam in aquis quam in campestribus et omnes in hiis existentes secura pace confruentur.

[Stendal Gloss]

NUNC CONSIDERATE ANTIQUAM PACEM, ETC. OMNIBUS IN PERPETUUM, ETC.

Vide in c. 1 et II de treuga et pa[ce], que iura cum isto articulo in multis concordant, et plenius per Hostien[sem] in Sum[ma] de treuga et pa[ce], per totum ibi vide.

[Buch's Gloss]

UNDE JODEN

Wenne het got unsere bekerunghe gewart gutlike, so warde wy ock billich orer bekerunghe vredelick, wen men schal nymande tu godes dynste dwinghen,[1] *XLV di., c. sincere; C. de jude., l. si qui et l. judei.* Desse ere scholen ock hebben kerken, dat is, dat men dar nymande mut avenemen, wan umme sunderlike broke, *supra, arti. X, § II et C. de hiis qui ad eccle. confu., l. fideli et l. denunciamus.*

Book III, Article 2

[Latin Text]

Clerici et iudei, qui arma portaverint, et secundum quod iuris est non tonsurentur, si quis in eis deliquerit, non aliter nisi ut laico eis emendam prestet, quia arma portare non debent qui pace imperii quotidiana sunt amplexati.

[Stendal Gloss]

CLERICI ET IUDEI, ETC.

[vacat]

[1] Addition in Zobel's edition of 1560: *er sey denn des glaubens genosse zuvor gewesen.*

[Buch's Gloss]

PAPEN UNDE YODEN, ETC.

UNDE JODEN

Mercke hir ein grot underscheit: wapen vorbydet men hir den presteren unde den schulren tu eren, unde vorbydet yt den joden thu schanden.

Unde wete, dat den joden virleie stucke vorboden sin.

Tom ersten, můt nein kristen met en eten, oder sy met en, *ut* XXVIII, *q.* 1, *c. omnes*; oder dynen, *extra, de iudi., c. iudei.* Met heiden mute wy yt wol důn, XI, *q.* III, *c. ad mensam.*

Thom anderen, muten sy nen openlick ambacht hebben over dy cristen, *ut* LIV, *di., c. nec nulli.*

Thom drüdden, můt man ock neine arczste die van em nemen, XXVIII, *di., c. nullus.*

Thom virden, scholen sy an deme guden vrydage nicht uthgan, noch doren, noch venstere open hebben, *extra, de iudi., quia super hiis* et *c. in nonnullis.*

DY MET DES KONINGES VREDE, ETC.

Dessen vrede irwarf en Josephus, I, *ar.* 7. Den hebben sy noch, alse hir *et supra, libro* II, *arti.* 66.

Book III, Article 7
[Latin Text]

Articulus VII

[1] Iudeus christiani warandator esse non potest, nisi ut christianus voluerit respondere.

[2] Percutiat si iudeus christianum, aut si ei fecerit iniuriam, in qua si comprehendatur, ut catholicus sententietur.

[3] Percutietur etiam iudeus a catholico aut alias ei catholicus iniuriam fecerit, quasi alium percussisset iudicetur: quia in eo pacem regalem violavit. Istam pacem Josephus circa Vespasianum cum Tytum filium eius a paralisi curavit, iudeis acquisivit.

[4] (1) Emat si quidem iudeus calices, libros, aut de sacris ornamentis quicquam, vel si ei hec obligentur, ista si in eius inventa erunt possessione, et eorum habere nequiverit warandatorem, sicut fur condemnetur.

(2) Si quid autem de aliis rebus emerit,[1] non furtive neque occultando, die lucente et non clausis ianuis, si mettertius hoc probare poterit, licet res sit empta sit furtiva, ipse tamen summam super eam datam cum suo iuramento obtinebit impensarum. Si vero in testibus defecerit, nummos suos se sciat perditurum.

[Stendal Gloss]

[3] Percutietur etiam iudeus a catholico, etc.

Unde dicit etiam lex communis: Iudei Romano communi iure viventes, in hiis causis que causa ad superstitionem eorum quam ad forum et leges et ad iura pertinent, et adeant solemni more iudicia, omnesque Romane legis conferunt et excipiant actiones, ut in *l. iudei., C., de iude.* [*Cod. Just.*, I, 9, 8].

Cum Tytum filium eius, etc.

Iste Tytus imperator regnavit annis tribus, et iste cum patre suo Vespasiano Hierusalem destruxit, et ab eis omnia ornamenta templi delata sunt Rome. Hic etiam fuit vir mirabilis et tante liberalitatis, quod nulli quicquam negavit, dioens: Nullum tristem debere recedere ab imperatore.

[In Zobel's edition of 1560, the following summary of the contents of the glossator's comments is inserted]

Summaria des VII. Artickels

1. Juden mögen zu Recht keinen Christen noch jemandts des geweren, das sie ihnen verkeuffen.

Uber Jüden, die Christen oder ander leut todt schlagen, richtet man gleich wie uber Christenleut.

Wann ein Christ einen Jüden todt schlecht, so gehet eben das Gericht darüber, als ob er einen Christen getödtet hette.

---

[1] Addition in Zobel's edition of 1560: *vel in pignus recepit.*

Von dem frieden, den Vespasianus den Jüden vorliehen und bestettigt hat, *et vide in glossa latina*.

Jüden, die Kirchgeredt unnd anders, das zu Gottesdienst gehört, kauffen, richtet man als diebe.

Jüden, mögen gestolen ding, das jeder sonst keufft, keuffen, allein das solchs offenbar gehalten werde, *et nu. 2.*

Jüden, von den gestolene güter wiedergefordert werden, behalten gleichwol ihr kauffgelt, ob sie beweisen oder bey ihrem eyde erhalten, das sie es unverborgen kaufft haben.

2. Wer bekennet, das er einem ichts vorkaufft habe, der muss es ihm auch gewehren.

Wer ein mahl böses thut, zu dem hat man die vormutung, das er allzeit böses beginne.

3. Jüden mögen Christenleut nicht zu dienern haben.

Von vielen stücken, die den Jüden zu treiben verboten sind.

4. Jüden können ordentlichs Rechtens zu zeugen nicht gebraucht werden, ausgenommen in etzlichen fellen.

Jüden sollen sich nicht unterstehen, jemandts zu ihrem glauben zu bringen, bey verlust ihres lebens.

Der Jüden weiber können noch mögen leibgedings Recht nicht haben.

5. Vor alters hat man nach Sachsenrecht einen Jüden wol uberzeugen können, des ein Christ mit seinem eyde unschüldig hat werden mögen.

Den Jüden ist wie andern leuten frey, sich Keyserlichs gemeinen Rechtens zu gebrauchen.

6. Von der Jüden eydt und wie sie den schweren sollen.

Jüden sollen sich ihres friedes unnd freyheit anders nicht gebrauchen noch höher uberheben, dann ihnen geziemet.

7. Von peen der Jüden, die die Christen schlagen, und herwieder der Christen, so die Jüden beschedigen.

Jüden unnd ungleubige leut mögen wieder die Christen keine klagen anstellen, noch etwas wieder sie rügen.

In welcher sachen kein kleger ist, da ist auch kein Richter.

Jüden mögen alles, das ihn zu schaden geschehen ist, wol klagen.

Kirchengeredt unnd kleinot kan man niemandts mit Recht vorkeuffen, sie weren dann zuvor geschmeltzt.

Aus was ursachen man Kirchen kleinot unnd gerette angreiffen unnd vorkeuffen möge.

[Low German Text of Article VII as Transmitted in
the Edition, Augsburg, 1516]

[1] De yode mût cristenes mannes gewere nicht sin, he ne wille antwerden in kerstenes mannes stat.

[2] Schleit de yode enen kersten man, oder dût he an eme ungerichte, dar he mede begrepen wert, men richtet over ene alse over enen kersten man.

[3] Schleit ock de kerstene einen yoden, men richtet over en dorch des koninghes vrede, den he an eme gebroken hevet, oder dût he anders ungerichte ane eme. Dessen vrede irwarff en Josephus wedder den koningk Vespasianum, do he synen sone Tytum gesunt makede van der gicht.

[4] (1) Kofft de yode oder nymmet he tho wedde kelke oder buke oder gerwe, dar he nenen geweren an ne hevet, vint men yd binnen synen geweren, men richtet over en alse over enen dyf.

(2) Wat so de yode koft anderes dinges unvorholen unde unvorstolen by dages lichte unde nicht in beschlotenen huse, mach he dat getügen sulf drüdde, he behalt syne penninge dar an, de he dar umme gaf oder dar up dede, met sime ede, oft yt wol vorstolen is. Bricket eme an deme getüge, he verlyset syne penninge.

[Stendal Gloss continued]

[1] DE YODE MUT CRISTENES MANNES GEWERE NICHT SIN, ETC.

Scire debes, quod si iudeus acquirat domum parrochiani, solvere debet ecclesie quantum a parrochiano et familia ibi morante consueverat annuatim recipere, et eatenus obligatur talis iudeus. Ad oblationes, que tamen voluntarie, non ex necessitate causatur, non tenetur talis iudeus, de usuris quanto secundum Hosti[ensem]. Et iudei ad restitutionem usurarum non compelluntur ab ecclesia per penam Lateran[ensis] concilii, sed compellitur indirecte, ut eis subtrahatur christianorum commercium, secundum Goff[redum], qui hoc notat in dic[to] c[apitulo] *quanto*.

[2] MEN RICHTET OVER ENE, ETC.

Facit ad hoc deinde *c. et si iudeos*, et *c. postulasti*, et *C[odex]*, *eodem titulo, l. iudei, cum concor.* Cum igitur iudeus seviens in christianum puniatur, multo fortius, si in deum blasphemaverit, est per potestatem secularem animadversione legitima feriendus, quia illius dissimulare non debemus obprobrium, qui probra nostra misericorditer delevit, ut *de iude., c. in nonnullis, § ulti.*, et *C. eodem titulo, l. iudeos*, et *C. de epis. et cleri., l. si quis in hoc genus* [*Cod. Just.*, I, 3, 10]. Et quia deus maior et dignior super omnes est, ut *de peni. et remiss., c. nova*, unde maior sua iniuria reputatur. Nam considerata persona iudicamus maiorem vel minorem, ut *Institutiones, de iniuriis, § atrox* et *de senten. excommunicationis, c. cum illorum.* Unde gravius est eternam quam temporalem ledere maiestatem, ut *he hereti., c. vergentis, cum concor.* Quare non imerito talis blasphemus capitaliter et in vita per potestatem secularem est puniendus iuxta legem imperialem inter alia dicentem. Si enim contra homines facte blasphemie impunite non relinquuntur, multo magis [qui] in ipsum deum blasphemat, dignus est supplicia sustinere, ut in *autentica, nec defunc. seu funera eorum, § 1, collatio V.* Et sicut lex dicit de supplicio, sic canon in nonnullis superius allegatis dicit de animadversione, quod idem est. Nam animadvertere est animam a corpore recedere, ut *ff., [Digesta], de iurisdict. om. iudi., l. III., concor., de falsariis, c. falsariorum, § 1, de iudi., c. cum non ab homine*, et *de hereti., c. ad abolendam, § 1*, et hec de pena legali vera sunt in foro seculari. In foro vero ecclesiastico talis blasphemus est puniendus pena pecuniaria seu temporali, ut *de iudi., c. postulasti*, et in *c. in nonnullis, in gl. penul.*; de hoc plenius per Hosti[ensem] in *sum. de iude., § et in quibus, versus cum autem*, et sequen., et in *repe. capite ea que sunt*, per Pe[trum] de Antho.

[4] (2 *i. f.*) ODER DAR UP DEDE, ETC.

Et hoc fit ratione possessionis, facit supra *libro* I, *arti. 15*, et *libro II, arti. 36*, et supra, *eodem libro III, arti. 4.* Per traditionem enim possidet creditor pignus, *ff. de acquiren. pos., l.* 1, § *per servum*, et *l. qui pignoris.* Licet quidam dicunt creditorem non possidere, quia nomine alieno possidet, *ff. de usuca, l. pignori*, et *C. de prescripti. trigin. an., l. cum notissi.*, § *sed cum illud.* Sed dic quod lex non dicit eum possidere nomine alieno, sed ut alienum non ut proprium sibi non tamen possidet alii vasallus enim usufructuarius et similes ut alienum possident et tamen sibi, *ff. de acqui. pos., l. naturaliter*, et *ff. quemadmodum ser. amit., l. usufructuarius*, et intelligas non possidet s. civiliter vel non posset quantum ad usucapionem et prescriptionem.

[Buch's Gloss]

[1] DE YODE MUT DES CRISTEN MANNES GEWERE NICHT SIN, ETC.

Wente hir vor vele he geset het van gude, dat ein mach anspreken under den anderen, unde he het ock gesedt, dat me des up gewere theen mach, dat men is dy bekant, dat denne dy erste loss sy, des nempt he hir uth de is nicht geweren mogen, alse yoden. Unde sat dit dorch dat hir, unde schalt weten, dat yoden wat sunderlikes rechtes hebben wan cristen lüde, in twelverleie saken.

Dat erste is, dat ein cristen man up sy neyne were thyen mach, also dat em dy anspreker icht volgen dorve, dy yode wil em denne gheweren na cristen mannes rechte, dat is dat dy yode wille in tucht lesten an deme angefanghen dinghe oder einen rechten weren bewisen. Nu muchtestu spreken, wy hedden geset, dit were ein sunderlick stucke, welck sunderlicheit were, wan ein cristen man mach einen anderen nicht geweren, he wolde denne werunge dûn oder in tucht oder synen geweren bewisen, dy yt em vorkofft hedde, *supra, libro* I, *arti.* 36. Dit is underscheit, dat ein cristen, dy des kopes bekennet, mut gewere sin, *supra, eodem libro, arti.* 4. Des darff dy yode nicht don, alse he hir set, wan he beholt in der düveden have syne penninge. Dit is darumme dat ein man syn vorloren gudt deste bat vunde,

unde dat sy em des̢te wedder worde. Dorch dat gunde men den
yoden der kopinge, dat he neinen manne geweren darf, dat is dar
umme, dat he vorstolen gut kopen mach, darumme vormudet
men sick, dat dit ock gestolen sy. Wan wy eine bossheit důt
unde důn mach an kopene des dat vorstolen is, an deme vormudet
men sick ock der bossheit, dat he vort vorstolen ding vorkofte,
wen ein volghet den anderen, *ff. de rei vendi.*, *l. ex diverso*, et
in auten. ut iudi. sine quoquo suffra. fraud., § *cogitatio, coll.* II.

Dat ander is, dat nein yode mut hebben cristene knechte oder
megede tu eygene; het he sy ock, men mach sy em nemen wy
so wil, des he vor yowelken twelff schillinghe geve. Hir vor
mach he ene beholden oder vry laten oft he wil, *ut C. ne christia.
manci.; extra, de iude.*, [*c.*] *presenti*, et *c. cum tempore*, et *c. mul-
torum*.

Dat drůdde is, dat dy yoden nene nyge schulen muten buwen;
ore olden muten sy wol beteren; man mut der ock met gewalt
nicht breken; et *C. de celicol. et iudi.*, *l. in synagoga*, et *l. ulti.*,
et *XLV. di.*, *c. qui sincera*, et *extra, de iudi.*, *c. iudei*.

Dat vierde is, welck cristen man den yoden dynet, dy is in den
banne, *ut extra, eodem titu.*, *c. iudei*, et *XXV, q.* 1, *c. violatores*.

Dat veffte, dat sy nicht in den guden vrydage up dy strate
gan muten, noch venstere noch dore open laten muten, *ut extra,
de iude.*, *c. quia super hiis*.

Dat sesste, dat nen echte muth sin tusschen cristen unde
yoden, unde neman sy sick met em vorplichten, men schal over
sy richten alse overhure, *ut C. de iude.*, *l. si quis*.

Dat sevende, welcker yode einen bekarden yoden uneret met
werpene oder met rupene als tornende, den schalme bernen met
allen synen hulperen, *ut C. de iude. et celic.*, *l. iudeis*.

Dat achtende, dat sy nicht muten don dat schmaheit is unser
ehe, *eo titu.*, *l. iudeos quosdam*.

Dat negende is, dat nen yode eime cristen wat bescheiden
mach in syme lesten ende, *C. e. ti.*, §; *C. de hereti.*, *l. ulti.*, *quod
Cornelia*.

Dat teinde, dat nein yode tügen mach over einen cristen man,
ut C. de hereticis, *l. quomodo multi; II, q. VII*, *c. non potest*,
[*extra*], *de testi.*, *c. licet universis*, et *c. iudei*. Hir is wedder
extra, de iudeis, *c. iudei, in fine*, et *C. de hereticis*, *l. penulti*. Mer

segghe, yoden let me underwilen tügen in weinigen saken als in lutken kopinghen unde ock wen het selven koft, als hir *eodem arti., v.,* Wat so de yode.

Dat elfte is, dat nen yode mut enen cristen vorkeren tho syner ee; dût he yt, dat gelt em dat levent, *C. de iude., l. iudeos, C. ne sanctum bapti. ite., l. ulti., C. de apost., l. penulti., C. ne christi. manci., l. iudeus.*

Dat twelfte is, dat yoden, heyden, ketter, aller keyserliken gnade sunderliken nicht bruken mogen, unde sunderliken by name ore wyf hebben nicht lyffgedinges recht, *C. de hereti., l. privilegium,* et *in auten. de privile. dotis here.,* § 1., *coll. VIII.* Hir by merke dat men in Sassen rechte einen yoden oder einen ketter vortügen mach in aller sake, wen dat dy Sasse met syme ede untgaen mach. Dat is eine keyserlike gnade, darumme mogen sy orer nicht hebben, alse hir vor geset is. Vortmer dy gnade is gegeven sesschem slechte, *supra, libro* I, *arti.* 18. Wenthe sy denne nicht sessche persone syn, darumme helpet em yt privilegium nicht. Dit machstu kisen [*ff.*] *de regu. iur., l. privilegia, ff. de censi., l. etatem, ff. de legi.,* II, *l. II, in fi., cum patronis.* Wolde ymant hir wedder spreken, dat wy hir vor gesecht hebben, dat were unrecht umme dat dar in *C.* steit, dat dy yoden scholen hebben gemeine keyser recht, *C. de iude., l. iudei Romano.* So wete dat he van deme dar set, offt sy enen beklageden oder beklaget worden, so scholen sy hebben gemeine keyser recht, aver sunderlick recht, dat dem lande gegeven is van gnaden, des scholen sy nicht hebben, als hir, dar umme set he in der selven *l. in causis que iam.* He seth ock dorch dat dat sy gemeine recht scholen hebben, dat sy sick nicht scholen thu thyn der lande gnade, dar sy ynne wonen. Dar umme isset hir yegen nicht. Id ludet ock oft yt hir yegen were. Dat recht secht dat yowelck inkomen man hebbe Sessesch recht, he sy Beyer oder Schwave. Were denne ein yode in dat lant thu Sassen komen, so hedde he Sessisch recht, *supra, libro* I, *arti.* 30. Hefft he denne Sessisch recht, so muchte he schweren vor gerichte. Mer segge, dat recht set van cristen inkomen lüden, unde nicht van yoden. Id set ock van erve nemens rechte unde nicht van der yoden klage oder van orer antwerde. Dy yoden scholen sweren na orer wyse. Etlike seggen ock van sunderliker wyse, wu dy yode stan

schole up eine swynes huet, wan he schwere; dat is unrecht; wen
dy wort des edes mogen wol also wesen, wen dat recht set, dy
yoden scholen schweren na orer wise, *ut XXII, q.* 1, *c. movet.*[2]

[2] SCHLEIT DY YODE EINEN CRISTEN MAN

Wan den yoden is vrede gegeven van gnaden. Doch scholen sy
sick dorch dat nicht erheven wedder dy cristen, *ut C. de iude.,
l. nullus.*

MEN RICHTET OVER EN

Dat is dy yode, dy lydet eines vredebrekers bute, wan in
dessen saken hebben dy yoden gemeine recht, *C. eodem titu.,
l. iudei Romano.*

[3] SCHLEIT OCK DY CRISTEN MAN EINEN YODEN

Dit vornem: Schleit he em umme synen torn, so is yt alse he
hir set. Wan yt recht set, weme wat werre thu eime yoden, dy
schal yt deme richtere klagen unde schal nicht selven richten,
C. de iud. et celicolis, l. nullus tanquam. Hir yegen is *II, q. VII,
c. pagani.* Dar steit, dat joden, ketter unde heiden nicht mogen
over einen cristen tügen; mogen sy denne nicht tügen, so enricht
men en nicht, wan dar nen kleger is, dar is nen richter, *II, q. I,
c. sicut* et *c. si peccaverit.* Mogen sy denne nicht klaghen, so
mach men over desse nicht richten. Segge, sy mogen nicht
wrugen vrombder lüde broke, ores selves leidt mogen sy klagen,
*C. qui accusa. pos., l. si crimen, et l. neganda est, et IV, q. VI,
c. omnibus.*

DESSEN VREDE IRWARFF EN JOSEPHUS

Dat hestu in der Roemere croneken.

[4] (1) KOFT EIN YODE, ETC.

Wu mach de yode kopen, wen dit mach nymant vorkopen,
wen yt is nymandes, *Insti. de rerum divi.,* § *nullus.* Men mut ock
dit nicht vorkopen, *in auten. de non alie.,* § *hiisdem. de penis,*

---

[2] Addition in Zobel's edition of 1560: "Wie sie aber schweren sollen, findestu
in dem ende des *Weichbildts.*"

ILLUSTRATIONS
TO *SACHSENSPIEGEL, LANDRECHT*, III, 70, 1

PICTURE-MANUSCRIPT OF HEIDELBERG

PICTURE-MANUSCRIPT OF DRESDEN

THE LEGAL POSITION OF THE JEWS

Jews standing before the judge among the persons capable to pass judgment and bear witness under his authority.

et *C. de sacrosan. eccle., l. sancimus.* War umme set he den hir:
He ne hebbe geweren. Na deme dat yt nymandes is, unde
nymant vorkopen mach, so mach is ock nymant geweren.
Segge, he secht desse werschap van kelken, dy noch ungewyet
sin, unde van gerwete, unde van buken, dy noch ynnen godes
huss gegheven sin. Dencke ock dar nicht up dat dit recht icht
segge dorch dat dat men sussdan kleinode dorch ethlike sake
wol vorkopen mut, alse dorch losunghe der vangen oder dorch
not der armen. Wan des mut men met nichte yoden vorkopen,
in auten. de eccle. re., § *iubemus,* men ne schmeltet denne; da-
rumme mach men des en nicht geweren.

ALSE OVER EINEN DYF

Supra, libro II, arti. 13, ff. de penis, l. capitalium, § *famosos.*

[4] (2) WAT DE YODE

Dit hebbe wy dy geset vort irste sunderlike stucke.

4

JEWRY-OATH FORMULAS

Appended to the *Sachsenspiegel*, Edition,
Augsburg, 1516 (fol. 221v–222r)

WU DY YUDEN SCHWEREN UNDE ORE EYD GAN
SCHAL, STEIT HIR NA

I

DITH IS EIN RECHT WU EIN YUDE STAN SCHAL DY
SCHWEREN MUTH

He schal stan up einer soghen hut, de iunghen heuet gehat
binnen virtein nachten. Dy hut schal men upschlippen by me
ruggen, unde spreiden sy up de tydten, dar schal dy yude up
stan barfuet, unde nicht ane han den ein nedderwede, unde ein
harlaken umme sick, also syn recht is.

DITH IS WU EIN YUDE SCHWEREN SCHAL

Dat du des unschuldich sist, also helpe dy got, dy leit werden hemmel unde erde, berghe unde dael, lufft unde water, loff unde gras, des er nicht en was. Also helpe dy got unde ock dyn ehe, dy got gaff Moysi uppe dem berge thu Synai, du he schreff in twen steinen tafelen met syner rechter hant. Also helpe dy vyff Moyses buke. Ick gebyde dy, dat du schwerest by dem gebode, dat Josue der sunnen gebot thu Gabaon. Dat du synes pandes · noch synes gudes nicht en hebbest behalden binnen dynen weren, noch binnen dynen wenden, noch binnen dynen muren, noch binnen dyner erden, noch neman dyner boden. Offt du unrechte schwerest, dat du mutest dorren also dy berge thu Gelboe, dy berch, den David vorvlukede, dar up worden geschlagen Saul unde Jonathas, dy bestreit ein koningk, hy heit Abimelech. Wente yt in dyner ehe nicht en is, dat du unrechte schweren schalt, unde dyner bot teine nergen ein thu breken mutest. Offt du unrechte schwerest, dat dy Malchimalech steke, unde dy masersucht bestan mute, dy Naam bestunt unde syme heren. Offt du unrechte schwerest, wente yt in dyner ehe nicht en is, Yscopa mut up dy vallen unde up dyn wyff, unde up dyne kindere, unde up alle dyn geschlechte. Offt du unrechte schwerest, dat peck unde schwevel, dat dar regende negen dage unde negen nacht up dy stede thu Sodoma unde Gomorra, dar sy beide van vorswunden, dat mut up dy regenen unde up dy vallen. Oft du unrechte schwerest, unde der tein gebot icht thu brekest, dy erde mute dy vorschlinden also Dathan, Thore, Abyron vor-schlanck met dren dusent mannen umme ein recht dat sy schwuren, also muthe dy de erde vorschlinden, dar du up steist. Offt du unrechte schwerest, dat vuer, dat dar vorbrande thu Babilonie twelff dusent menschen unde mer, dat mute dy vor-bernen. Offt du unrechte schwerest, dat dyn wyff, noch dyne kindere, noch dyne mage, noch dyn geschlechte nummer mer muten gemenget werden under Abrahames kinderen. Offt du unrechte schwerest, dat du nummer motest komen tu Hieru-salem. Offt du unrechte schwerest, dat blut, dat dy yoden up sick wilkorden, dun se Jesum marterden, dat mute up dy vallen, unde up dyn wyff, unde up dyne kindere, unde up alle dyn gheschlechte. Offt du unrechte schwerest, also helpe dy Baruchata unde Adonay, du hebbest recht oder unrecht, etc.

II

Wan ein yude einen eyd schal schweren, so schal de yude synen eydsteuere wedden ein punt pepers, unde ein par schoner hasen. Dy yude schal stan barfût up einer soghen hut, unde schal synen arm hebben blot wente up den elleboge, unde schal syne handt leggen up Moyses buck wente thu dem lede, so schal dy eydsteuer spreken thu den yuden:

Dy schult dy dy gifft N. unde syn vorspreke, du sprekest, dat du der unschuldich bist, dat dy got so helpe, dy sulve got, dy dar lyt werden den hemmel unde dy erde, berch unde dal, water unde luft, louff unde gras. Also helpe dy dy ehe, dy got selven het beschreven uppe den berch thu Synai met syner handt. Also helpe dy dynes selves ehe, dy dy angekomen is van dynen vader unde van dyner muder. Also helpe dy dyne vyve Moyses buke, unde dy ehe dy dar in geschreven is, offt du unrechte hest, dat du mutest vordorren, alse dy berch thu Gelboe, den David vorvlükede. So muthe up dy regenen schwevel unde peck, dat dar regende thu Sodoma unde Gomorra. So mutestu werden thu eineme soltsteyne, also Lottes wyff wart dar umme dat sy thu rugghe sach. So mute dy vorschlinden dy erde, dy de vorschlanck Dathan unde Abyron, Thore unde Orep. So mute dy bestan dat maledyde ovel, dat dar bestundt Naaman Syrus. So schwerestu by der krafft dy Josue der sunnen bot, dat sy stille stundt, wente he sick wroke over syne vyande thu Gabaoth, unde dyne erde nummer kome manck ander erde, unde dat dyn wyff unde dyne kindere unde dyn geschlechte nummer kome under Abrahammes kindere, unde dat desse eyd, den du hir schwerest, war unde recht sy, also helpe dy Adonay, Amen.

Constantinus dy koningk sette den Juden dessen eydt thu schwerene.

5

SCHWABENSPIEGEL

About 1275

E d i t i o n s: F. L. A. Freiherr von Lassberg, *Der Schwabenspiegel oder Schwäbisches Land- und Lehenrecht-Buch nach einer Rezension vom Jahr 1287 mit späteren Zusätzen* (Tübingen, 1840). — Wilhelm Wackernagel, *Der Schwabenspiegel in der ältesten Gestalt mit den Abweichungen der gemeinen Texte und den Zusätzen derselben*, Erster Teil: Landrecht (Zürich and Frauenfeld, 1840). — Heinrich Gottfried Gengler, *Des Schwabenspiegels Landrechtsbuch* (Erlangen, 1853; second edition, Erlangen, 1875). — A. von Daniels, *Rechtsdenkmäler des deutschen Mittelalters*, III: *Land- und Lehnrechtsbücher*, Band I (Berlin, 1858–1860), Band II (Berlin, 1863).

B i b l i o g r a p h y: For full bibliography, see Gustav Homeyer, *Die deutschen Rechtsbücher des Mittelalters und ihre Handschriften*; neu bearbeitet von Conrad Borchling, Karl August Eckhardt und Julius von Gierke (third edition, Weimar, 1931–1934), p. *18. Especially, Ludwig Rockinger, *Die handschriftliche Grundlage der Ausgabe des kaiserlichen Land- und Lehenrechts*, "Abhandlungen der Königlich Bayerischen Akademie der Wissenschaften," philosophisch-philologische und historische Klasse, XXVI. Band, 5. Abhandlung (Munich, 1913), with bibliography of Rockinger's voluminous researches on the *Schwabenspiegel*, on pp. 8–9; Ernst Klebel, "Studien zu den Fassungen und Handschriften des Schwabenspiegels," *Mitteilungen des Österreichischen Instituts für Geschichtsforschung*, XLIV (1930), pp. 129–264; Wilhelm Weizsäcker, "Das deutsche Recht des Ostens im Spiegel der Rechtsaufzeichnungen," *Deutsches Archiv für Landes- und Volksforschung*, III (1939), pp. 55–56.

R e p r i n t e d from Gengler, *Des Schwabenspiegels Landrechtsbuch* (second ed., Erlangen, 1875), pp. 59–60, 62, 65, 91, 93, 137, 166, 172, 174–179, 211.

LXVI

No Forfeited Pledge Should Be Pawned to Jews without the Owner's Consent

VON GULTE

Swer buze noch gewette niht git ze rehten tagen, der fronbote sol in phenden, und sol ez zehant versezen oder verkoufen, ob er ein gast ist, dem die phenninge da sullen. Und ist er niht ein gast, man sol daz phant behalten siben tage. Der ez danne niht löset, so sol man ez verkoufen oder versezen. Man sol dehein phant an die iuden sezen, wan mit ienes willen des ez da ist; ez ensî alse verre, daz er inz an gedinget habe, so ist ez reht.

LXXI
Qualifications for Election to Judgeship
WIE MAN RIHTER WELEN SOL

1. Jegelich werltlich gerihte hat begin von kur. Daz ist also gesprochen, daz dehein herre den liuten keinen rihter geben sol, wan den si welent.
2. An den suln diu dinc niht sin, die ich hie nennen will. Er sol niht meineide sin. Er sol ouch niht in der aehte noch in dem banne sin. Er sol ouch niht ein iude noch ein heide noch ein kezzer sin. Er sol ouch ein kint von rehter ê sin. Er sol niht lam sin an henden noch an füezen. Er sol ouch niht blint sin. Er sol ouch niht ein stumme noch ein tore sin. Er sol ouch niht under einem und zweinzic iaren sin. Er sol ouch über ahzic iar niht sin. Sweles der dinge eines an dem man ist, der mac mit rehte niht rihter gesin.

LXXII
Jews Unfit to Be Spokesmen
VON DEN FÜRSPRECHEN

1. Swaz wir von rihtern haben gesprochen, welhe rihter mügen gesin oder niht: allez daz an den rihtern sol sin, daz selbe sol allensamt ouch an den fürsprechen sin; wan daz si wol gut nement umbe iriu wort, und doch anders niht . . . .

CI
Jews Excluded from Eligibility for Kingship
WIE DER KÜNIC DEM RICHE SWERET

3. Lamen und miselsühtigen man, und der in dem banne oder in der aehte ist, oder der ein heide oder ein iude oder ein kezzer ist,[1] den suln die fürsten niht kiesen. Kiesent si in aber,

[1] *Oder der ein heide . . . kezzer* missing in Lassberg; cf. *Deutschenspiegel,* F 295.

die andern fürsten verwerfent in wol mit rehte an der stat, da danne der hof hin geboten wirt, ob man in diser dinge eines uberkumet, als reht ist.

CV

In the Absence of the King the Chancellor Exercises General Protection of Jewry

WER ÜBER DER FÜRSTEN LIP RIHTER MAC GESIN

1. Ueber der fürsten lip und über ir gesunt mac nieman rihter gesin wan der künic. Und vert der künic von tiutschen landen, so sol er einen hof gebieten an die stat, da er ze rehte sin sol. Da sol er dem phalenzgraven von dem Rine den gewalt geben, daz er an siner stat rihter sî über der fürsten lip. Und git er im des gewaltes niht, so hat er kein reht dar an.

2. Er sol ouch alle sine iuden, die in tiutschen landen sint, sinem kanzeler[2] enphelhen. Und tut er des niht, so phleget er ir doch mit rehte.

CLXV

If Currency Is Changed, Redemption of Pledges from Jews with Old Coins Permitted for Four Weeks

7. Swenne man die phenninge verbiutet, vierzehen naht sol man mit den alten gelten und phant lösen; âne umbe die iuden, da sol man phant umbe lösen vier wochen. Swer darnach damit koufet oder darumbe verkoufet, man sol im die phenninge zesniden und diu stüke wider geben.

CCV

The Jews under the King's Peace

WIE MAN DEN FRIDE SWERT

1. Nu vernemet den andern fride, den der keiser gesezet und gestetiget hat in allen tiutschen landen mit williger kur der fürsten und anderre wisen liute und hoher meister, die in den landen waren. Alle tage und alle zit sullen fride haben pfaffen

Addition in Lassberg: *daz ist der bischof von Megentze.*

und alle geistliche liute, meide, witwen und weisen, und alle koufliute und iuden, an ir libe und an ir gute, und kirchen und kirchove, und ieglich dorf hinder sinem zune, phlüege und mülen, und des küniges straze uf wazzer und uf velde: daz sol allez steten fride han.

2. Die liute, die hie vor genennet sint, die sint dar umbe sunderlich genennet, daz si selbe niht were suln han; da von suln si alle steten fride haben.

CCX

Clerics and Jews Excluded from Bearing Arms

WIE IUDEN UND PFAFFEN IR REHT VERLIESEN

Pfaffen und iuden die niht umbeschoren[3] sint nach ir rehte, und tut man den iht, daz sol man in büezen als einem leien. Und ist ob man langiu mezzer bi in vindet, oder ob man si in den liuthiusern oder in den hurhiusern vindet, so ist ez aber daz selbe reht umbe si. Ist aber ein pfaffe gastwise in einem liuthuse, der verliuset sin reht da mit niht. Ist er aber dar inne mit steter wonunge, man büezet im aber als einem leien.

CCXIV

Jewry-Law

VON DEN IUDEN

Warranty of Jewish Vendors

1. Und git ein iude einem cristen iht ze koufen, oder schaffet er mit ihm iht anders: er sol des cristen gewer sin nach cristenlichem rehte, ez dinge danne der iude uz nach sinem rehte.[4] Ob der cristen des lougent, so sol in der iude überziugen mit drin cristen mannen.

---

[3] Lassberg: *nit beschroten*; in one manuscript (Codex Lambacensis) the passage reads: *Pfaffen und juden, die pfaffen süllent platten han und hasz tragen als in zugehört, und auch die juden.*

[4] *ez dinge . . . rehte* missing in Lassberg.

Law of Evidence

2. Deheines iuden eit gêt über einen cristen man mit rehte. Wil man ouch einen iuden überziugen, da muz man ze minsten einen iuden zu haben, der da sî gewesen. Daz reht hânt in die romischen künige gegeben.

Origin of Chamber Serfdom

3. Swaz die iuden gnaden und rehtes habent, daz erwarp in Josephus umbe den künic Titum. Daz geschach, do Jerusalem gewunnen wart; wan do nerte si Josephus, swaz ir dannoch lebete. Der iuden wart besezen in Jerusalem dristunt ahtzic tusent. Der starp ein teil hungers, daz ander teil wart erslagen, daz dritte teil nerte Josephus. Do furte man die selben veile, und gap ir ie drizic umbe einen bösen phenninc. Die selben gap der künic Titus in des romischen küniges kamer ze eigen, und da von suln si des riches knehte sin, und der romische künic sol si schirmen.

Punishment of Crimes Committed by Jews

4. Slehet ein iude einen cristen, oder tut er ander ungerihte, man sol über in rihten als über einen cristen man. Und lougent der iude, und hânt ez cristen und iuden gesehen, so sol man ze minsten einen iuden ze geziuge han. Und ist es also, daz niht iuden da sint gewesen, man erziuget ez wol mit einvalten cristen mannen. Diz ist aber nindert reht, wan swar ein iude frevelt.

Protection of Jewish Life under the King's Peace

5. Slehet ein cristen man einen iuden, man rihtet über in, als ob er einen cristen hete erslagen. Das ist da von gesezet, daz si der künic in sinen schirm hat genomen. Lougent aber der cristen, man muz in überziugen mit cristen liuten. Deheines iuden eit[5] gêt gegen einen cristen. Wil aber ein cristen man, ez muz ein iude mit im kemphen.

---

[5] In the most accurate manuscripts, the word *eit* is emended to *kampf* as required by the meaning because of the succeeding sentence; cf. Hans von Voltelini, "Der Wiener und Kremser Judeneid", *Mitteilungen des Vereines für Geschichte der Stadt Wien*, XII (Vienna, 1932), p. 64, note 5. The *Schwabenspiegel* manuscript in the library of Guido Kisch (Homeyer, *Rechtsbücher*, No. 578), of about 1500, fol. 21 v, has *kampf* instead of *eit*.

A PAGE FROM A *Schwabenspiegel* MANUSCRIPT
OF THE FIFTEENTH CENTURY

[The text, from another manuscript, appears in print on pages 57–58]

Origin of Royal Protection of Jews

6. Dar nach gap den iuden Vespasianus aber bezzeriu reht. Daz erwarp in aber Josephus, do er im machte sinen sun Titum gesunt von einem grozen gegihte.

Acquisition by Jews of Movable Objects, Both as Property and Security

7. Koufet ein iude diubic oder roubic gut, er muz da von antwurten als ein cristen man. Und swes er dar an lougent, des sol man in überziugen als einen cristen. Und lihet ein iude uf diubic oder roubic gut, und kumet iener dar nach, des ez ist, er sol im sin gut wider geben mit rehte als ein cristen man. Diz ist reht. Nu hânt si ein bezzer reht erworben; daz hânt in die künige gegeben wider reht: daz si nun lihent uf diubic und roubic gut. Daz suln si aber tun bi schönem tage vor ir türe offenlichen an der straze. Und kumet iener, des ez da was, dar nach als reht ist: man sol im sin houbet gut wider geben und niht gesuches. Hat aber er heimelich dar uf gelihen, er muz ez umbe sûs wider geben. Und gihet der iude, er habe offenlich dar uf gelihen an der straze, daz sol er erziugen mit zwein iuden ze im; und hat er der niht, so neme einen iuden und einen cristen. Und nimt ein iude kelche oder buch oder messe gewant oder iht, daz zu der messe gehöret, daz diubic oder roubic ist, und kumet man dar nach: er muz ez umbe sûst wider geben. Und höret er dar umb fragen, und verswiget erz, und vindet manz dar nach in siner gewalt: man sol in dar umbe henken als einen diup. Das ist da von gesezet, swaz ze der messe höret, daz daz merer teil gewihet ist von eines bischoves hant. Hat aber der iude sinen schup, des sol er geniezen.

Jews and the Christian Faith

8. Die iuden sol nieman twingen ze cristenlichen gelouben; mac man si mit guten worten bringen zu der cristenheit, daz sol man gerne tun. Und wirt ein iude cristen, und wil er wider von dem gelouben, so sol in geistlich und werltlich gerihte twingen, daz er da bi belibe. Und verlougent er cristen gelouben, und wil er des niht erwinden, man sol in brennen als einen kezzer.

Und were ioch daz man si da twunge, daz si sich touften, si suln doch stete sin an ir cristenlichen gelouben. Daz ist da von, daz man den touf deheinem menschen nimer me benemen mac, daz in enphahet.

Restriction of Social Intercourse between Jews and Christians

9. Den cristen ist verboten, daz si mit den iuden iht ezzent der spise, die si bereitent; si sol ouch niemant laden ze deheiner brutlouft noch ze deheiner wirtschefte. Ez sol dehein cristen mit deheinen iuden baden. An dem antlaz tage nach mittem tage so suln ir türe und ir venster zugetan sin; si suln ouch an die straze niht gên. Daz sol also lange weren, unz der oster tac für kumet.

The "Jewish Hat" as a Distinguishing Mark

10. Die iuden suln hüte tragen, die spiz sin; da mit sint si uz gezeichent von den cristen, daz man si für iuden haben sol.

Prohibition from Employing Christian Servants

11. Die iuden suln niht cristen liute bi in han, die in dienen, und die ir brot und ir spise ezzent. Die selben sint in dem banne.

Protection of Converts to Christianity

12. Und ist daz sich ein iude toufet, der mac mit reht wol sin gut and sin erbe behaben. Daz erloubet im diu geschrift wol, diu da heizet *decretalis*.[6]

Mutual Supplementary Jurisdiction of Secular and Ecclesiastical Courts to Enforce Rules concerning Jews and their Relationships to Christians

13. Disiu gesezede und anderiu gesezede über die iuden diu suln rihten geistliche und werltliche rihter. Und als ez in der eine niht entut, so mac ez der ander tun. Der geistliche mac dar umbe den werltlichen bannen, ob erz niht rihtet. Swelich iude

[6] *C*. 5. X, *de judaeis* 5, 6.

disiu gesezede über gêt, den sol büezen der werltliche rihter mit als vil slegen, als diz buch seit.[7] Oder beidiu gerihte mugen im phenninge uf sezen in der maze, daz si niht da von ze bosheit werdent.

CCXV

Jewry Oath

DIZ IST DER IUDEN EIT[8]

Diz ist der iuden eit; den suln sie sweren umbe ein ieglich dinc, daz hin ze ir eide stêt. Er sol uf einer suwe hute stên, und sol im diu rehte hant in einem buche ligen unz an die riste, und an dem buche suln diu funf buch herren Moysi geschriben sin; und sol der also sprechen, der im den eit da git, und sol der iude diu selben wort nach im sprechen:

Umbe so getan gut, als dich dirre man zihet, daz du des niht enhast noch enweist, noch in dine gewalt nie gewunnes, noch dehein din êhalte under erden vergraben hat, noch in muren verborgen, noch mit slozzen beslozzen hat; so dir helfe der got, der da geschuf himel und erden, tal und berge, wald loup und gras; und so dir helfe diu ê, die got selbe schreip mit siner hant, und si gap dem herren Moysi uf dem berge Synai; und so diu funf buch herren Moysi dir helfen; und so du nimer niht müezes enbizen, du müezes dich al beschizen, als der künic von Babylonie tet; und so daz swebel und daz pech uf dinen hals müeze regnen, daz über Sodoma und über Gomorra regente; und so daz selbe swebel und pech dich überrinnen müeze, daz ze Babylonia überran zwei hundert man oder mer; und so dich diu erde verslinden müeze, als si tet Dathan und Abiron; und so din erde nimer kome ze anderre erden; und din griez nimer kome ze anderme grieze in den baren des herren Abrahamen. So hast du war und reht, so dir helfe Adonay. So hast du war und reht, des du gesworn hast, oder müezes werden malazic, als tet Jesi, da er von einer lügen uzsezic wart durch unrehtes gutes willen. Ez ist war, und so der slac dich müeze ane gên, der daz

[7] Cf. Schwsp., art. 148.
[8] See the reconstruction of the original form from the principal manuscripts, *infra*, pp. 62 f.

israhelische volc an gie, do si durch Egypten lant furen. Ez ist war, des du gesworen hast, so daz blut und der fluch immer an dir wahsen müeze und niht abnemen, des din geslehte im selber wunschte, do si Jesum Christum martereten, und sprachen also: "Sin blut kome uf uns und uf unser kint." Ez ist war; des helfe dir got, der Moysen erschein in einem brinnenden boschen. Ez ist war der eit, den du gesworen hast, bi der sele, die du an dem iungesten tage für daz geriht bringen must. Bi dem got Abraham, bi dem got Ysaac, bi dem got Jacob. Ez ist war. Des helfe dir got und der eit, den du getan hast. Amen.

CCLXXII

Death Penalty for Sexual Intercourse between Christians and Jews

OB EIN CRISTEN MAN BEI EINER IUDINNE LIT

Und ist daz ein cristen man bi einer iudinne lit, oder ein iude bi einem cristen wibe, diu sint beidiu des überhures schuldic, und man sol sie beidiu über einander legen, und sol sie verbrennen; wan der man hat cristen gelouben verlougent.

Appendix

Original Formula of the Schwabenspiegel's Jewry Oath Reconstructed from the Principal Manuscripts

R e p r i n t e d from Hans-Kurt Claussen, "Der Judeneid: Ein Beitrag zur Geschichte des Rechtsschutzes," *Deutsche Rechtswissenschaft*, II (1937), Heft 2, pp. 182–183.

Ditz ist der Juden eit, wie si suln swaern umb ein iegelich dinc, daz hin ze ir eide stet. Er sol sten uf einr suhut und im sol diu gerehte hant ligen in einem buoche unz an die riste; und daz sol sin diu fuonf buoch herren Moysi. Unde jenr sol also sprechen, der im den eit git:

Umb so getan guot, als dich dirre man zihet, daz du des niht enweist noch enhast noch in dine gewalt nie gewunne noch dehein din ehalte under erden vergraben noch under muren verborgen noch mit slozen beslozzen.

So dir helfe der got, der geschuof himel und erde, tal unde berge, walt, loup unde gras, des e niht enwas;

so dir helfe diu e, die got schreip mit siner hant, unde sie gap dem herren Moysi in monte Synay;

unde so diu fuonf buoch dir helfen des herren Moysi;

unde so du ihtes muozest enbizen, du muozest dich allen beschizen, als der chunic tet von Babylonie;

unde so der swebel und daz bech uf dinen hals muoze regenen, daz uber Sodoma unde Gemorra regente;

unde so dich daz selbe bech uberrennen muoze, daz ze Babylonie uberrande zwei hundert man oder me;

unde so dich diu erde verslinden muoze als si tet Dathan und Abyron;

unde so din erde nimer chom zuo ander erde und din griez nimer chom zuo anderm grieze, in den barn des herren Abrahames:

so hast du waer unde reht.

Unde so dir helfe Adonay; du hast waer, des du gesworen hast.

Unde so du muozest werden malatsch als Neoman: ez ist war.

Unde so der slac dich muoze an gen, der daz israhelsch volc an gie, do si durch Egyptenlant fuorn: ez ist war, des du gesworn hast.

Unde so daz bluot und der fluoch imer an dir weren muoze, des din geslahte wunsten, do si Jesum Cristum marterten und sprachen alsus: "Sin bluot chom uf uns und uf unseriu kint": ez ist war.

Des helfe dir der got, der Moysen erschain in einem brinnenden bosschen.

Ez ist war der eit, den du gesworen hast:

Bi der sele, die du an dem jungesten tage fur bringen muost, per deum Abraham, per deum Ysaac, per deum Jacob: ez ist war.

Des helfe dir got und der eit, den du gesworn hast. Amen.

6

DEUTSCHENSPIEGEL

Possibly 1274–1275

E d i t i o n s: Julius Ficker, *Der Spiegel deutscher Leute, Textabdruck der Innsbrucker Handschrift* (Innsbruck, 1859). — Karl August Eckhardt and Alfred Hübner, *Deutschenspiegel und Augsburger Sachsenspiegel,* in" Monumenta Germaniae Historica: Fontes Juris Germanici Antiqui," Nova Series, Tomus III (Hannover, 1930; second revised edition, Hannover, 1933).

B i b l i o g r a p h y: Homeyer, *Die deutschen Rechtsbücher des Mittelalters und ihre Handschriften,* pp. *15–*16; Karl August Eckhardt, *Rechtsbücherstudien,* Erstes Heft: Vorarbeiten zu einer Parallelausgabe des Deutschenspiegels und Urschwabenspiegels, in "Abhandlungen der Gesellschaft der Wissenschaften zu Göttingen," philologisch-historische Klasse, Neue Folge, Band XX, 2 (Berlin, 1927), pp. 80–81, 89, 94, 110; Hans Lentze, *Die Kurzform des Schwabenspiegels,* "Sitzungsberichte der Akademie der Wissenschaften in Wien," philosophisch-historische Klasse, Band CCXVII, Heft 3 (Vienna, 1938); E. Klebel, *Deutsches Archiv für Geschichte des Mittelalters,* IV (1940), p. 256 f.; H. K. Claussen, *ZRG.,* LIX (1939), p. 559 ff.

R e p r o d u c e d from Eckhardt-Hübner's second edition, pp. 148, 151. The articles 187, 208, and 209, not included in this edition, are reprinted from Ficker's older edition, pp. 120, 124.

73

No [Forfeited] Pledge Shall Be Pawned to Jews without the Owner's Consent

3. Man sol dehein phant an die juden setzen wan mit enes willen des ez ist, ez sî alse verre daz er in ez an gedinget habe, sô ist ez reht.

77

Qualifications for Election to Judgeship

1. Ieglîch wertlîch gerihte hevet begin von kür; daz ist alsô gesprochen, daz dehein herre sol den liuten deheinen rihter geben wan den si welent.

2. An dem sullen niht diu dinc sîn: er sol niht in der aehte sîn noch in dem banne; er sol auch niht jude sîn noch ketzer noch

heiden; er sol ein êkint sîn; er sol auch niht lam sîn an handen
noch an füezen; er sol auch niht blint sîn; er sol auch weder
stumme noch tôre sîn; er sol auch einez unde zweinzic jâr alt
sîn; er sol über ahzic jâr niht sîn; er sol auch niht meineide sîn.
Swelchez der dinge einez an dem rihter ist, der mac mit rehte
niht rihter gesîn.

78

Qualifications for Spokesmanship

1. Swaz wir von den rihtern haben gesprochen, welche rihter
mügen gesîn oder niht, daz selbe sprechen wir auch von den
fürsprechen. Daz selbe sol an in sîn daz dâ ist an den rihtern
wan daz daz si wol guot nement umb ir wort, und anders niht . . .

187

The Jews under the King's Peace

Nu vernement den andern fride, den der chaiserleich gewalt
gestaetet hat in taeutzen landen, mit williger [kur] der gûten
chnechten von dem lande. Alle tage und alle zeit sullen vride
haben pfaffen und gaeistlich laeute, magde und weip und juden
an ir gûte und an ir leibe, chirchen und chirchhoeve und isleich
dorf in seinem zaune, phlûge und mûle, und des chuniges strazze,
wazzer und velde, die sullen staeten vride haben.

198

Clerics and Jews Excluded from Bearing Arms

Phaffen unde juden, die wâfen füerent unde niht geschorn
sint nâch ir rehte, tuot man in gewalt, man sol in bezzern als
einem leien, wan sie ensullen dehein wâfen füeren, die mit des
küniges tägelîches vride begriffen sint.

207

Warranty of Jewish Vendors

Die juden enmugen der cristenlîchen liute manne gewer niht
sîn, si enwellen antwurten in cristenlîchen liute mannes.

208
Punishment of Crimes Committed by Jews

1. Slecht ein jude einen christen, oder tût er ungerichte, da er mit begriffen wirt, oder daz man erzeugen mach, man richtet uber in als uber einen cristen man.

Protection of Jewish Life under the King's Peace

2. Slecht auch der christenman einen juden, man richtet uber in durch des chuniges vride, des er zerprochen hat oder tût ein ungericht an im. Disen vride erwarp Josephus umbe den chunich Vespasianum, do er gesunt machet seinen sun Tytum von dem gichte.

209
Acquisition by Jews of Movable Objects, Both as Property and Security

Chauffet der jude oder nimet er ze phande kelche oder pûch oder gaerbe, da er dhein gewern auf hat, vindet mans in seiner gewer, man richtet uber in als uber einen diep. Swaz der jude chauffet anders dinges oder auf leihet unverholn und unverstoln bei des tages liechte, und niht in beslozzem hofe, mag er daz erzeugen selbe dritte, er behaltet sein pfenning dar an, die er dar umbe gab, und niht den gesûch, oder daz auf taete, mit seinem aide, ob ez wol verstoln ist; gebristet im an dem gezeuge, er verleuset sein pfenning.

7

WEICHBILD-VULGATA
Second Half of Thirteenth Century

E d i t i o n s : *Sechsisch Weichbild, Lehenrecht und Remissorium (gedruckt zu Budissin durch Nicolaum Wolraben, 1557)*, accompanied by the *Gloss.* — Jacob Friederich Ludovici, *Das Sächsische Weichbild* (Halle, 1721). — Wilhelm von Thüngen, *Das Sächsische Weichbildrecht nach dem Codex Palatinus Nro. 461* [of 1504] (Heidelberg, 1837). — A. von Daniels, *Dat buk wichbelde recht: Das sächsische Weichbildrecht nach einer Handschrift* *der königl. Bibliothek zu Berlin von 1369* (Berlin, 1853). — A. von Daniels and Fr. von Gruben, *Rechtsdenkmäler des deutschen Mittelalters*, I: *Das Sächsische Weichbildrecht, Jus municipale Saxonicum, Weltchronik und Weichbildrecht in [C]XXXVI Artikeln mit der Glosse* (Berlin, 1858). B i b l i o g r a p h y: Paul Laband, *Magdeburger Rechtsquellen* (Königsberg, 1869), pp. 108–111; Homeyer, *Rechtsbücher*, p. *30. R e p r i n t e d from A. von Daniels, *Dat buk wichbelde recht: Das Sächsische Weichbildrecht nach einer Handschrift der Königl. Bibliothek zu Berlin von 1369* (Berlin, 1853), pp. 53–54.

CXVI

WAR EN CRISTEN MAN ENEN JODEN BESCELDEN MACH.
LOVET DIE JODE SIN RECHT DEME CRISTENE. TÜT SIK
EN MAN UM ENEN KOP AN ENEN JODEN, UND WO DIE JODE
DEN CRISTEN OVERTÜGEN SOLE.

Competence of Jewish Courts for Claims of Christian Plaintiffs

1. En cristen man ne mach nenen jüden bescelden he ne du et vor der jüden richtere.

Jewry Oaths to Be Taken in the Synagogue

2. Gelovet die jüde sin recht deme cristen to dune, dat sal he dun under banne in siner scule.

Warranty of Jewish Vendors

3. Tüt sik en man umme enen kop an enen jüden, die sal weten dat he nenes kopes geweren mach mer wenn also verne sin hus wendet.

Law of Evidence for Christians against Jews

4. Beklaget en cristen man enen jüden umme gelt mit getüge, he sal yn overtügen selve dridde, he mit eme cristen und mit eme jüden.

Law of Evidence for Jews against Christians

5. Die jüde overtüget ok den cristen selve ander jüden unde mit eme cristen.

CXVII

Jewry Oath

Von des joden eide

1. Wan en jode sveren sal, die sal hebben enen grawen rok
ane hemede und tvo hosen ane vorvüte, und enen bludigen hut
an siner rechten hat getuct in lammes blude, und enen spitzen
hut uppe. Und man stavet yme den eid also:
"Du sprekest dat uppe dine e und uppe dyne judescheit, dat
dat it buk si, dar du dine hand uppe hest, der vinf buke en dar du
dik to rechte uppe unscüldigen salt alles, des man die scult gift.
Des die disse man N. scüldeget des bist du unscüldich, dat die
got so helpe, die got die geschup hemel unde erde, luft, vür,
lof und gras, dat er nicht en was. Und of du unrechte sverest,
dat die got schende, die Adame gebildet hevet na sines selves
antlate und Evam makede von eine sime ribbe. Und of du un-
rechte sverest, dat die die got schende, die Sodomam und
Gomoram verbrante mit dem helschen vüre. Und of du unrecht
sverest, dat die die erde verslinde, die dar vorslanc Dathan und
Abyron. Und of du unrechte sverest, dat die die meselsucht
besta, die dar Naaman lit und Jezi bestunt. Und of du unrechte
sverest, dat dyn vleisch nymmer to der erden gemischet werde.
Und of du unrechte sverest, dat die die got schende, die weder
Moyses retde ut enem vürigen busche. Und of du unrechte
sverest, dat die die got schende, die Moysi die e screif mit sinen
vingeren an tven stenenen thaflen. Und of du unrechte sverest,
dat die die got schende, die koninge Pharaone sluch und die
joden over dat mer druch und sie vürde in en land, dar man
melk und honnich inne vant. Und of du unrechte sverest, dat
die die got schende, die die joden spisede in die wüstenynge mit
deme hemelischen brode viertich jar. Und of du unrechte sverest,
dat die die scrift velle, die bescreven stat an den vinf büken
Moysi. Und of du unrechte sverest, dat die got schende und die
deme düvele sende, mit live und mit sele und ummer mer.
Amen."
2. Dissen eid sal die jode dun up Moyses büken. Die jode
sal ok nümmer üt siner scule oder ut siner sinagogen komen ane
joden hud.

Appendix

GLOSS ON THE WEICHBILD-VULGATA

Probably Fourteenth Century

E d i t i o n : A. von Daniels and Fr. von Gruben, *Das Saechsische Weich-bildrecht*, I (Berlin, 1858), pp. 436–438.
B i b l i o g r a p h y: Guido Kisch, *Leipziger Schöffenspruchsammlung*, "Quellen zur Geschichte der Rezeption," Vol. I (Leipzig, 1919), pp. 78*–100*.
R e p r i n t e d from Daniels and Gruben, *op. cit.*, pp. 436–438; 173–175.

Articulus CXXXIV

Wo man eynen Juden beclagin sal

[vacat]

Articulus CXXXV

Von des Juden gewere. [Wie] eyn Cristin
eynen Juden obirzugen sal, und wy ein Jude
eynen Cristen obirzugen sal

Warranty of Jewish Vendors

·Sint man denn eyns izlichin dingis, das angesprochen wirt, sich zhin sal an eynen geweren, darumme sezit er nu hie dis recht, und spricht: wo der criste eynen juden beclagen sal; und spricht: "for sinem richtere"; wenn das ist zo zu vornemen, daz jo der cleger volgen solle vor des antwerters richtere, *ut X, 2,2, de foro competenti, c. 12, si diligenti.* Wisse: wer so eynes kouffes bekennet, der sal des kouffes gewere sien, ane der jude; und bewiset hie ezwas sunderlichz; zum ersten male, daz sich kein cristenman siner gewissintschaft uff keinen juden gezhien mag, so das der ansprechir volgen dorffe, is were denn, das er is geweren wolde nach eynes cristin mannes recht, das ist zu vornemen, daz der jude an deme angefangenen dinge eynen rechten geweren bewisen wolde.
Wissit: eyn criste mus sich selber domete zihen an eynen geweren; das darff der jude nicht thun; und ist darumme zuge-geben, das eyn man sien vorlorn gut deste gewisser vint, und em widir wurde. Darumme ghan man dem juden, das er syner vorkouffunge nymande geweren darff; und was man denn wedir

eynen juden coufft, das hat man dovor, das er is nicht geweren
mag; wenn wer eyne bosheit tut und thun mag an eynem kouffe,
das vorstolen ist, an deme vormut man sich, das er ouch vor-
stolen gut vorstolin habe, wenn eyn obil volget dem anderen,
*ut [Digesta], 6, 1, de rei vindicatione, l. 35, et ex diverso; in Au-
th[entica], ut judices sine quoquo suffragio fiant, pr. v. cogitatio;
coll. II, Nov. 8.* Und ir gezeugkenisse geschiet in wenigen
kouffungen.

Punishment of Crimes against Jews

Ir sollet wissen: totet eyn criste eynen juden, ader tut er em
ungerichte, man richtit obir en nach deme, das er an em ge-
brochen hat. *C. 1, 9, de judaeis et coelicolis, l. 14, nullus tanquam
judaeus.*

Punishment of Crimes Committed by Jews

Slet ouch eyn jude eynen cristenman, man richtet obir en,
ab er yn hanthaftiger tad begriffin wirt. *Ssp., 3, 7, per totum.*

Acquisition by Jews of Sacred Vessels, Books or Vestments Punishable

Ir sollet wissin: vint man kelche, buchere, messgewant, adir
welcherley heiligtum ader gewyet ding undir eynem juden, man
helt en vor eynen dyp; is were denn ungewiet; so genust er sines
geweren, ab er den gehabin mag. Ist is abir gewiet, so mag er is
keinen geweren haben. Wenne worumme? Is ist nymandis;
ut [Justiniani Institutiones], 2,1, de rerum divisione, § 7, nullius.

Jewry Oath

Ir sollet wissen: das dy juden iren eyd thun sullen noch iren
sachen. *C. XXII, q. 1, c. 16, movet te.* Und der wise sal ir eyd
zu rechte als der cristen eyd sien, und gheit also:

Das mir N. schult gibt, das ich en geslagen habe, des byn ich
unschuldig; das mir got so helfe, der loub und graz und alle
ding geschaffen hat, und meine judische ehe.

Das dir Joseph schult gibt, des bistu unschuldig; daz dir got
so helfe; und ab du ungerecht swerest, daz dich got schende, der
hymmil unde erde geschaffen hat, und dorzu loub und graz; und
ab du unrecht swerest, das dich der got schende, der acht men-
schen yn der archen Noe yn der sintfluth irnerte; ab du unrecht
swerest, daz dich der got schende, der Sodomam und Gomorram
vorbrante mit dem helschen fure; ab du unrecht swerest, daz dich
der got schende, der Moysi die ehe beschreib mit synem vingere
yn eyne steynene tafele; ab du unrecht swerest, daz dich der got
schende, der Pharaonem slug, und die juden durch das mehir
trugk, und furte sy yn eyn land, do man milich und honig vant;
ab du unrecht swerest, daz dich der got schende, der dy juden
spysete in Egyptenlande mit dem hymelischen brote virzig jar;
ab du unrecht swerest, daz dich der got schende, und zu dem
teufele sende mit libe und mit sele, nu und ymmirmer.

Dissin eyd sal der jude thun uff Moyses ader Josaphas buche.
Der jude sal nicht uz der synagogen ghen ane judenhut.

Ir sollet merken und wissen, das man ein izlich membrum
des eydes nymt vor eynen ganzin eyd, mit der beschuldigunge,
domit man den juden beschuldiget.

JEWRY-OATH FORMULA

Appended to the Gloss on the Weichbild-Vulgata

Reproduced from *Sechsisch Weichbild, Lehenrecht und Remissorium*
(Budissin: Nicolaus Wolrab, 1557), fol. CVII v.

DER JÜDEN EID

Die Jüden sollen ire Eid also schweren:

Des mir N. schuldt gibt, des bin ich unschuldig, des mir Gott
helff, der Himel und Erden, Laub und Gras, und alle ding
geschaffen hat. Und ob ich unrecht schwer, das mich die erd
müsse verschlingen, die Dathan und Abyron verschlang; und
ob ich unrecht schwer, das mich die maselsucht bestehe, die
Naaman verlies und Jezi ankam; und ob ich unrecht schwer,

das ich aus der ehe vertilget werd, die Gott Mosi gab durch
die zehen gebot auff dem berg Synai; und ob ich unrecht schwer,
das die sünd uber mich gehe, die uber falsche schwerer ausge-
satzt ist, in den fünff büchern Mosi; und ob ich unrecht schwer,
das ich zum stein werden mus als Lottes weib, die zu einer
saltzseulen ward; und ob ich unrecht schwer, das mich die
blutsucht bestehe, und nimmer verlasse; und ob ich unrecht
schwer, das ich nimmermehr müsse kommen in Abrahams schos;
und ob ich unrecht schwer, das mich Gott ewiglich schende,
und zu dem Teuffel sende, mit leib und mit seel, heut und
immermehr. Amen.

Ir solt wissen, das die Jüden eyd schweren sollen nach irer
weis; *ut hoc habetur Extra, 22, q. 2, c. movet te*; *C. de judaeis,
l. si qua.* Und ir eyd nach irer weis, sol gleich geacht werden,
wie der Christen eid. Doch so haben etliche leut viel seltzamer
weis hierinnen, und sprechen: Der Jüd sol diesen eyd thun, vor
der sinagogen, an dem thorringk, do man der sinagog thür mit
zuzeuhet, und das sie sollen barfus stehen, auff einer schweins-
haut. Denn dis ist ein fantasey. Wenn es ist genug, das sie den
eyd thun, in vorgeschribener weis. Sie sollen in aber thun auff
Moses buch, oder auff der Talmut. Auch so nimpt man ein
jeglichen punct des eides, sonderlich vor den gantzen eyd, der
sachen halb, darumb man die Jüden beschuldiget.

8

FREISINGER RECHTSBUCH

1328

E d i t i o n s: Georg Ludwig von Maurer, *Das Stadt- und das Landrechtsbuch
Ruprechts von Freysing nach fünf Münchener Handschriften* (Stuttgart-
Tübingen, 1839). — Hermann Knapp, *Das Rechtsbuch Ruprechts von Freising
(1328)*, (Leipzig, 1916). Knapp's edition is impaired by serious short-
comings; cf. Edward Schröder's critique in *Göttingische Gelehrte Anzeigen*,
CLXXIX (1917), pp. 317–320. — The synoptic tabulation in Knapp's
edition (p. 144 f.) facilitates identification of individual articles in the
antiquated edition of the *Freisinger Rechtsbuch* by L. Westenrieder (Munich,
1803). — The new, critical edition by Claussen became available to the

author only after typesetting of this volume was completed: Hans-Kurt Claussen, *Freisinger Rechtsbuch* (Weimar, 1941). It contains a synoptic tabulation of all editions (pp. 336–343).
B i b l i o g r a p h y: Homeyer, *Rechtsbücher*, p. *39. — Hermann Knapp, "Das Rechtsbuch Ruprechts von Freising (1328) in seiner Bedeutung als strafrechtliche Quelle des Mittelalters," Goltdammer's *Archiv für Strafrecht und Strafprozess*, LXI (1914), pp. 219–226, 233, 240 f., 245, 251, 253; Hans-Kurt Claussen, "Das Freisinger Rechtsbuch," *Deutschrechtliches Archiv*, I (1940), pp. 1–66; Hans-Kurt Claussen, *Freisinger Rechtsbuch*, pp. VII–L; Moritz Güdemann, *Geschichte des Erziehungswesens und der Kultur der Juden in Deutschland während des XIV. und XV. Jahrhunderts* (Vienna, 1888), pp. 141–144, 159, 177.
R e p r i n t e d from Hans-Kurt Claussen, *Freisinger Rechtsbuch*, pp. 46, 48, 308.

Knapp 38 [Claussen 41]

Law of Evidence for Jews

Den juden ist gesetzet, daz man si nicht uberziugen mach ân mit juden unt christen. Ob ein jud einen christen ze tôt slueg, daz saehen nur christen und waeren nicht juden dô pei, mag man den juden uberziugen des tôtslags mit den christen? Wir sprechen: Jâ; mag aver der jud di nôtwer pringen, sô sol er ledich sein unt sol si pringen mit christen unt niht mit juden, unt sol den tôtslach puezzen der stat herren, als vorgeschriben ist.

Knapp 39 [Claussen 42]

Protection of Jewish Life under the King's Peace

Ist aver daz der christen den juden slecht, sol er in iht puezzen? Wir sprechen: Jâ; wan die juden besunderen reht habent und ein der fursten vrid sitzent ein den steten; dâ von muoz er in alsô puezzen, als wir vorgeschriben haben um den tôtslach, unt sô vil mêr, daz es hintz der fursten genâden stêt, waz er mêr nimt, denn ob er einen christen erslagen hiet, dâ von daz er des fursten frid zerbrochen hât an den juden. Wir sprechen: wiert der christen dar um gevangen, sol man icht uber in richten? Wir sprechen: Jâ, man sol uber in richten als ob er einen christen erslagen hiet. In sol auch der richter ansprechen unt nicht di juden, ob er freunt hât. Wiert er des tôtslags uberwunden, sô

sol man uber in richten, als wir vor geschriben haben. Mag er
aver die nôtwer pringen, als geschriben ist, di sol er auch pringen
mit christen und nicht mit juden unt sol er denn ledich sein.

Knapp 263 [Claussen 264]

Jews Are Entitled to Bring Lawsuits before Superior Court by Way of Appeal

Swenn einem Juden ein urtail gevelt vor gericht, der mag ir
wol gedingen, er hab einen volchman oder nicht.

9

RICHTSTEIG LANDRECHTS

About 1325-1333/34

E d i t i o n: C. G. Homeyer, *Der Richtsteig Landrechts nebst Cautela und Premis* (Berlin, 1857), pp. 97, 132.

B i b l i o g r a p h y: Homeyer, *Rechtsbücher*, p. *41.

II, 4

Jews Excluded from Being Spokesmen

Wete ok dat papen, joden, wif, rechtlose lude nene vorspreken
sin muten.

XIII, 7

A Jew Must Not Be A Christian's Warrantor

Tüt ok jene up enen joden, so vrag oft en jode moge enes
kersten [mannes] gewere sin. Dat vint me he en moge.

10

ZWICKAUER RECHTSBUCH

About 1348

E d i t i o n s: Günther Ullrich and Hans Planitz, *Zwickauer Rechtsbuch* (Weimar, 1941). — Hans Planitz, "Das Zwickauer Stadtrechtsbuch," *ZRG.*, XXXVIII (1917), pp. 321–366 (partial edition).

B i b l i o g r a p h y: Homeyer, *Rechtsbücher*, p. *37; Planitz, "Das Zwickauer Stadtrechtsbuch," *loc. cit.*, pp. 321–339; Ullrich, in Ullrich and Planitz, *op. cit.*, pp. VII–LXXXV; Ullrich, "Zu den Quellen des Meissner Rechtsbuches," *Deutschrechtliches Archiv*, I (1940), pp. 87–96.

R e p r i n t e d from Ullrich and Planitz, *Zwickauer Rechtsbuch*, pp. 58, 60, 184; cf. Planitz, *ZRG.*, XXXVIII (1917), p. 344.

I, 6, 1

Sale of Meat from Cattle Slaughtered by Jews Prohibited

[Cf. *Meissener Rechtsbuch*, V, 5, 3]

Wizzet, daz kein vleischower sol under den benken pfinnecht vleisch noch sûwin vleisch noch untzîtig, keine gewessert vleisch, noch daz vleisch, daz di juden haben gesniten, mit nichte veile haben, sunder di ligen vor den benken. Welcher derleye vlesch unter den benken[1] vorkoufte einen bizzen, ez wêre mit schrôten oder gantze stukke ân howbt, ân tzungen, ân bursten, ân clawen, ân fûsen adir wî man das benennen und namen gehaben mag,[2] der mûs dem râte vunf schillinge pfundischer pfenninge geben, als oft man in mit sô getanem vleische begrîfet.

III, 1, 15 (4) [Partial Edition, I, 15, 3]

No Jew Shall Be Spokesman in Court

Item. Kein iude sol vorspreche sîn vor gehegter bank.

11

MEISSENER RECHTSBUCH

Between 1357-1387

E d i t i o n: Friedrich Ortloff, *Das Rechtsbuch nach Distinctionen nebst einem Eisenachischen Rechtsbuch* (Jena, 1836). — The *Meissener Rechtsbuch* is also known as *Rechtsbuch nach Distinctionen* or *Vermehrter Sachsenspiegel* ("Enlarged *Sachsenspiegel*").

B i b l i o g r a p h y: Homeyer, *Rechtsbücher*, pp. *37–*38; Wilhelm Weizsäcker, "Zur Geschichte des Meissner Rechtsbuchs in Böhmen und Mähren," *ZRG.*, LVIII (1938), pp. 584–614; Günther Ullrich, "Zu den Quellen

[1] *unter den benken,*] crossed out in the manuscript.
[2] *ân howbt . . . gehaben mag*] later addition.

des Meissner Rechtsbuches," *Deutschrechtliches Archiv*, I (1940), pp. 87–96;
Gerhard Eis, "Das Reimnachwort im Meissner Rechtsbuch," *ibidem*, pp.
67–86.

M a n u s c r i p t s: The oldest manuscript of this law-book so far known,
Codex No. 2680, of the year 1387, (Homeyer, No. 1144), of the National-
bibliothek in Vienna, here designated as Ms. Vienna, was not used by
Ortloff. In the older manuscripts the main body of Jewry-law regulations
(III, 17) has proved to be fairly consistent. Individual articles concerning
the legal status of the Jews, however, are missing in several manuscripts;
cf. Weizsäcker, *loc. cit.*, p. 592: III, 17, 42; p. 603: III, 17, 33. My collation
of the printed text with that of the Vienna manuscript yielded only five
variant readings not yet included in Ortloff's apparatus of variants.

R e p r i n t e d   from Ortloff's edition, pp. 135–136, 157, 163, 168–178, 260,
273, 289, 312–314. — In the manuscript of the University Library of Jena
(Homeyer, No. 548), on which Ortloff's edition of the Meissen law-book
is mainly based, some chapters, paragraphs, sentences or words are missing.
Ortloff inserted them from other manuscripts and indicated these supple-
ments by italics (see his "Einleitung," p. LXV). These supplements
include the following articles or paragraphs which are reprinted hereafter
in Roman type: III, 11, 4 (2), last sentence (*Wolde . . . brengen*); III, 17, 4,
last sentence (*Loukent . . . sint*); III, 17, 10; III, 17, 11, last sentence
(*Wil . . . buche*); III, 17, 12, last clause (*so vorluest . . . gut*); III, 17, 13;
III, 17, 16; III, 17, 21–24; III, 17, 25, last two sentences (*edir thu . . .
sweren*); III, 17, 26–27; III, 17, 34, last sentence (*Ome . . . thun*); III, 17, 38;
III, 17, 40; III, 17, 44–45. Italics have been retained only for single words
or phrases inserted by Ortloff, if possibly a change in meaning could be
involved.

III, 1, 3

Jews Are to Be Treated Like Christians, According to the Oath Formula for Executive Officers of the Court

Czu deme gerichte sin froneboten in lantrechte, in wichbilde
botele, eyner, zcwene adder dry; dy sal man bestetigen also, daz
or iczlicher spreche:

"Ich swere gote unde myme hern, dornoch arm unde riche,
gesten unde allen luten, iudden unde cristen, an ingebiten an
allen sachen von gerichtes wegen recht thun wel, unde furdern
unde nicht hindern wel czu tage und czu nacht, unde dorane wel
getruwe sin ane bosheit; unde waz ich erfore, daz deme gerichte
adder der stad moge schedelich sin, unde arm unde rich, daz
wel ich melden unde kunth thun dem gericht und dem rad; und
alle min gewerb getruwelich und redelich wil halden; daz myr
god so helffe unde alle heyligen."

III, 11, 4

Promissory Notes as Pledges in the Hands of Jewish Creditors

[1] Had eyn man eyme iodden briffe gesaczt umbe gelt, do eyner sin eynig ingesz[egil] had vorgesaczt, spricht unde claget der iodde unde betet, daz der sine briffe gutlich losze, spricht denne iener, he habe sy gelost: daz mus her kegen deme iodden irczugen selbderte, unde sal sin eyn iodde unde czwene cristen, dy do geczugen. Dorumbe sal eyn iczlich man achten, wen her sine briffe ledige, daz her on mete ufneme.

Entries into Public Official Registers to Be Substituted for Promissory Notes Lost by Jewish Creditors

[2] Spricht aber der iodde, he hette den brif vorlorn, daz sal her swern uf Moyses buch, daz is also sy; wan her daz getud, so sal he disseme der hern adder des rates brif geben unde des gerichtes quitebrife machen obir den vorlorn brif. Wolde er des nicht en tun, man schol in mit rechter clage darczu brengen.

III, 11, 5

Promissory Notes as Means of Evidence after the Creditor's Death

Sterbet eyn iodde, unde vorhildet man brife umbe schult, adder dy en mochten doch gelost sy, do en mogen sine erben nicht me irczugen, wen noch des briffes luthe, unde man den brif nicht wedder wel. Wel man sprechen he sy los, daz mus man irczugen selbderte also vorguldene schult.

III, 14, 4

No [Forfeited] Pledge to Be Pawned to Jews without Preceding Stipulation to this Effect

Es en mag nymant phand in dy iodden secczen uf wucher-*schaden*, is en sy denne gewillekort. Spricht abir der, des das phant ist, he habe sin nicht gewillekort, daz is iener, der das phant inne had, ner zcu bewisen zcu den heyligen, daz her is gewilleckort habe, wen is disser entgen magk.

Book III, Chapter 17

Regulations of Jewry Law

Nu sullen wir aber lernen umbe mancherhande
ioddenrecht, dy sich in schulrecht mancherhande
geczucken mogen

Practice of Usury Permitted to Jews by Secular Law

1. Von gotisrechte sal keyn iodde wucher nemen. Duch so
ist or ordenunge anders geschicket, wen sy *hy* czu lande nicht
eygens mogen gehabe; unde sin von den keysern und fursten
begnadet durch ores gutes willen, daz sy ersaczt sin mit sunder-
licheme rechte.

Princely Courts Instituted for Jews under Privilege Law

2. Von der iodden besaczten gerichte beschribe ich nicht,
wen is ist in sunderlichen landen in eyner gewonnheyt anders
irsaczt wen in den andern.

**Jews Shall Not Give Loans to Suspicious Persons, or under Circum-
stances Liable to Give Rise to Suspicion**

3. Der iodde sal nicht by nacht lien, noch vor deme ufgange
der sonnen, *noch nach dem undergange der sunnen.* Der iodde
sal nicht lien vorsprochen luten, also diben adder roubern; wo
sy den lien heymelich, wert dy dipheyt adder roublich gud under
on funden, daz mussen sy ledig weddergeben mit gewette, unde
wert rechtelos under den iodden unde cristen.

**Jews Shall Not Accept Pledges from Suspicious Persons, or under
Circumstances Liable to Give Rise to Suspicion**

4. Waz der iodde uffenbar liet uff phand, sy sin gestoln adder
geroubet, ab dy wol in siner gewer funden werden, unde he or
nicht vorlouckent, doch so vorlust her nicht sine phenninge
dorane. Loukent er aber des dubigen gutes, so vorlust er siner
pfenninge daran; man mac in auch czu einem mitheler czelen,
unde vorluset iudisch recht und alle recht, dy von keysern und
fursten in geben sint.

Acceptance as Pledge of Sacred Vessels, Books, or Vestments Prohibited

5. Keyn iodde sal lien uf blutigk gewant by deme banne, noch uf kelche, bucher dy czu gotishusern gehorn, adder messegewant,[1] adder tweln. Duch mogen sy kelche unde bucher wol neme zcu phande, dy gotishusere sin, so daz sy or keyn in or gewer nemen, unde befeln dy offenbar in eynes cristen mannes gewern; do sal der iodde zcu nemen zcwene cristen unde eynen iodden, dy eynes guten lumundes sin, zcu geczogen.

Acceptance as Pledges of Secular Books Permitted

6. Alle ander bucher, also schulbuchere unde rechtbuchere, *ducze buchere*, dy mag der iodde uffinbar nemen zcu phande in sine gewer.

Law of Evidence in *Causae Maiores* against Jews

7. Had eyn cristen sogetane sache zcu eyme iodden, daz do entredt farnde adder legende gut, adder dy deme iodden an sinen lip trith: do en mag der cristen den iodden nicht oberczugen, wen mit zcwen iodden unde eyme cristen.

Law of Evidence Concerning Pawned Goods

8. Spricht eyn cristen eyn iodden an, he habe om sin phand gesaczt, unde der iodde louckent des, wel der cristen des iodden worten nicht glouben, so sal her sich entschuldigen uf Moyses buche mit sime eyde in welcher achtunge der cristen sine sache keyn om gesaczt habe, unde sy losz.

Law of Evidence Concerning Pawned Goods

9. Had eyn cristen eyme iodden phant gesaczt, spricht der cristen, is sie nicht sovel, *und der iud spricht, es sie me*: des ist der iodde nehir zcu bewisene uf sin phant mit sime eyde. Wen her daz getud, so sal der cristen daz phant lose umbe daz houbtgeld unde wucher.

[1] Ms. Vienna: *nas gewant*.

Law of Evidence Concerning Pawned Goods

10. Spricht ein iud einen cristen an, er hab im sin pfant ver-wechselt oder geergert, leukent dez der cristen, dez wirt er unschuldic mit sin eines hant czu den heilgen.

Trade Privilege for Jews in *Bona Fide*

11. Spricht eyn cristen eyn iodden an, he finde sin gud in siner gewer, daz om abgestoln sy, adder roublich adder mit anderme frevele genomen, daz her is ome wedder gebe, spricht der iodde uff Moyses buche, do man is ome saczte, daz her is nichten wusste ab is gestoln adder geroubet wer, so behilt der iodde sin houbtgud unde sin gesuch dorane. Wil im denne der cristen nicht gelauben, das is sovil ste, daz mus er behalden uff Moyses buche.

Risk of Accidental Destruction of Objects Pawned to Jews

12. Ist daz der iodde von furesnod adder von duberige, daz ome sine phant mit enander vorstoln wurden unde ouch daz offenbar wissende ist, spricht on der cristen dorumbe an, der is ome gesaczt had, do tud der iodde sinen eyd zcu uf Moyses buch unde sy loz, so vorluest der iude sine pfennighe und der cristen sin gut.

Law of Evidence Concerning Money Borrowed from Jews

13. Lihet ein iude eim cristen gelt uff pfant, oder ane pfand, und gelobet im selber, da ist er ym czu hant houptgut schuldic mit dem gesuche. Spricht aber der cristen, er hette im kein gesuch gelobet, das hulfe yn nicht, wen der iude ist dez neher czu bewisen mit sime eyde uff Moyses buche. Spricht aber der cristen, ich bin ym nicht schuldic, dez entget er im mit sime eide.

Punishment of Handhaving Crimes Committed by Jews

14. Welch iodde czu felde zcuth, adder zcu holcze, adder in heymeliche grunde, kempt man des by on in hanthafter tad, man richtet obir on, also obir eynen dip *oder dipzerer*.

Realization of Unredeemed Pledges

15. Alle phand, dy der iodde innempt, wen he dy nicht lenger halden wel, dy sal he mit wissene cweyger cristen unde eyns iodden ieme, *der* dy phand *gesaczt hat*, anbiten, unde sal dy phand tragen an geheyte bangk unvorclaget, unde sal dy ufbiten zcu deme irsten male unde sal sprechen: *her richter unde ir schepphen*, ich ha daz phant angeboten N, *unde sal daz uffenbar by namen benennen*, do ha ich by gehad myne geczugen, *eynen ioden unde zwene krysten*, dy is saen unde horten, des en wel he nicht losen, unde bete ouch umbe recht zcu erfarn, wy ich forbaz geboren sulle. So teyle man ome, he sulles noch zcwer ufbiten. Wen he daz getud, dornoch wende he daz in sinen nucz, unde sy von ieme ledigk unde loz. Daz ist gered umbe phant, do nicht zcu gelobet ist.

Realization of Pledges Given under Debtor's Accessory Liability

16. Had eyn iode phand, darzcu gelobit ist, der mag ienen umme daz gelobede beclagen an gherichte. Bekennet her, daz her globet had zcu deme phande, so sal men ome helfen zcu deme phande, ab iz zcu korez ist. Spricht iener, her habe ome nicht globet zcu deme phande, so gebare der iode mit deme phande, alz vor geschrebin ist.

Liability of Jewish Creditors for Loss of Pledges

17. Vorlust der iodde eyme sin phant, do he keyns me mete vorlorn had, daz mus der iodde gelden; sin geld sled ome abir her dorane abe, daz he ieme gelegen hatte.

Liability of Jewish Creditors for Deterioration of Pawned Objects

18. Wer eyme iodden phand seczt, der sal sy bese, daz sy dy milwen, *schaben*, muse adder ratten icht geleczt haben. Findet der iodde icht gebrechens dorane, do sal he zcwene iodden unde eyn cristen by nemen, dy is besen. Wert is hirnoch vorwarloset, den schaden mus der iodde irlegen, das he das in seiner hute nicht bewart had. Tud he abir sinen eyd dorczu, daz hers ome zcu hand vorkundiget habe, *da er ez in rechter hute gehabt habe*, so blibet der iodde ane wandel.

Legal Procedure Regarding Deterioration of Pledges

19. Beduchte nu eyn cristen, daz sine phant erger wern worden, unde wulde der dorumbe nicht losen, unde had der cristen dorczu globet, so mag der iodde clagen umbe daz gelobede, so muss om der cristen dorczu neyn adder ia sagen.

Law of Evidence in Lawsuits Involving Christians and Jews

20. In allen sachen, do der cristen den iodden irczugen wel, do sal der cristen zcwne iodden unde eynen cristen zcu haben, dy *unversprochen und* eynes guten lumundes sind. Also sal ouch der iodde den cristenman obirczugen mit zcwen cristen und eyme iodden, dy ouch unvorsprochen sint. *Daz geczucnisse schol allewege von willekur geschen,* wo is deme cristen adder iodden nod ist.

Law of Evidence Concerning Exchange or Deterioration of Pledges

21. Spricht der iud der cristen hab yme sin pfand, das er ym uzgeligen hat, vorwechselt, oder geergert, und hat nicht gezucknisz daruber genomen, loukent denne der cristen, der muz sich enschuldigen mit sin einez hant czu den heilgen.

Law of Evidence in Lawsuits Involving Christians and Jews

22. Uber saczunge oder welcherhande sach der cristen oder iude ken einander geczucknisses muten und begeren, das schol einer dem andern nicht vorsagen.

Disputes Concerning the Value of Pledges

23. Hat ein cristen eim iuden ein pfant gesaczt vor gelt, und spricht es sie als vil nicht, und spricht der iude ez sie mer, dez ist der iude neher czu bewisen uff sin pfand uff Moysez buche, wenn der cristen daz uzgeczihen muge.

No Obligation on Jewish Moneylenders to Inquire into the Origin of Pawned Goods

24. Der iude mac lihen uff pfand, dy man ym brenget, welcherleyge dy sin, das er darnach nicht fragen darff, ab er wil; ane

alzo vor belut ist, messegewete, blitig oder nasse gewant.[2] Waz
anders ist, das er offenbar innymt, daz schadet im nicht czu
sinen rechten, nach lute siner vorbeschreben artikel.

The Jews' Trade Privilege Applied to the Law of Pledge

25. Spricht der cristen den iodden an, he finde sin gud in
siner gewere, daz om abegeroubet, adder gestoln, oder mit ander
gewalt abegebracht sy, unde begert daz hers ome wedder gebe,
spricht der iodde, is ist myn phand, unde wel daz wol bewise uf
Moyses buch, daz is mir gesaczt wart, unde woyste nicht, ab is
gestoln adder geroubet waz: wen der iodde daz getud, so had he
sin gelt mit deme wuchere, so daz he under demeselben eyde
bewise stunde unde stete unde rechte tageczit, do is om gesaczt
wart, edir thu eynen sunderlichin eyd darzcu, ab iz on der krysten
nicht irlaszen wel. Doch mag der iode wole erzcugen mid zwen
krysten unde mid eyme iodin, ab her dy darby gehad had; dy
muszen ouch daz sweren.

Law of Evidence in Disputes Concerning Payment of Interest

26. Hat ein cristen sin pfant geloset czu eime iuden und hat
den wucher nicht gegeben, der wucher sted einen manden fry;
darnoch treit der wucher andern wucher. Spricht aber der
cristen, er hab ym keinen wucher gelobt und wer ym kein
schuldic, doch ist der iude neher sinen wucher czu behalden uff
Moysez buche, wen der cristen mit sinen rechten davor kummen
mochte. Spricht aber der cristen, er hette ym vorgolden, daz
muste der cristen bewisen alz vorgolden schult.

Loans by Jews on Cattle and Horses Required to Be Made in Public

27. Allen iuden ist alleczit vorbotten, daz sy uff kein vich
noch uff pferde schullen lihen wenn by tage nach uffganc der
sunnen, mit wissen iuden und cristen. Wo er darczu nicht en hat,
da schol er sine pfenninge an vorlisen. Nymt er aber das vich
mit wissenschafft, so schadet ez ym nicht, so daz er daz behalde
uff Moyses buche, daz er czu der czit nicht gewost habe, ob ez
in untat genomen wcre.

---

[2] *Blitig oder nasse gewant*, missing in Ms. Vienna.

No Jewish Creditor Shall Be Forced to Return Pledges on His Holiday

28. Es en sal keyn iodden icheyn cristen twingen, daz her ome an sinen firtage sin phant gebe zcu losen.

Penalty for Robbing Jews of Pledges

29. Welch cristen man herberget eyme iodden sin phand unde neme om daz geweldiglichen ane gerichte, der vorbort eynen offinbarn roub. Kemet is czu clage, man richtet noch rouber recht.

Contentions among Jews [Especially Regarding their Relationship to their Overlord] Shall Be Judged by Him or His Judge

30. Geschit eyn czweyunge under den iodden, dy en had nymant zcu richten wen der herre adder sin richter, deme sich dy iodden undertan gemacht haben.

Punishment of Bodily Injury Inflicted on a Jew

31. Wunt eyn cristen eynen iodden, der cristen sal alle daz liden an gerichte noch rechte, also he eynen cristen gewunt hette, durch sunderlichs fredes willen, der on von keysern unde fursten gegeben ist.

Penalty for Slaying a Jew

32. Totet eyn cristen eynen iodden, der sal ouch liden alle daz recht, also umbe eynen cristen, den he getotid hette. Wert her abir vorfluchtig, doch so had her sin gud nicht vorworcht, sundern sinen lip, ab he begriffen wurde.[3]

Penalty for Inflicting Bloody Wounds on a Jew and for Wronging Jews with Unseemly Words

33. Slet eyn cristen eynen iodden blutrensting, adder mit knotteln adder fusten ane blutwunden, adder handelt on obele mit unczuchtigen worten, her sal dorumbe liden daz recht also kegen eyme cristen. Had her on nicht zcu bessern an sime gelde, so sal man on bessern an sime libe mit rechte.

---

[3] *Ab he begriffen wurde*, missing in Ms. Vienna.

Jews Prohibited to Remain in the Street on Meeting a Procession Bearing the Host

34. Es sal eyn iczlich iodde, wan man mit gotis licham ged, hinder sich treten in eyn hus, do he inne wonde ist; unde wo her an der gasse ged, do sal her ouch wichen in eyn husz adder in eyne ander gasse. Ome sal ouch nymant leyde thun.

No Specific Body Tax to Be Imposed on Living or Dead Jews

35. Von rechte sal keyn iodde czoln noch mauten, her sy lebende adder tod, wenn also eyn cristenman. Wo sy dy zcolner ober daz twingen, daz ist eyn roub.

Penalty for Violation of the Sanctity of a Jewish Cemetery

36. Wer deme ioddenkerchove[4] keyn leyth zcu czuth *in frevel*, den sal man bessern in frevelsrechte.

Penalty for Wantonly Flinging Stones into or at a Synagogue

37. Wer frevelichen wirft in dy, adder uf dy[5] ioddenschule, der sal deme gerichte bussen noch gesaczter busse, dy doruff gesaczt ist.

Jews Are to Be Punished in the Same Way as Christians

38. In allen sachen, da der iude inne buszwirdic wirt, da schol er busze liden als ein cristen.

Jews Obligated to Answer Summons to Court under Same Penalty as Christians

39. Eyn iczlich iodde sal komen vor gerichte, wan om do vor gescheyden adder geboten wert. Tud he des nicht, he musz busen also eyn cristen.

---

[4] Addition in Ms. Vienna: *adir schule.*
[5] *Wirft in dy, adder uf dy*] Ms. Vienna: *wirft iuden adir uf di.*

Bodily Injuries or Homicide between Jews Are Subject to Same Penalties as between Christians, with Additional Punishment According to Jewish Law.

40. Slehet, oder wundet, oder totet ein iude den andern, das ist czu richten als under den cristen. Waz darnach nach iudischem gesecze ist, daz schol er darnach liden, wenn er unser gerichte geliden hat.

Jurisdiction of Jewish and Christian Courts over Jews

41. Dy iodden sullen an keyner stad gerichte liden wen in der schule *oder vor der schule*; ane umbe dipheyd, unde umbe bosheyt, dy eyn iodde eyner cristenmayd adder fruwen notczagete, adder ab dy iodden cristenkinder abhendigk brechten: do sal man umbe richten an gerichtes bangk, also ander bose lute.

Death Penalty for Kidnapping Jewish Children

42. Gesche eyn ungeschicht, daz eyn cristenman adder eyn cristenfruwe eyme iodden sin kint vorholn enweg brechten, unde wurde des oberrecht mit rechte, daz ginge an den hals.

Penalty for Kidnapping Christian Children for the Purpose of Ritual Murder

43. Geschege auch eyn geschichte, daz iodden eyme cristen sine kint nemen, *durch das sy sin blut wolden nuczen*, unde das in warhafter tad abirquemen, in wes gewer man dy tod funde, des hus sted mit alleme gesinde zcu libe unde zcu gute.

Indemnification of Kidnapped and Robbed Jews

44. Worde eyn iode heymelich yn gesperret, edir gefangen unde beschatzet, unde queme darvone, darnoch hette der iode zcu manen, unde wolder her den darumme beschuldigen, daz mag der iode thu mid eyme kemphen, den her gewynen mag mid syme gelde.

Common Duty to Help Stop Outrages Threatened or Perpetrated against Jews or Jewish Homes

45. Ez sal eyn iczlich krysten zculoufens, tages edir des nachtes, ab men unfuge an eyme ioden wel begynne edir begen

in syme huse, unde sal dy unfuge helfen schuczen. Wan her des nicht en thud, unde daz erfaren wert, der vorwerket keyn deme gerichte dryszig schillinge der cleynen were, edir thu synen eyd darzcu, daz her des nicht erfaren habe.

Jewry Oath

46. Der iodde sal swern alle sache by Moyses buche, dy under funfczigk lodigen marcken ist, also dessz slechten eyd: des mir N. schult gebet, des ben ich unschuldigk, also mir god helffe unde dy ee, dy god gab *Moysi* uf deme berge synay. Ist abir dy sache obir funfczig lodige margk, so sal he swern uf deme rodal, unde sal eynen grauwen rogk ane habe ane hemmede an blosser hud, unde zcwu graue hossen ane vorfusse, unde eyn hud, der mid lammesblute gefuchted sy, do sal he uffe sten, unde eynen spicczen hud uff deme houbte, unde sol sprech also: Des mir N. schult gebet, des ben ich undschuldig, also mir god helffe, der do geschuf hymmel unde erden, *wassir und luft*, loub unde graz, daz e nicht en waz; unde ab ich unrecht swure, daz mich god schende, der Adam geschuf unde on gebildet had noch sime gotlichen antlaccze unde Evan machte usz siner rippe; *und ob ich unrecht swere, daz mich der got schende, der Noe selbeachte man und wip in der archen vor der sintflut ernerte*; unde ab ich unrecht swure, daz mich der god schende, der Sodoman, Gomorran unde dy andern stete vorbrante mit deme helschen fure; unde ab ich unrecht swure, daz mich dy erde vorslinden musse, dy Datan unde Abiron vorslang; unde ab ich unrecht swure, daz mich dy misselsucht beste, dy Naaman vorlis unde Ies bestund; unde ab ich unrecht swure, daz myn fleysch nummer zcu der erden gemischet werde; unde ab ich unrecht swure, daz mich der god schende, der mit Moys rette usz deme furigen pusche, unde om dy czen geboth schreyb mit gotlichen finger an eyne steynen taffeln; unde ab ich unrecht swure, daz mich der god schende, der Faraonem irslug unde dy iodden obir daz mer furte *in ein lant, da man milch und honick inne vant*; unde ab ich unrecht swure, daz mich der god schende, der dy iodden spiste in Egiptenland drisigk iar mit hymelischeme brote; unde ab ich unrecht swure, daz mich dy schrift felle, dy do geschriben sted

an deme funften buche Moysy; unde ab ich unrecht swure, daz mich god schende unde der tufel felle unde enweg fure mit liebe unde mit sele, und nu unde ummer mere.

"Jewish Hat"

47. Von ersacztem alden rechte sal keyn iodde usz der synagogen gen ane hud.

In Secular Courts, Except the Imperial Court, Jews Pay the Same Fines as Christians

48. Wo der iodde vor deme riche teydinget unde wert wetteschaftigk, do mus her wetten eyne marg goldes. Teydinget abir he vor eyme andern des riches ammechtis luten, do wettet her eyne margk silbers. Wert he abir wetteschaftigk, daz he doch nicht in der sache vorwunden wert, so wettet her eyn phunt pheffers. In allen andern wertlichen gerichten wettet der iode also eyn cristenman, *ane* in des riches hafe, *da stet daz also.*

IV, 42, 22

Trade Privilege for Jews

Waz eyn iodde vorkouffet, unde wert daz anegefanget, bekennet daz der iodde, der is sal von rechte eyn gewer sin, he lidet vorbaz keyne nod sundern he mus is weddergeben vor daz gelt, daz he doruf gelegen hatte.

IV, 46, 12

Jews Barred from Appearing as Witnesses in Court

Kebeskinder, meyneydige lute, dy dube adder roub gebessert haben, uszgeslossen monche, unde *dy* beschulden sint an oren rechten, unde dy noch roub adder dube under on haben, kinder under oren iarn, thorn, sinloz lute, noch ioddene, noch wibesnamen, mogen alle nicht czugen, noch der felscher.

V, 5, 3

Sale of Meat from Animals Slaughtered by Jews
[Cf. *Zwickauer Rechtsbuch*, I, 6, 1]

Alles fleysch, daz dy iodden haben gesneten, daz sal man ouch feyle haben vor dene bencken, by der busse, dy man by kor doruff gesaczt had in wichbilde.

VI, 2, 2

Jews under Public Peace

Alle tage unde alle czith sullen haben phaffen unde alle geystliche lute, meyde unde wip, *und iuden*, an orme libe unde an orme gute stetlichen unde guten frede.

VI, 2, 6

Clerics and Jews, under the King's Peace, Excluded from Bearing Arms

Phaffen unde iodden, dy woffen furen unde nicht geschorn sint noch orme rechten, tud man an den icht ungerichtes, man sal sy bessern al eynen leygen, denne sy sullen keyn wuffen furen, dy an des koninges tegelichen frede geschriben unde genomen sint.

12

HOLLÄNDISCHER SACHSENSPIEGEL

Date unknown

E d i t i o n: J. J. Smits, "De Spiegel van Sassen of zoogenaamde Hollandsche Sachsenspiegel," *Nieuwe Bijdragen voor Regtsgeleerdheid en Wetgeving*, XXII (1872), pp. 5–72, 169–237.

B i b l i o g r a p h y: Homeyer, *Rechtsbücher*, p. *15.

R e p r i n t e d from Smits's edition, pp. 33–35, 191–192.

Article 16

Laws Concerning Clerics and Jews

Van papen ende joden recht

§ 1. [Cf. Ssp., III, 2]. Papen ende joden die hoir vryheit ghe-
nieten willen dien sellen wt hoir regel nyet gaen, gaense dair
wt men rechtse gelyc enen krysten leyen.[1] Want alsoe die papen
vrede gheboden is vanden paeus, alsoe is den joden vrede
geboden vanden keyser, want sy wonen onder des keysers
tribuit, alsoe got die ioden gestroeyt heeft in allen eynden der
werlt om ghetuichnisse van horen ouden sonden. § 2. [Gl. Sps.,
III, 2.] Inden yersten en sellen sy gheen tauernen houden noch
dair in gaen. Ten anderden en sellen sy nyet dragen cleder die
beslagen syn off gestrypt. Ten derden en sellen sy zweerde off
wapen dragen. Ten vierden en sellen zy mitten kristen leyen
niet dobbelen off *onnutte* boefwerck doen. Ten vyften en sellen
sy gheen weerlick ampt weren.[2] Ten sesten en sellen sy ongetey-
kent nyet gaen, die papen sellen bescoren wesen ende die ioden
sellen alsulck teyken hebben als hem beuolen is. Ten seuenden
en sellen die papen geen *vreemde* ioghelike wiuen in horen huse
hebben noch mit hem in wonen. § 3. [Gl. Ssp., III, 7, 1.] Item
den ioden verbietmen noch tyenderleye stucken. Inden yersten
verbietmen hem dat sy nyemant prediken noch bedriegen en
sellen tot horen geloue.[3] Ten anderden off hy enen anderen
ghedoopten iode verscaemden mit werpen, spuwen offte scempelic
aengreep. Ten derden off hy een kersten vrouwe beslaept.
Welc hy doet van desen men sal hem bernen. Ten vierden en
sellen sy geen kristen knechten off meeghden in horen huse heb-
ben, heeft hy slauen off verwrachte off eygen kristen ghecoft,
men salse hem nemen ende gheuen voir elken XII scilling.
[Add.] Item XVIII scilling maken een marck suluers, dat maket
elcke scilling 1½ conincx tornoyse. [Gl. Ssp., III, 7, 1.] Hier voir
machen die richter behouden off vry laten wie hy wil, *ut Extra,
de iudeis, capitulo presenti, capitulo tempore et capitulo mul-*

---

[1] Variant Readings: *anderen mensche.*
[2] *pacht bueren.*
[3] *ongheloue.*

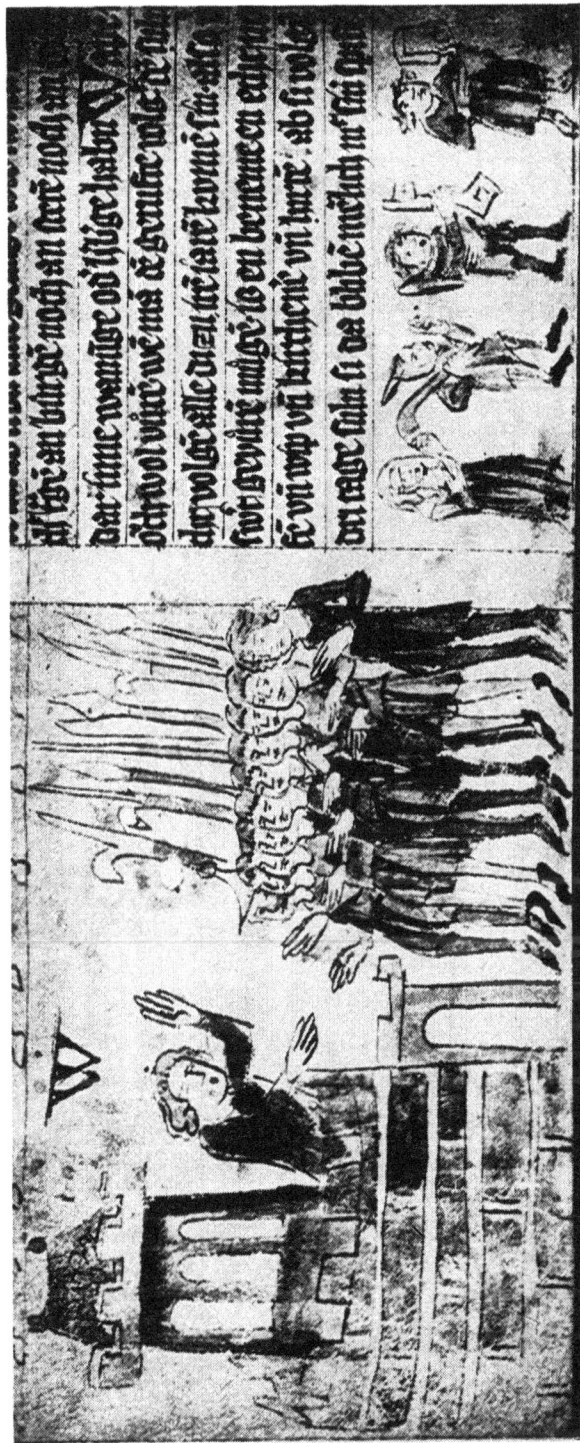

ILLUSTRATION TO *SACHSENSPIEGEL, LANDRECHT*, II, 71, 3

PICTURE-MANUSCRIPT OF DRESDEN

A JEW'S PARTICIPATION IN THE JUDICIARY POLICE SERVICE

An armed Jew wearing his Jews' hat in a group of armed men standing before a castle.

torum.[4] Ten vyften en sel gheen iode tuychnisse geuen ouer enen kristen. [Gl. Ssp., III, 2.] Ten sesten en sal gheen kristen medecyn ontfaen van enen iode noch syn leringe nae volgen. [Gl. Ssp., III, 2, 7, 1.] Ten seuenden en sellen sy een goeden vrydage wt horen huse nyet gaen noch doir noch venster open houden. [Gl. Ssp., III, 2.] Ten achten en sellen zy mit den kristen nyet eten noch kristen mit ioden, mer myt heiden moet die kristen wel eten. [Gl. Ssp., III, 7, 1.] Dat negende is dat gheen kristen op enighen iode testament noch ghifte besetten en mach in syn lest dat stedicheit hebben sall. Ten lesten soe moeten alle ioden, ketteren ende heiden alle kerstelike leen ontberen ende sy en mogen oick hoir wiuen nyet lyftochten. § 4. [Ssp., III, 7, 2, 3.] Mer slaet een kersten enighen iode doot off een iode enen kersten, men richtet aen beyden gelyck want sy hebben des keysers vrede gebroken. Desen vrede verwerff hem Josephus aenden keyser Vespasiaen doe hy Tytum synen zoen gesont makede vander ghichte, [Gl. Ssp., III, 7, 1.] *ut Extra, de iudeis, capitulo quia super hiis, et capitulo nulli* [Gl. Ssp., III, 7, 3.] et *C. de iudeis et celicolis, l. nullus.*[5]

Article 65

Jewry-Law

VAN JODEN RECHT[1]

§ 1. [Gl. Ssp., III, 53, 2.] Papen, joden ende wiue ende oick echteloes kynder en moghen gheen richters wesen noch gheen vonnisse ouer yemant vynden, *ut in Auctentica de iudicibus, paragrapho primo, collacione VI.* § 2. [Add.] Item soe wairmen enighe ioden begrypt in eens richters stoell die machmen slaen sonder broke, off doet hy enighe van dien saken die hier voir staen inder ioden recht. [Ssp., III, 7, 3.] Mer alle ander ghewalt moghen zy ouer enen anderen kersten clagen, ende yemant die des keysers vrede aen hem breeckt, dat salmen richten aen syn lyff. [Add.] Want Got heeftze ghestroyet in allen eynden der

---

[4] C. *1, 2 X, de judaeis,* 5, 6.
[5] C. *4 X de judaeis,* 5, 6; Cod. *Just.,* I, 9, 14.

[1] Variant reading: *Wie dat gheen rechters wesen en sullen.*

werlt, ons tot enen exempell, daer sellen sy in eygenscap verkeren
sonder heerscappie offte ampt. Oick en zellen zy coninck, vorst
noch prince hebben, alsoe Amos die propheet zeide. § 3. Oick
en sal nyemant richter wesen hy en sy XXV iaer out, *ut ff. de
re iudicata, lege quidam*.[2] [Gl. Ssp., III, 70, 1.] Voirt die inden
ban zyn, veruesten[3] ende alle die ghene die rechteloes syn.
Doch soe moghen sy drie saken wel tugen, dats symonie, ongeloue
ende des rycx verradeniss, *ut C. ad legem Iuliam lese maiestatis,
l. nullus*.[4]

13

BLUME VON MAGDEBURG

End of Fourteenth Century

Edition and Bibliography: Hugo Boehlau, *Die Blume von Mag-
deburg* (Weimar, 1868).
Reprinted from Boehlau's edition, pp. 114–115; 130.

Particula II, 2
Exclusive Jurisdiction of Jewish Courts

WY MAN EINR ANTWORT CZOG
HOT UF EINR CLAGE

45. Clagit ein cristin ubir eynen iuden, der iude czut sich mit
seinr antwrot vor seynen richter, daz selbe tut der iude ubir
den cristin.

Acceptance as Pledges of Chalices, Church Books and
Vestments Forbidden

VON JUDEN

150. Kouft ein jude odir nymt er czu pfande kelche, buchir und
messegewant, bevynt man daz by im, und mag er dez keinen
gweren habin: man richtit czu im alz czu einem dybe.

[2] *Dig.*, 42, 1, 57.
[3] *wtghebannen lude.*
[4] *Cod. Just.*, 9, 8, 4.

Trade Privilege for Jews
VON JUDEN

151. Kouft ein jude odir nymt er czu pfande andir varende ding, daz czu gotis dienst nicht gewiet ist, by tagis lichte unde nicht in einem beslossin houze: do ist der iude selbdritte seine pfeninge neher uf czu bewysin und daz iz sein pfant ist, den in ymant von geweisin muge, al ist iz vorstolin.

14

BLUME DES SACHSENSPIEGELS
End of Fourteenth Century

M a n u s c r i p t: Ms. J 15, Stadtarchiv Breslau, unpublished. Compiled by Nicholas Wurm at the end of the fourteenth century; written in the fifteenth century.

B i b l i o g r a p h y: Homeyer, *Rechtsbücher*, No. 210; cf. Homeyer, *op. cit.*, *p.* *45 f.; Hugo Boehlau, *Die Blume von Magdeburg* (Weimar, 1868), pp. 20–24; R. Jecht, "Über die in Görlitz vorhandenen Handschriften des Sachsenspiegels und verwandter Rechtsquellen", *Neues Lausitzisches Magazin*, LXXXII (1906), pp. 243–249; Homeyer, *Der Richtsteig Landrechts* (Berlin, 1857), pp. 355–381.

P u b l i s h e d for the first time from the manuscript, fol. 14v.

VII

Jews Excluded from Spokesmanship

WERE AUCH EYNER EYN JUDE ADIR EYN ANDIR UNGLEUBIGER, UND WELDE EYNIS GLEUBIGEN TEYDINGE FUREN OBIR EINEN CRISTEN

Herre her richter dirre, der do her treit und eynis Menni[1] wort furen wil, ist eyn jude, und bete, in einem rechten orteile czu irfaren, ab eyn jude eines cristen vorspreche gesein moge obir eyn cristen czu rechte, adir was dorumme recht sey.

Sentencia. Her enmag; per re[gulam] V XXX.[2]

---

[1] For the sake of generalization, a fictitious name was here chosen by the author of this law-book.

[2] Referring to *Regulae Juris* included in the same codex; see *infra*, under *Regulae Juris* "*Ad Decus.*"

VIII

Clerics Excluded from Spokesmanship

WERE IS ABIR EYN PFAFFE, DER EYNIS
WORT FUREN WELDE

Herre her richter, ich bete, in einem rechten orteile czu irfaren,
ab eyn pfaffe ymandis vorspreche gesein moge.
Sentencia. Her enmag; per re[gulam] V XXX.[3]

15

BERLINER STADTBUCH

1397

E d i t i o n s: E. Fidicin, *Historisch-diplomatische Beiträge zur Geschichte der
Stadt Berlin, Erster Teil: Berlinisches Stadtbuch* (Berlin, 1837). — P. Claus-
witz, *Das Berlinische Stadtbuch aus dem Ende des XIV. Jahrhunderts* (Berlin,
1883).
B i b l i o g r a p h y: Homeyer, *Rechtsbücher*, p. *14; Joseph Seeboth, *Das
Privatrecht des Berliner Stadtbuches vom Ende des 14. Jahrhunderts*, "Einzel-
schriften der Historischen Kommission für die Provinz Brandenburg und
die Reichshauptstadt Berlin," Vol. II (Berlin, 1928), p. 10.
R e p r i n t e d from Clauswitz's edition, pp. 164–168.

III, 14

Jewish Status

Reasons for Toleration of Jews in Christendom

Hyr begynnet sich der Joden rechticheit, di alleyne geloven
an den levendigen gode, almechtige schopper hemelrikes und
ertrikes und alle dat dar in is, und holden di olde e und sint der
nyen e wederseters, dat is der gantzen cristenheit, dat sy
Christum den waren god tu dem unschuldigen dode an der
menscheit brochten. Darumme is dat wunderlich, dat man
stadet di joden bi der cristenheit tu wesene. Nu leren di hilgen
leres der cristenheit, dat man di joden let leven by den cristen-

---

[1] See *supra*, note 2.

luden dorch vir saken wille. Di irste, dat wi di e von em hebben,
dar wi met tugnisse hebben von Christo. Di ander: dorch der
olden veder wille, von den Christus syn beginsel syner menscheit
nam, alse von deme slechte her Yesse. Dridde: dorch der joden
bekerunge wille, wente si alle scolen werden bekeret noch vor
dat strenge richte godes. Virde: dorch der dechtnisse Jesu
Christi, wen alse dicke wi di joden syen, so dicke scole wi jo
dechtnisse syner durer marter in unsen herten dragen.

III, 15

Jewry-Law

Warranty of Jewish Vendors

1. Dy jode mut des cristenmannes gewer nicht syn, he en
wille dan antwerden in cristenmannes stede.

Crimes Committed by and against Jews

2. Sleit di jode eynen cristen man, oder dut he ungerichte dar
he mede begrepen wert, man richtet over em als over eynen
cristenman. Sleit ok di cristenman eynen joden, man richtet
over em dorch des koninges vrede, den he an em gebroken het,
oder dut he an em ungerichte. Dessen vrede erwarf em Yosaphus
weder den koningh Vaspasianum, do he synen sone Tytus gesunt
makede von der gicht.

Acquisition by Jews of Movable Objects, Both as Property and Security

3. Koppet eyn jode oder nempt he tu pande kelke, buke oder
gegerwe oder casele, dar he engeynen gewer an het, und vindet
man id bynnen synen geweren, man richtet over em alse over
eynen dif. Wat di jode koppet anders dinges unvorholen und
unvorstolen bi dageslichte und nicht in beslotenen huse, mach
di jode dat getugen selfdridde, he beholt syne penninge daran,
di he darumme gaf oder darup tu wuker dede, mit syneme ede,
ofte id wol vorstolen is. Gebrecht id em aver an getuge, he
vorliset daran syne penninge.

Objects Not to Be Accepted as Pledges by Jews

4. Ok sal di jode nathe kleder, ungenegede schu, di nicht wen tu sint gesneden, und allerhande kleder, di gesneden sint und nicht gemaket, nicht tu pande nemen, he hebbes dan werlude. Anders vorliset he syn geld daran.

Protection of Women under Guardianship against Usury as Practiced by Jews

5. Ok sal di jode eyner frouwen, di eynen vormunder het bynnen bi sich in der mure, ane ores mannes wille or gut nicht avewukeren. Wen di man duldet unbilke scaden, di em also vorholen geschyt, id queme dan in syner nud und fromen.

III, 16

Status of Jews in Public Peace Law

Clerics and Jews Excluded from Bearing Arms

1. Papen und joden, di wapen furen und nicht geschoren syn na orme rechte, dut man in gewalt, man sal id im beteren alse eynen leigen. Wente sy en scolen en geyne wapen furen, di met des koninges dagelikes vrede begrepen sint.

The Jews under the King's Peace

2. Sequitur. Nu vornemet den olden vreden, den di kesyerlike gewalt bestediget het deme lande tu Sassen, met der guden knechte wilkor in deme lande tu Sassen. Alle dage und allen tid scolen vrede hebben: papen und geistlike lude, meyde, wif und joden an oreme gude und an oren lyve, kerken und kerchove, und jewelk dorp bynnen synen graven und synen tunen, pluge und molen und des koninges strate in water und in velde. Di scolen steden vreden hebben und alle dat dar bynnen komt.

III, 17

Procedural Law

Law of Evidence in Lawsuits Involving Christians and Jews

Beklaget eyn cristenman eynen joden umme geld met getuge, he sal en overtugen selfdridde, he selven und eyn ander cristen und eyn jode. Di jode overtuget ok den cristen selven met eyn

anderen joden unde met eynem cristen. Ok so mach di jode
eyns cristenmanns gewer vorder nicht syn umme eynen kop,
wen alse verre, alse syn hus wendit, ofte he eyn het.

III, 18

Usury

Practice of Usury Permitted to Jews

1. Item. Dy joden in dessen landen nemen wuker sunder der
papen strafunge. Wen alse der syn geld vorliget, dat em wuker
daraf werde. Und heet darumme eyn wukerer, dat he den dagh
vorkoppet. Na keyser recht mut man wol wuker nemen. Wi
kleyne eyner nemt boven den hovetstul, id het wuker. Darumme
maket sy di hopenunge tu wukerers, dat sy hopen dar af tu riken.

Definition of Usury

2. Nu merke wat wuker sy: Wuker is wat eyn man uphevet
mer wen he utlech, id sy kleyne oder grot. Dat vorbiden di
canones. Datselve willen ok di leges, das nymand mer sal weder
nemen, wen he utgaf. Sich tu vromen he mut aver wol mer
weder nemen, up dat he sich scaden beware, alse von lygunge
dicke scaden geschit. Darumme wi unredeliken schuld gelde,
von deme mach man wuker nemen. Und dat heet dan nicht wuker
genomen, mer he vordert dat alse synen schaden.

III, 19

Jewry Oath

Ceremonial of Jewry Oath

1. Dy joden plegen in vortyden livelike ore ede tu dunde up
eyner suhud, di in negen dagen hadde geverkent. Di hut snet
man in den ruggen up und man spreide sy vor di schepen bank.

2. Up di tytten muste di jode barft stan, eynen harduch muste
he umme hebben und eynen spissen hut up syn hovet, und
muste stan na syner jodeschen zede. Syn vorspreke sprak em
vor und numede en:

Long Formula of Jewry Oath

3. Des di N. schult geft, des bist du unschuldich, dat di god
so helpe. Und ofte du unrecht swerest, dat di god schende,
der hemel und ertrike geschup und alle dat darynne is, lof und
gras. Und ok ofte du unrecht swerest, dat di god vormaledige,
der Adam gebildet het na synes selven antlat, und Evan makede
von eyner syner ribben. Ofte du unrecht swerest, dat di der
god schende, der Noe selfachte man und wif in der arken vor
dy sintvlut geverde. Und ofte du unrecht swerest, dat di de
god vorvluke, der Sodoman und Gomorram vorbrande met den
helschen vure und Lotz wif tu eme solsteyn makede. Und ofte
tu unrecht swerest, das di de god schende, di weder Moyses
rede ut eme vurigen busche. Und oft du unrecht swerest, dat
dy de god schende, der Moysi di e gaf und schref sy met synen
vingeren in eyner stenen tafel. Und ofte du unrecht swerest,
dat di de god schende, di Pharaonen slug und di joden over dat
mer vurede und brachte sy in eyn land dat von melke und von
honghe vlot. Und ofte du unrecht swerest, dat di de god schende,
der di de joden spisede met hemellischen brode virtig jare. Und
ofte du unrecht swerest, dat di de duvel schende an syle und
an lyve nu und ummermere, amen!

Short Formula of Jewry Oath

4. Dessen ed hebben di oversten gewandelt in eynen korten
ed, den sy sweren scolen in ore schulen up Moyses buyk oder
up Yosophantis buke. Und syn vorspreke sprecht em vor:

5. Der ticht, di de N. tiget, der bist du jode N. unschuldich,
alse werlike helpe di de levendige almechtige god Eloy Adonay,
di Moyses gaf di e in den berch tu Synai.

"Jewish Hat"

6. Der jode sal ok ut syner synagogen nymer komen ane
joden[1] hud.

---

[1] This is probably the correct reading instead of *roden* as printed in Claus-
witz's edition; cf. *Weichbild-Vulgata*, art. CXVII. 2.

16

JOHANNES PURGOLDT'S RECHTSBUCH

About 1503–1504

E d i t i o n: Friedrich Ortloff, *Das Rechtsbuch Johannes Purgoldts nebst statutarischen Rechten von Gotha und Eişenach* (Jena, 1860). B i b l i o g r a p h y: Friedrich Ortloff, *Das Rechtsbuch nach Distinctionen nebst einem Eisenachischen Rechtsbuch* (Jena, 1836), pp. LIV–LXII; Fedor Bech, "Über Johannes Rothe," *Germania*, VI (1861), pp. 45–80. R e p r o d u c e d from Ortloff's edition, pp. 227–228, 239, 246–256. — The numbers enclosed in parentheses refer to the corresponding articles in the *Rechtsbuch nach Distinctionen* or *Meissener Rechtsbuch*.

Book VII

Promissory Notes as Pledges in the Hands of Jewish Creditors

XCVII. [Dist., III, 11, 4 (1)]. Hat man eyme iuden brife gesatzt umb gelt, da eyns eygen insigell an ist, spricht und klagt der iude uber in, und mutet, das her synen briff lose, antwort dan ihener und spricht, her habe yn gelost, das mus her kegen dem iuden erwisen selbdritte, also das es zcu ym thu ein criste und ein iude, mit den erzcugt ehr wol; und ditzs sal eyn ytzlicher man merckenn, also wan her synen briff geledigt, das her eynen iuden mit im neme, ader das also kuntlich da mache, das her sin unbeschedigt mog blybe. Der stat recht, wichpildrecht.

Entries into Public Official Registers as Substitutes for Promissory Notes Lost by Jewish Creditors

XCVIII. [Dist., III, 11, 4 (2)]. Hat eyn man synen brif in dye iuden gesatzt, und wil den losen, der kuntlich ist, spricht dan der iude, her hab den briff vorlorn, wan her yn wider geben sal, das mus der iude schweren uf Moyses buch, das es also sey an geferde; und wan her das getut, so sal her des herren ader ambtmans ader der stat briff nemen von dem iuden daruber, dan der iude mit synen costen usrichten sall, und wolde das der cristen nicht thun, man sal on fur gerichte mit rechter klage darzcu brengen. Ditzs ist statrecht und lantrecht.

Promissory Notes as Means of Evidence after the
Creditor's Death

XCIX [Dist., III, 11, 5]. Hat eyn iude brife, dye yme fur
gelt gesatzt seindt, und stirbt, und forhelt man dy briefe ader
ander briefe umb schult, ab dye wol mochten gelost sin, do
konden seyn erben nicht mher an erzcugen, wan als derselbe
brif uswist. Wil man aber spreche, das der brif los sey, ader
dye andern brife, die her hat, das mus man erzcugen selbdritte
mit eym cristen und eym iuden zcu ome, das dye schult vorgulden
sey. Statrecht und lantrecht.

No [Forfeited] Pledge to Be Pawned to Jews without Preceding
Stipulation

CII. [Dist., III, 14, 4]. Es magk nymant pfant in dye iuden
gesetzen uff wucherschaden, es sey dan gewilkort. Spricht aber
der, des das pfant ist, her habe sein nicht gewilkorth, des ist
yener, der das phant inne hat, nher zcu bewisen zcu den heylgen,
das her es gelobet habe, wan es disser, des das pfant ist, entgehen
magk. Dit ist statrecht und auch lantrecht.

Book VIII

Christian Usurers (Caorsins)

XXX. Es sint auch etzliche cristenleut offenbar wucherer,
dye heyssen kawerzaner, und haben schutz und sthwr von den
fursten, under den sie gesessen sint, umb ir gelt. Disse kawer-
zaner nemen teglichen gesuch uff pfande, borgen, ader briffe,
als dye iuden, und darumb sint sye uffenbar sunder und sindt
beroubt der heilgen sacrament; sy haben dan raw darumb, und
yr busse mus offenbar sey; und darumb so sint sye auch rechtlos
und erlos vor geistlichem und werntlichem gerichte. Sy seint der
fursten kamerknechte gleich also dy juden, dyweil sy das wucher
antriben, an das sy mit den lybenn nicht eygen sint. Ir gut ist
bose gut, wan es wirt suntlich gewonnen und sint es fur gote
schuldig wider zcu geben.

Reasons for Permission by Secular Law for Jews to Lend Money at Interest

XXXI. Es stet geschreben in dem dritten buche Moysi, in dem XXV capitel, das got sprach also: din gelt saltu nicht usgeben zcu wucher wider dynen ebenmenschen, nach dyne fruchte. Von gotes rechte sal kein iude wucher nemen von iuden nach von cristen, sundern got hat es yn erleubt von den heyden, da ehr sprach: ir solt nicht wucher nhemenn von keynen menschenn, sunder von den fromden, wan dye heyden sint fromde von gote und beten fromde gote an, das sint dye abgote, das thun dye cristen nicht, dye beten an den untotlichenn ewigen got also dy iuden. Nhw ist ir ordnung aber anders geschickt, das sye zcu lande nicht mogen eygens gehabe, nach erbliche guter besitzen, wan man yn des nicht statet, und hetten sye dye, so gesche yn von den luten schade darzcu; erbeiten sye dye hantwerge, des ledin dye zcunfte und hantwercksmeyster nicht, und musten irer geselschaft enperen, und dye lute lissen sy nicht arbeyten; triben sy dan koufmanschaft, so koufte nymant gerne weder sye. Und darumb so musen sye wuchern, und dit ist ir behelffen; aber dye cristenn wucherer haben kein behelffen wan es ist ir girheit und ir vorzcwifelte bossheit.

Court Procedure against Usurers Except Caorsins and Jews

LII. Es ist eyn frage in dem geistlichen rechte, ab eyner mog mit gerichte geerbeyte wider eynen wucherer, der wucher von ym genomen hat, und das wider gefordere? Darauf antwort das beschriben recht, *Ex., e., c. cum tu*: ist das der wuchrer nicht eyn cawerzcaner ist eyns herren, ader eyn iude, dem es vom reich ader von eym fursten erleubt ist, szo helt man das auch im wertlichen rechte in etzlichen steten, das man eynen wuchrer umb den gesuch beclagen wol moge vor gerichte, und her sulle en in dem rechten kerin. Aber das es hye nicht gewonheit ist, und in dem landtrechte, das mag des schult seyn, das man dye lwte damit erlos und gutlos machte, so sye das gote midt eyner uffenbaren smelichen busse gebussen musten, davon sy erlos und rechtlos wurden, und darzcu beyden gerichten, geistlichen und wertlichen, und dem kleger mit eym gnugtun umb das gesuch, und hirvon so mochte gros unfrede unnd schade bekomenn.

Reasons for Toleration of Jews in Christendom

LIX. Von dem iudenwucher sal man nhw mercken. Worumb man dye iuden under den cristen lyde, und dye heyden nicht, das sint vier sache. Dye erste ist darumb, das wir das gesetze von yn haben, von des gesetzes wegen wir das gezcugnis haben von Cristo. Das ander umb der veter willen, von den Cristus sein begyn und gepurt hatt, also sant Pawl schribt zcu den Romern. Das dritte durch yr begerung willen zcu dem glouben, wan sy alle zcu dem cristenglouben fur dem iungsten tage komen und bekart werden, also David spricht im psalter: sy werden bekart uf den abent und lyden hunger also dye hunde, dye in der stat umbgehen. Das virde umb des gedechniss willen des lydens Cristi, das wir des darbey gedenckenn, also der prophet im psalter spricht: tote sy nicht, das meyn volgk des icht vorgesse.

Jews Shall Not Be Forced into the Christian Faith

LX. Den iuden sal man keynen unzcemlich uberlast thun, man sal sye lyden bey den cristen, unnd dye heyden nicht, also spricht das geistliche recht. Czu dem cristengloubenn sal man sye auch nymant zcwingen, wan es stet also geschriben: uber wen gott wil, uber den erbarmt her sich, und wen her nicht wil, der vorharttet in dem unglouben; got wil nicht, das ymant an seynen willen selig werde. Man mag den iuden raten zcw dem glouben, ader mith drawen sal man sy nicht darzcu zcyhen. Wer es aber das ein iude darzcu gezcwungen wurde, und geteuft wirt, den sal man mit gewalt bey dem glouben behalde, uff das der nham Cristi icht also missehandelt werde. Dit ist das geistlich recht.

[1] Cf. *Berliner Stadtbuch*, III, 14.

To Engage in Usury Is More Fitting for Jews Than for Other People

LXI. Den iuden gebort von rechte zcu wuchern forder den andern luten, wan sant Iheronimus, der lerer, schribt also, das keynerley volg giriger und unkuscher sey, wan dye iuden. Das macht das sye stetlichen mussigk gehen, darumb so wechst dy gyrheit in den mannen und dye unkuscheit in den wyben.

Loans by Jews on Cattle and Horses Required to Be Made in Public

LXII. [Dist., III, 17, 27]. Den iuden ist vorboten zcu aller zcit, das sye uf keyn vyhe nach uf pferde gelt sullen lyhen, dan alleyn bey schonem tage, mit wissen und gezcugniss cristen und iuden, dye her darzcu nhemen sal, also das recht uswiset; und thudt her das nicht, her mus seyne pfennige daran vorlysen, ab ymant kombt, der es anfengt, also recht ist, und om zcugeteilt wirt. Der stat recht.

Disputes Concerning Amount or Maturity of Debts

LXIII. [Dist., III, 17, 23]. Setzet eyn cristenman sein pfant fur gelt in dye iuden, unnde wan her das losen wil, wirth under yn dan zcweitracht um das gelt, ader umb dye tagzcit, der iude behelt sein gelt, das her uf das pfant gelegen hat, mit syme rechten nach seym gesetze; es sey dan das der cristenman yn des offenberlichen erzcugen moge mit cristen und mit iuden. Dit ist der stadt recht.

Law of Evidence in Lawsuits Involving Christians and Jews

LXIV [Cf. Dist., III, 17, 20]. Es sal auch kein cristenman eynem iuden, nach eyn iude eynem cristen erzcugen, nach ichts on uberkomen, es geschee dan mit cristenluten und mit iuden, also das her des habe zcu gezcugen eynen cristen und eynen iudenn zcu dem mynsten, und in disse gezcugnisse gezcugen beyde, frowen und man. Lantrecht.

The Jews' Trade Privilege Applied to the Law of Pledge

LXV. [Cf. Dist., III, 17, 25]. Wirt auch gut vorstoln, ader geroubt, ader gepfant, und wirt gesatzt in dye iuden, kumt dan der, des es gewest ist, und wil es losen, und weis nicht vor war, was es stehet, ader wie lange es gestanden hat: szo sal der iude schweren, das her nicht wuste, das es gestoln, ader geroubet, ader wo dan es komen wer, und was es stehe, ader wye lange gestanden habe, und sal sein gelt widder nemen und den gesuch. Statrecht.

Jewry Oath According to Town Law

LXVI. Czuhet ein man eynen iuden etwas, das her unschuldig ist, und mag des nicht bewysen, so mus der iude seynen eydt davor thun, wie ym der zcu rechte zcu thun gepurt, and her sal also stehen: also mich der beschuldiget N., des bin ich unschuldig, also mir der lebende gott helffe, der hymel und erden geschaffen hat, und der dem propheten Moysen dye zcehen gebot uf dem berg Synay gegeben hatt; und sal syne finger uf Moyses buch legen, das dy iuden haben fur ir heylgtum. Dit ist nach der stat rechte.

Jewry Oath According to Territorial Law

LXVII. Sal der iude aber schweren noch dem landtrechte, so lutet der eyt also: wes mir N. schult gibt, des bin ich unschuldig, des mir got so helffe, der geschuf hymel und erden, loub und gras, und ab ich unrecht schwere, das mich der got schende und vortelge, der alle werlt mit der sintflut ertrenckte, ane Noen und sein gesinde, und ab ich unrecht schwere, das mich der got plage, der Zodomam und Gomorram mit hellischem fure vorbrante und undergehen lys umb yre sunde, und ab ich unrecht schwere ader mit geferden, das mich die erde lebendig vorslinge also sy Datan und Abiron vorslang, und sogetaner fluch uber mich und uber meyn hus gehe, den got getan hat und dye schrift sagt von den, dy meyneyde schweren unde den namen gotes unutzlich in yren munt nemen.

In Secular Courts, Except the Royal or Imperial Court, Fines Are Not Larger for Jews Than for Christians

LXVIII. [Dist., III, 17, 48]. Eyn iude, der vor dem gerichte teydingt und wirt wettehaftig, der mus vor dem konge ader keyser wetten eyne marg goldes. Teidingt aber her fur des riches marschalg, da wettet her eyn marg sylbers. Wirt her aber wettehaftig, also das her in den schaden sachen nicht vorwunden wirt, szo wettet her eyn pfunt pfeffers. In allen andern wertlichen sachen so wettet der iude nicht mher dan eyn ander cristen man. Dit ist lantrecht.

Borrowing Money from Christians or Jews as a Means of Enforcement of Obligations (*Schadennehmen*)

LXIX. Schnidet eyn schroter eym gewant zcw kleydern, und macht ym dye, so her beste kan, und wil der von ym nicht losen, er werde om gelonet, wirt ym nhw das vorzcogen, so mag her sy vorsetzen zcu iuden ader zcw cristen vor sein lon, das bescheydenlich ist; und vorsetzt her sy turer, den gesuch muste her selber tragen, und yhener loste sein kleyder, nachdem allso der rath und die schepffen erkenten. Dit ist der stadt recht.

Qualifications and Duties of Witnesses in Lawsuits Involving Christians and Jews

LXX. [Cf. Dist., III, 17, 20]. In allen sachen, da eyn iude eynen cristen, ader ein crist eyne iuden uberzcugen wel, das sal geschen mit fromen cristen unvorlummit, und mit fromen iuden, dye sich under yren genossen fromlich gehalden habenn, anders so worde das gezcugnis geschwecht; und wen man da zcu gezcuge heyscht in der wise, der sal es williglichen thun allezcit, wu es den cristen ader iuden nodt thudt, und wolde daruber ein crist ader ein iude nicht darbey sein ader gezcug sein, und tede das also frevelichen und liesse es ane redliche sache, her sal es dem richter vorbussen. Ditz ist der stat recht und auch lantrecht.

Liability of Jewish Creditors for Deterioration of Pawned Objects

LXXI. [Dist., III, 17, 18]. Eyn iude, der sein gelt uf pfande lyhen wil, der sal die pfande vor wol besehen, ab sye icht gebrechlich sein, und ab sye die mutten, muse, ader ratten, icht geletzt haben. Funde her dan gebrechen an den pfanden, da sal her zcu nemen zcwene iuden und eynen cristen, ader zcwene cristen und eynen iuden, dye im dye pfande helffen besehen und dy gebrechen, und wurden dy pfande gebrechlich bey dem iuden ader wurden vorwarlost, den schaden muste der iude entlegen umb des wiln, das her dye in seyner hute nicht bewart hat. Tud her aber seinen eydt darzcw, das her dy gebrechen vorsehen hab, und sye vor an den pfanden weren, und ihenen das zcu stunt, also her sein geware wurde, der sye im vorsatzte, vorkundiget habe, so blibt der iude ane nodt und an wandell. Dit ist lantrecht. Aber nach der stat recht ist es anders: ist das der iude beschuldigt wirt, her habe eyme seyn pfande vorwarlost und lassen vorterben, tudt der iude dan seynen eydt darzcu, das her die pfande bewart habe, so vlislichen, ab sy sein eygen weren, ab dan wol schade darzcu geschen ist, der iude blibet sein ane wandell.

Legal Procedure in the Event of Deterioration of Pledges

LXXII. [Dist., III, 17, 19]. Beduchte nhw eynen cristen, das syne pfant, dye her yn dy iuden gesatzt hat, geergert wern, und wolde der us den iuden nicht losen, hat der cristen dem iuden gereth ader gelobet dye pfande zcu losen zcu der zcit, da her sy yme satzte, ader villichte sydder, so mag yn der iude wol darumb beclagenn, und der cristen mus ym dan antworten und thun, was recht ist. Statrecht. Lantrecht.

Law of Evidence Concerning Exchange or Deterioration of Pledges

LXXIII. [Cf. Dist., III, 17, 21]. Eyner der seyn pfande in dye iuden setzt, und betit den iuden, dy ym wider zcu lyhen eynen tag ader zcwene, her wol sy yme wider antworten: spricht dan der iude dy pfande sint ym vorwechselt ader geergert und hat nicht gezcugnis daruber genomen, lowkent das der cristen, des mus her sich entschuldigen midt seynem eyde. Dit ist statrecht.

Law of Evidence in Disputes Concerning Payment of Interest

LXXIV. [Dist., III, 17, 26]. Also eyn cristen sein pfant geloset von eynem iuden, und hat des gesuchs nicht daruf gegeben, und blebt das pfant for den gesuch stehen, so ist das pfant eynen mont nach der losung wuchers frey; darnach so ghet der gesuch fort uf den gesuch. Spricht aber der cristen, her hette ym keynen gesuch gelobet, des wuchers ist der iude nher zcu behalden mit seyme eyde uf Moyses buch, dan es der cristen enkehen moge, ader sich des mit syme eyde entslahen. Spreche aber der cristen, her hette ym houbtgelt und gesuch bezcalt, ab wol der iude om uf guden glouben sein pfant hette wider gegeben, nach so muste der cristen bewisen dy vorgulden schult, also recht ist. Lantrecht, wichpildsrecht.

Law of Evidence Concerning Lending Money at Interest

LXXV. [Dist., III, 17, 13]. Tud eyn iude eyme cristen gelt ane pfant, und ane burgen, uf sein gelobde und guden glouben, so ist her eme zcu hant das heubtgelt und den gesuch, also gewonlich ist, daruf schuldigk. Spricht aber der cristen, her habe ym gelt in fruntschaft gelegen und keynen gesuch benant, nach keynen gesuch gelobet, des ist dan der iude nehr zcu bewisene unndt zcu behalden uf Moyses buch mit seym eyde, dan em der cristen des gelowken moge. Spricht aber der cristen, her hat mir nicht gelegen und ich bin ym nicht schuldig, kan der iude dan nicht bewysen, als recht ist, das her ym gelt gelegen habe, ader gesuch gelobet, der criste entgehet im des mit synem eyde. Dit ist der stat recht und lantrecht.

Realization of Pledges Given under Debtor's Accessory Liability

LXXVI. [Dist., III, 17, 16]. Eyn iude, der eyn geringes pfant ader ein warzceichen hat, da om von eym cristen zcu gelobet ist, da mag her ihenen wol umb das gelobde for gerichte beclagen. Bekent her dan, das her ym zcu dem pfande gelobet habe, so sal man dem iuden helffen zcu dem pfande, ab es zcu geringe ist, das eme mher pfande werden und ym gut gnug gemacht. Spricht aber der criste, ich habe om nicht gelobet zcu dem pfande, das mus der iude erwysen, ader mit sym eyde uf Moyses buch behaldenn, ader gebarn mit dem pfande also her zcu rechte sulle. Statrecht.

Realization of Unredeemed Pledges

LXXVII. [Dist., III, 17, 15]. Wyl ader magk der iude die pfande, die ym fur sein gelt gesatzt sein, nicht lenger gehaldenn, so sal her sy ufbiten fur gerichte, also recht ist, und darnach so sal her sye iheme zcu huse und zcu hofe biten mit wissenschaft zweyer cristen und eynes iuden, und sal dan das pfant tragen fur gerichte unbeclagt, und ys dan ufbiten also recht ist zcu dem ersten gerichte und sal sprechen: her richter und ir schepffen, ich habe ditzs pfant ufgebotten, und sal uffenbar benennen wes und wyfel es sey, da hab ich bey gehabt meyne gezcugen zcwene cristen und eynen iuden, dye es sagen und horten, der pfande wil her nicht losen, und bit uch im rechten zcu erfaren, wie ich furbas damit gebaren sulle. Szo teilt man ym, her sulle dye pfant nach zcwyr ufbytten, und wan her das getut, so mag her sy vorkeuffen und darmit thun, was her wel, und ist von iheme ledig und los, des dye pfandt gewest sein. Statrecht. Lantrecht.

Liability of Jewish Creditors for Loss of Pledges

LXXVIII. [Dist., III, 17, 17]. Alle pfant, die der iude inne hat, dye sal her bewaren, also sein eygen. Vorlust her aber eyme sein pfant, darmyde her kein pfant ader anderswas seynes husgeretes vorluset ader vorlorn hat, das pfant mus der iude geilden. Aber sein gelt, das der iude daruf gelegen hat, das schlet her abe. Dit ist der stat recht und lantrecht.

Law of Evidence Concerning Pawned Goods

LXXIX. [Dist., III, 17, 9]. Rechent eyn cristen mit eynem iuden umb pfande, dy ym gesatzt seint, und zcweyen sich in der rechnung, also das der criste spricht, es stehe also vil nicht, und der iude spricht, es stehe mhe: das ist der iude nher zcu bewisen uf Moyses buch mit syme eyde wan der cristen; und behelt dan der iude sein gelt daruffe, so sal der cristen sein pfant losen, beyde vom heubtgelde und gesuch, nachdem also es stehet. Stadtrecht.

Law of Evidence Concerning Pawned Goods

LXXX. [Dist., III, 17, 8]. Ist es aber das eyn cristen spricht, und furdert eynen iuden, her habe ym pfande gesatzt, wolle dye losen, und der iude louckent und spricht, her hab ym keyn pfande gesatzt ader nymant von syner wegen, wil der cristenn dan dem iuden nicht glouben, das her syner pfande nicht habe, des magk her sich entschuldigen uff Moyses buche mit seym eyde, in welcherley wise der cristen seyne klage setzt ader gesatzt hat, und der iude ist darmit loes, der criste mochte dan den iuden erwisen, also recht ist, das sein pfande ym gesatzt wern. Statrecht. Lantrecht.

Disputes Concerning Value of Pledges

LXXXI. [Dist., III, 17, 23]. Eyn man, der seyn pfant yn die iuden gesatzt hat, und lest sich beduncken das sye im geringer ader vorwarlost sint, louckent des der iude, her entgehet dem cristen mit seym eyde uff Moyses buch, der cristen mochte dan bewisen, also recht ist, das der pfande mher weren, ader villichte besser, ader anders weren, dye her ym gesatzt hatte ader setzen lies. Statrecht. Lantrecht.

Trade Privilege for Jews in *Bona Fide*

LXXXII. [Dist., III, 17, 11]. Vindet eyn cristen man seyn habe yn eyns iuden gewehre und spricht den iuden also an: her finde sin gut in sein gewheren, das ym abegestoln, geroubet, ader mit anderm frevel genomen sey, und bit das her es eme widergebe; spricht dan der iude: her wisse nicht von seym gute ader habe, her habe pfande da her sein gelt uf gelegen habe, also gewonlich und recht ist; schwert dan der iude uf Moyses buch, da man ym dye pfande satzte, das her nicht wusste, ab es gestoln ader geroubt wher, so behelt der iude sein heubtgelt mit dem gesuch daran, nach gewonheit und rechnung der zcit, dye es gestanden hatt; und wil der criste dem iuden nicht gleuben, das es also vil geldes stehe ader also lang gestanden habe, das mus auch der iude bewere uf Moyses buch mit seynem eyde. Dit ist der stat recht und lantrecht.

Risk of Accidental Destruction of Objects Pawned to Jews

LXXXIII. [Dist., III, 17, 12]. Ist das dem iuden von fures wegen, von duberey, ader von ander not wegen, das syne mit andern pfanden vorbornt, vorstoln ader sust vorlorn wirtt ader vorterbet, das auch wol offenbar ist: spricht yn dan eyn cristen man darumb an, der es ym gesatzt hat, tud dan der iude seynen eydt darzcu uff Moyses buch, das her es in der nodt ader zcit vorlorn habe, ßo ist her loß, und der iude vorlust sein gelt daran und der cristen sein pfant. Stadtrecht.

Loss of Legal Status as Penalty for Unlawful Practices with Regard to Pawned Goods

LXXXIV. [Cf. Dist., III, 17, 4 (2)]. Eyn iude wirt rechtlos, dem pfande gesatzt sint, und der lowkent, ab man sy von ym losen wil. Erbut her sich auch zcu seym eyde, und uberkomt man yn des, davor her woln geschworn habe, mit gezcugen, also recht ist: szo wirt her aber rechtlos. Lyhet her uf gestoln ader geroubt guth wissentlich, her werde seyn dan gebeten: so wirt her aber rechtloß. Dit ist statrecht.

Legal, Economic and Social Status of Jews in Various Countries

LXXXV. Dy gewonheit und das recht haben dye iuden yn eym lande anders dan yn dem andern, und auch dye gesetze yn eyner stat anders dan yn der andern. In etzlichen steten und landen haben sye erbliche guter, ecker, winwachs, wysen und holtz; do haben sy auch dye freyheit und ir recht darnach. In etzlichenn landen, als yn Italia, da Rome lyt, da mussen sy hantwerge erbeytten, und mussen besundern kleyder fur den cristen tragen. In etzlichen landen wil man yr nicht mher lyden dan zcwen ader drey in eyner stat. Aber in dutzschen landen, da gehen sy mussigk und wuchern. Das beschreben recht wiset aber us, das ir wucher sulle messig seyn; wan ersteygen sy den ober das, also her yn gesatzt wirt von den fursten ader stetin, da sy wonen: so sall das wertlich gerichte, ader der rat eyner stat, iren frevil straffen ader zcwingen.

Jews Shall Not Accept Pledges from Suspicious Persons or under Circumstances Liable to Give Rise to Suspicion

LXXXVI. [Dist., III, 17, 3 (1)]. Es sal keyn iude nymande gelt uf pfande lyhen, des her nicht gantze kuntschaft hat, dan uffenberlichen und bey schonem tage, und nicht fur dem ufgange ader dem undergange der sunnen, das ist auch wider bey rechten morgen ader bey rechten abende. Her sal auch nicht lyhen uf pfande, wider bey tage ader bey nacht, nach uf keyne zcit, rechten vorsprochen luten, wu her dy erkennet, also roubern und dyben, und derglichenn. Dit ist lantrecht und wichpildrecht.

Penalties for Accepting Pledges under Suspicious Circumstances

LXXXVII. [Dist., III, 17, 3 (2)]. Der iude sal nicht heymlichen uf pfande lyhen. Tud her aber das, es sey bey tage ader bey nacht, und wirt dube ader roublich gut under ym funden, das mus her aller dinge von rechte wider geben; her schwure dan uf Moyses buch, das her des nicht wuste, das es gestoln ader geroubt wer, ader sich des vorsehe ader gemercken kunde an geferde. Dit ist der stat recht. Aber nach lantrechte und wichpildsrechte:wan der das nicht beweret,nach kan beweren mit seym eyde uf Moyses buche, so mus her pfant lediglichen widergeben ane heubtgelt und gesuch, und wirt darzcu rechtlos unnd erlos under iuden und cristen. Dit ist lantrecht. Aber nach dem statrecht wirt her davon nicht erlos, her lowkende dan des pfandes.

Acceptance by Jews of Stolen or Robbed Objects as Pledges, in *Bona Fide* and *Mala Fide*

LXXXVIII. [Dist., III, 17, 4]. Ist das eyn iude lyhet uf pfande bey schonem tage uffenberlichenn, ab dye pfant gestoln ader geroubet sint, und des nicht weys, nach keyn warzceichen daran gemercken kan, ab man dye pfande wol fint yn seynen geweren, und wil das beweren mit synem eyde uf Moyses buche, das es also war sey: da vorlust her seyne pfennige nicht an. Lowkent her aber der pfande, so vorlust her syne pfenige daran, und ists das man uber yn klaget umb eynen metezcerer, so vorlust her das recht und freyheit, dy den iuden von keysern und konigen gegeben ist und auch von den fursten, und wirdet also rechtlos. Statrecht und gemeyn recht.

Liability of Jewish Creditors for Loss of Pawned Goods

LXXXIX. [Cf. Dist., III, 17, 17]. Stelt man eynem iuden eyn pfant, das ym gesatzt ist vor sein gelt, zcw eyme fenster us, das also gelegen ist, das der dieb nicht mher pfande gelangen mochte, und thar her synen eydt darzcu thun uf Moyses buch, das her dye besserung des pfandes, ab der iude wol mit dem-selben pfande nicht mher pfande ader syner habe myde vorlorn hat. Dit ist der stad recht und eyn gemeyn recht.

No Penalty for Jews into Whose Houses Stolen or Robbed Objects Have Been Smuggled by Third Persons

XC. Ist es auch das eym iuden eyn pfandt ader etzwas, das gestoln ader geroubt wher, yn sein haus ader in sein kamern zcu eyn fenster yngewurffenn wurde, so es also geringe wer, das es zcu dem fenster yn komen mochte, und wer auch sein husung ader dy kamer darnach geschicket, und suchte man das pfant bey dem iuden, und lowkent her des, und wurde es darnach bey yme also funden, das sein briff ader sein schrift nicht daran wer, undt nicht under synen pfanden mide gezceichent, und thar her sich des pfandes mit syme eyde uf Moyses buch also recht ist entschuldigen: her blibt sein ane wandell und wirdt darumb nicht rechtlos nach erlos und gebet das pfandt ledigk wider dem, des es gewest ist. Statrecht.

Penalty for Acceptance by Jews of Bloody or Forbidden Articles as Pledges

XCI. [Cf. Dist., III, 17, 5]. Brengt man eyme iuden blutige pfant, ader nasse tucher, unbereytet gewant, unbereytte kleyder, ader ander unbereytten hußradt, gewar, harnesch, stoppen, armbrost, buchssen und ander gewher, dy gehoren zcu der lute befredung in den stetten: da sal her nicht uf lyhe. Thut hers daruber und wirt an om das gefordert, her vorlust sein heubtgelt und den gesuch daran, und mus es dem richter gebussen. Ist es aber das ym der redet, der es ym gesatzt hat, her wolle es losen, und es nicht fordern ledigklichen, ader nymant von syner wegen, nach so mus her es dem gerichte bussen, ab es unbereytte gewher ist, und dem rathe ab es ander gewher ader harnisch ist, umb der eynung und gesetze der stete und wilkor der stete, und ditz ist eyn teil lantrecht und eyn teil statrecht.

Acceptance as Pledges of Sacred Vessels, Books or Vestments Prohibited

XCII. [Cf. Dist., III, 17, 5]. Ist auch das eyn iude lyhet uf kelche, messebucher, messegewandt ader uf ander kleynet, das zcu gotsdinste gehort: was man des bey ym fint, das sal her widergeben, und ab man ym wol vorlobet hat, das man es nicht fordern wolle, nach so sal es das gerichte ader der rat zcu om nemen, und der kirchen, der es gewest ist, wider umbsust gebenn.

Acceptance as Pledges of Church Books Permitted on Condition That They Are Deposited with Christians — Acceptance of Secular Books Permitted

XCIII. [Dist. III, 17, 5-6]. Tud es eym kloster ader gotshuse not, das sye der kirchenbucher eyme iuden vorsetzen mussenn, so magk her wol daruff lyhen, und dy zcu pfande fur sein gelt nhemen; dach alßo, das her keynes yn syme huse ader beheltnisse behalden, ader in keyns andern iuden hus, sundern her sal das uffenbar thun und behalden yn eynes cristen mannes huse, und da sal der iudde zcunhemen zcwene cristen und eyne iuden, dy eynes guden leumudes sein. Alle ander bucher, also sint dutzsche bucher, schulbucher und rechtbucher, dye magk der iude wol nemen zcu pfande und in syme huse und geweren behalden. Statrecht. Wichpildsrecht.

Food and Beverages as Pledges for Jewish Moneylenders

XCIV. Desselben gleichen ist es auch umb spyse und getrencke, das man in dye iuden setzett; da mag eyn iude wol uf lyhen, als setzt eyner dorfleisch in dye iuden, bachen, mhel, honigk, ader puttern, ader anderßwas, das man pfligt zcu nutzen, als win, byr, methe und derglichen; dy sal der iude nicht in sein hus nach beheltnis brengen, sundern es sal eyn cristen man dem iuden behalden und bewaren, das kein schade darzcu geschee,

unndt fullet[1] her icht daryn, das sal der iudde bezcalen und uf
seynen gesuch rechen. Wer es aber das es der iude in sein
beheltnisse neme, der muste es bezcalen noch syner wirde, ab
es ome der gedind,[2] des es were, und vorlore daran seinen gesuch,
und muste es dem richter vorbussen.

Warranty of Jewish Vendors

XCV. [Cf. Ssp. III, 7, 1]. Eyn iude der magk nicht eynes
cristenmannes gewer gesin an gerichte ader nergen anderswo,
her wolde dan antwortten ader darumb zcu rechte stehen, also
eyn cristenman in allen dingen. Dit ist der stat recht. Was
gutes ader habe auch eyn iude vorkeuft, und wirt das mit rechte
angefangen, und bekent sin der iudde, das es sein vorstanden
pfant sey und es vorkouft habe, des sal her von rechte eyn gewer
sein, und her lydet darumb keyne nodt, es sey gestoln, geroubt,
ader funden, ader wie es an yn komen sey an seynen wissen, da
her seinen eydt zcu mus thun, sundern her mus es wider geben
fur das gelt, das her daruff gelegen hatte. Statrecht, lantrecht
und wichpildsrecht.

Forced Baptism of Jewish Children Prohibited

XCVI. [Cf. Dist. III, 17, 42]. Den iuden mag man ir kinder
mit rechte nicht genemen und cristen gemache ane der eldern
willen, es sey dan das dye kinder also mundig werden, das si
selber umb dye touffe und den glouben werben. Aber meister
Wilhelmus, der schribt also, das dye fursten wol mogen mit
rechte den iuden ir kinder nemen an irn danck und sy lassen
teuffen, unnd vordynen darmit lon kegen gote; sy sullen aber
das darumb nicht thun, das sy mit den kindern dye eldern
geschatzen, ader die eldern darmytte zcu dem glouben gezcwin-
gen, sundern alleyne zcu heyle und selikeit der kinder, dy sye
auch dan im rechten musten besorgen sullen mit der narung, das
sye gezcogen und gelart werden zcu den togenden.

[1] Ms. Wolfenbüttel: *feltet.*
[2] Ms. Wolfenbüttel: *gedinge.*

Associating with Jews in Taverns Prohibited

XCVII. Byer and methe sal man keynen iuden schencken in den tabernen, sye sullen mit den cristen an keyner zceche sytzen, sye suln auch sust in den cristen husern kein geschencke mit in trincken. Man magk yn wol schencken byr ader mete, ader vorkeuffen, und yn das heym in yre huser senden. Das stedt geschribenn ar. 58. q. 1.

Taking Meals Together with Jews Prohibited

XCVIII. Es ist auch vorboten in dem beschreben rechte, das nymant sulle zcu tische mit den iuden sytzen, und esse, es sey danne das eyner usgesant sey, den cristen glouben zcu predigen; das erloubt der babst Innocentius der virde. Es ist auch vorboten ym rechten, das kein cristen essen sal ir osterkuchen, nach von yn nemen. Ar. 58. q. 1.

Renting Houses and Gardens to Jews — Business Relations with Jews

XCIX. Auch ist ein frage: ab eyn cristen man moge mit rechte eym iuden sein hus vormiten? Da antworten uf dy meister und sprechen: man moge es wol mit rechte thun, also das sy darmydde gesundert werden von den cristen. Hirus so zcuhet sich auch das recht: wil das man yn huser vormiten magk, so mag man yn auch vormyten boumgarten, wingarten ader ecker, und mag man dan das mit rechte getun, so mag man yn auch vorkeuffen, und abkeuffen, und darnach koufmanschatz mit in triben. Entworten dye meister des rechten, das man mit den iuden koufmanschaft triben mochte, wan sie gut under handen hetten, das ungewuchert wer, aber mit wucher gute zcemet es den cristen nicht. *Ex[tra]*, *de usuris*.

Christian Nurses Permitted to Jews under Certain Conditions

C. Eyn cristen wib, die mit armut ringet, die mag eym iuden wol umb sein lon eyn kint seugen, dach also das sye mit dem iuden nicht wone, nach zcu seyme tische sitze; sye magk aber sein brot und bier, vleisch und vische us syme huse wol nemen, teglich holen, und des gebruchen, also ir das zcemlich ist. Dit ist geistlich recht.

Baptism of Jewish Children by Nurses Prohibited Except in *Periculo Mortis*

CI. Es ist eyn frage: ab eyn cristen weib eyns iuden kint, das nach unmundig wer, toufte, so sy es baden sulle, ab sye daran wol tede ader nicht? Spricht meyster Wilhelmus: das sye des mit nichte thun solde, wan so das kint gros wurde, so blibe es iudisch und lebte uncristlich; auch so mochte es sich im alder bekeren, und wurde dan anderweit getouft, das wer aber boser und wer ketzerey. Wer es aber das dy amme sehe gewislichen, das des iuden kint sterben wulde, und toufte das heymlichen, da tede sye wol an.

Regulations Concerning Distinguishing Dress of Jews — Jewish Ghetto

CII. Allen enden sullen dye iuden underscheit haben an husern, an kleydern und an andern dingen. Ir huser sullen gesundert sey us den cristen und bey einander, und seyle uber dye gassen gezcogenn. Ir kleyder sullen auch gesundert seyn von den kleydern der cristen: dy man sullen keyne kogeln tragen, sundern hoer filtzhut. Das schribt der babst Innocentius der erste.[1] Daruf ßo stehet auch geschriben in dem wichpilds-rechte, das kein iude us seyner schule ader us seyme huse gehen sulle uf die strasse ane huett. Dye man sullen auch stefeln an tragen, und ane holtzschun gehen; dy wyber mit umbgewunden sleygern und mit witen heubtfenstern an denn menteln, und ane holtzschw. Das sye nhw aber anders gehen, das ist eyn zceichen, das den fursten ir golt lieber ist wan gotes ader der heylgen cristenheit ere.

Employment of Christian Servants Prohibited to Jews

CIII. Nymant sal von cristenluten den iuden stetlichen ader ierlichen dynen in yren husern, wan es ist ym geistlichen rechte von den bebsten hertiglichen vorbotten. Man magk yn aber

---

[1] The reference is to Canon 68 of the decrees of the Fourth Lateran Council of 1215 presided over by Pope Innocent III, which was later incorporated in the *Corpus Juris Canonici* as *c. 15 X, de judaeis, Sarracenis, et eorum servis*, 5, 6; cf. J. D. Mansi, *Sacrorum Conciliorum Amplissima Collectio*, Vol. XXII, p. 1055.

dynen und erbeyten in yren hußern umb taglon was sy zcu erbeyten haben, also das sy des nachtes von yn sein und mit der spyse gesundertt. Hat aber der iude acker gnug, wingarten ader ander gartten, do mag sich eyn cristen man wol zcu vormytten uber iar zcu erbeytten, also das her sein besundern koste und herberg habe. Dit stet geschriben *Ex[tra]*, *de judeis*.

Regulations Concerning Illegitimate Children from Sexual Intercourse between Jews and Christians

CIV. Tud eyn iude eyn ungezcogenheit, also das her eyn cristenwib beschleffet, und gewynnet sy eyn kint von ym, das kint sal man dem iuden nicht lassen, sundern sal es lassen teuffen, und die cristenmutter lassen zcyhen, und ab dye sturbe, so sal es eyn ander cristen zcyhen, und das wertlich gericht ader der rath sal den iuden darzcu halden und zcwingen, das her die kost von der zcucht des kindes geilde bies an dye zceidt, das es sich selber behelffen kan. Dit ist geistlich recht, lantrecht, wichpildsrecht und auch der stadt recht. Und mus es dem geistlichen richter gebussen und auch dem wertlichenn.

Prohibition of Private Religious Discussions between Christian Laymen and Jews

CV. Es ist vestlichen vorbotten in dem geistlichen rechten, das kein cristen mit eym iuden reden sal von dem glouben, umb deswillen das dye iuden alle erfarn unnd gelart seint in Moyses buchern und den propheten, und der cristen gloube sere wider dye natur get, das nicht lichtlichen zcw bewisen stehet ungelarten leuten, die in der heilgen schrift nicht wol erfarn sindt. Aber den vorstendigen meistern in der heilgen schrift und den wolgelarten ist es erloubt, und dasselbe sullen sye alleyne mit yn thun und nicht under dem volgke, das dye einfeldigen ichte davon fallen in eyn irtum, ader zcweitracht sich erhube zcwuschen den cristen und iuden, und villeichte mortt, wan sye Cristo und Marien mit iren wortten misseboten.

Prohibition of Social Intercourse between Jews and Christians

CVI. Es sal nymant mit den iuden zcu dem bade gehen, zcur hochzcit gehen, und sye zcu seyner hochzcit ader wirtschaft bitte. Man sal auch keyn besundern spyl mit yn uf der gassen machen, nach mit yn tantzen, stechen, artzney von in nemen, und derglichen mancherley, der nicht nodt ist alles zcu beschriben, wan disse alle den cristen von den bebsten in den geistlichen rechten vorbotten sint.

17

REMISSORIA

REGULAE JURIS "AD DECUS"

End of Fourteenth Century

M a n u s c r i p t s: Ms. J 15, Stadtarchiv Breslau, unpublished. Compiled possibly by Nicholas Wurm, at the end of the fourteenth century; written in the fifteenth century. (In medieval law-manuscripts, the *Regulae Juris* "*Ad Decus*" frequently appear in connection with Nicholas Wurm's *Blume des Sachsenspiegels*).

Another text of the *Regulae Juris* "*Ad Decus*" is found in Ms. J 3 of the Stadtarchiv Breslau, also unpublished, written in the fifteenth century. It is in agreement with the text in the aforementioned Ms. J 15 and has in some places more complete and correct readings. Homeyer, *Rechtsbücher*, No. 204; Gaupp, *Das schlesische Landrecht*, pp. 239, 305.

B i b l i o g r a p h y: Homeyer, *Rechtsbücher*, No. 210; cf. Ernst Theodor Gaupp, *Das schlesische Landrecht* (Leipzig, 1828), pp. 314–316, 305–307.

P u b l i s h e d here for the first time from manuscript J 15, fol. 97 v, 137r– 139r, with corrections and supplements based on a collation with the text in Ms. J 3.

C, XXXV

Warranty of Jews

VON CZEUGUNGE EYNIS JUDEN

Czucht sich ein man mit seinem kaufe an einen juden, der mag recht des kristen gewere nicht sein; *ut* SS. [*Sachsenspiegel*], l. III, ar. VII, § 1; *ut ff. de rei vendicacione, l. ex diversis*.

C, XXXVI

Warranty of Jews

DE EODEM

Czucht sich der antworter an einen geweren, dem sol der clager volgen uf recht; *ut* SS., l. II, ar. XXXIV, § IV; an einen juden, es enwer denn, daz der jude antworten wolde an eines kristen stat; *ut* SS., l. III, ar. VII, § 1; *ut de rei vendicacione, l. ex diverso.*

J, CXXIII

Warranty of Jews

VON HELFFERN CRISTEN UND JUDEN

Iz mag ein iclicher dem andern wol beholfen sein czu seinen rechten an der jude dem kristen; *Extra, de testibus, c. licet uni versis; ut* SS., l. III, ar. VII, § *ultimo.*

J, CXXIV

Warranty of Jews

DE EODEM

Juden mugen durch recht nymant koufes geweren, si wollen denn antworten an eines kristenmannes stat; *ut* SS., l. III, ar. VII, § 1; *ff. de rei vendicacione, l. ex diverso.*

J, CXXV

Warranty of Jews

VON GEWERE DER JUDEN

Juden dorfen in den dingen, di si vorkaufen, vorder gewern denn ir house wendet; *ut SS.,* l. III, ar. VII, § 1; *C. de hereticis et manicheis, l. quomodo multi*

J, CXXVI
Law of Evidence
DE EODEM

Jude ist neher selb ander jude und mit einem kristen sein geld uf ein pfand [czu] behalden, denn im jener dovor gesweren moge; *ut* SS., l. III, ar. VII, § IV; *C. de hereticis, l. quomodo.*

J, CXXVII
Trade Privilege for Jews
DE EODEM

Ist daz ein jude im beweist selb ander jude mit einem kristen, daz er bei tages liecht und unvorslozner tor ein ding gekauft habe adir sein gelt doruf geliehen habe, man gibt im sein gelt billich wider; *C. de judeis, lex is qui.*

J, CXXVIII
Jews Shall Not Accept Sacred Objects as Pledges
DE EODEM

Iz sollen juden nicht leihen gelt uf geweiht ding by der wit; *ut* SS., l. III, ar. VII, § IV; *Instit[utiones], de rerum divisione,* § *nullus.*

J, CXXIX
Jurisdiction over Jews
VON BECLAGUNGE OBIR JUDEN

Juden, wer di beclagen wil, der sol si beclagen vor irem richter; *C. de foro competenti, l. 1.*

J, CXXX
Jewry Oath to Be Taken in Synagogue
DE EODEM

Juden, di einem kristen gerecht werden, daz sollen si tun in der synagogin vor den andern juden uf Moyses buche; und ein jude sol im den eide reiten nach der causen; *ut* XXXI, *q.* I, *monet.*

J, CXXXI

Jews Shall Not Build New Synagogues

DE EODEM

Iz ist billich czu weren, daz juden kein neue schule bauen sollen, do vor kein gewest ist; ir alde abir mogen si wol bessern; *C. de judeis et celicolis, l. judei.*

J, CXXXII

Jews under the King's Peace

DE EODEM

Juden sint begriffen in des reiches fride; *ut* SS., l. II, ar. LXVI, § II; *XLV [qui] sincera;*[1] *C. de judeis, l. si qui.*

J, CXXXIII

Jews Shall Not Bear Arms

DE EODEM

Juden sollen kein wappen furen; *ut* SS., l. III, ar. II, § 1; *C. de judeis et celicolis, l. nullus.*

J, CXXXIV

Jewry Oath

DE EODEM

Iz sullen di juden vor recht sweren uf Moyses adir Jozefates buch.

J, CXXXV

Jewry Oath

VON DER JUDEN EYT

Judischer eit sol lauten nach der sachen der beschuldigunc: Als wes dich Meynus[2] beschuldigt an dem koufe, des bistu unschuldig, als dir got helf, der laub und gras beschafen hat,

---

[1] In both manuscripts the text reads: *de sincera*; but *Decr. Grat.*, c. 3, D XLV only can be meant, beginning "*qui sincera.*"

[2] Fictitious name chosen by the author of this law-book for the sake of generalization.

adir daz [dich der gott schende]³ der Adam und Evam geschaffen
hat, adir daz [dich] der got, do Moys[es] mit rette in einem furigen
pusch; und ob du unrecht swerest, daz dich der got schende,
der Sodoman und Gomorran vorbrant, und di[ch] mit leibe und
mit sele dem teufel sende.

J, CXXXVI

Criminal Jurisdiction over Jews

VON JUDEN, DI DO EYNEN CRISTEN SLOEN

Juden, di ein kristen slahen adir keynerley hant gewalt tun,
werden di juden ader der jude⁴ in hanthafter tat gefangen und
czu gericht brocht, der mus antworten in dem gerichte, in dem
er gebrochen hat; *ut* SS., l. III, ar. XXIV, § II; *C. de ordine
cognicionis et de foro competenti juris ordinem; C. ubi de criminibus
agi oportet, l. questiones; III, q. VI, ibi semper pro causa agitur.
ubi crimen admittitur.*

J, CXXXVII

Crimes Committed by Jews

DE EODEM

Iz antwort billich der jude, ob er ungericht tut an einem
kristen, und man richtet czu im als czu einem kristen; *ut* SS.,
l. III, ar. VII, § II; *C. de judeis, l. judei Rom[ano].*

J, CXXXVIII

Breach of Peace

DE EODEM

Iz ist billich, daz der fride nicht breche, der im selbir geben
ist; bricht ern ubir daz und wirt er ubirwunden, als recht ist,
er sol daz orteil leiden und sein vordient pein; *ut Constitutio
Friderici Imperatoris, l. hac editali, § qui pacem; ut* SS., l. II,
ar. XI, § II.

---

³ Inserted from Ms. J 3; Ms. Breslau J 15 reads: *daz dir der.*
⁴ *"ader der jude"* is missing in Ms. J 3.

J, CXXXIX

Crimes against Jews

AB EYN CRISTEN EYNEN JUDE SLUGE CZU TODE

Juden toten adir ungericht tun, wirt der kristen des ubir-wunden, als recht ist, man richtet czu im nach der tat; *ut* SS., l. III, ar. VII; *C. de judeis et celicolis, l. nullus.*

J, CXL

Jews, Heretics, and Heathens Admitted as Plaintiffs

DE EODEM

Iglicher seinen smerczen und ander ungericht clagen mag und sol, der ym vonn eyme widervert, es sei jude, keczer adir heide; *ut* SS., l. III, ar. VII, § III *et* II: *C. qui accusare possunt, l. si crimen; IV, q. VI, omnibus.*

J, CXLI

Robbing of Jewish Graves

VON JUDEN GREBER, WER DI BEROUBIT

Judengreber, wer di beraubit, wirt der gevangen in hanthafter tat und [czu] gericht brocht und ubirwunden, er ist dem richter vorvallen czehen pfunt adir gewichte goldis; *ut C. de sepulchro violato, qui;* hat er abir des geldes nicht, man richte czu im als czu einem rouber; *ut* SS., l. II, ar. XIII, § VI;[4a] *Institut[iones], de publicis judicibus, § sunt preterea. [Inst. Just., IV, 18, 11].*

J, CXLII

Concerning Jews Slaughtered in a City

VON JUDEN, DI MAN YN EYNIR STAT SLEET

Juden, wo man di in eyner stat sleht, der guter sol nymant nemen, wenn worumb si gehoren mit iren gutern in des reiches Camer; *ut C. de jure fisci, l. prohibitum est [Cod. Just., X, 1, 5].*

4a Ms.: VII.

J, CXLIII

Property of Slaughtered Jews

DE EODEM

Ist ymant, der judengut bei im hat, der sol es mit der gewizzen antworten der stat rat und sweren, das ers nicht mer habe, ob mans in nicht derlazzen wil; *C. de jure fisci, l. eorum patrimonia* [*Cod. Just.*, X, 1, 10].

J, CXLIV

Association of Christians with Jews Prohibited

DE EODEM

Ist daz einer judengut bei im hat, des ist man in neher czu ubirczugen, wenn er dovor gesweren moge, seint gemeinschaft den kristen mit den juden czu haben, ist vorboten; *Extra, de judeis, c. judei sive,* [c. 5 X *de judeis* 5, 6]; XXV, *q.* I, *violatores.*

J, CXLV

Prohibition to Appropriate Jewish Possessions in a Pogrom

DE EODEM

In der slachtung, wer do irs gutis ichs derwischet, im czu behalden, wirt er des ubirwunden, als recht ist, er ist leibes und gutes vorvallen; *ut C. de* [*conveniendis fisci debitoribus*],[5] *l. hii, qui fisco nostre mansuetudinis* [*Cod. Just.*, X, 2, 4].

J, CXLVI

Jews Not Allowed to Donate or Entrust Their Possessions to Christians during a Pogrom

DE EODEM

Iz mag kein jude in der slachtung sein gut geben noch ouch sust, daz der kristen behalden mag; al mocht der kristen di gabe beweisen, als recht ist; *C. de hiis, qui ex publicis racionibus mutuam pecuniam acceperunt, l. sciant omnes* [*Cod. Just.*, X, 6, 2].

[5] Both manuscripts read: *de fisci debitoribus conveniendis.*

J, CXLVII

Bequests of Jews to Christians Prohibited

DE EODEM

Iz mag ouch kein jude an seinem leczten [ende][6] einem kristen
sein gut bescheiden; *ut C. de judeis et celicolis, l. ultima.*

J, CXLVIII

In Pogroms, Jewish Property Is Forfeited Property and Falls to the Reich Chamber

DE EODEM

Judengut, es sei varend adir unvarende, ist als vorworcht gut
und ist frei gevallen in des reiches Camer, als man si slecht;
ut C. de jure fisci, l. inter tantulas [*sic*].

J, CXLIX

Public Appearance of Jews on Good Friday Prohibited

DE EODEM

Juden sollen am guten freitag nicht uf der gazzen geen noch
fenster noch turen offen haben; tun si ubir daz anders, und
widervert in icht, do sol man nicht ubir richten; *ut Extra, de
judeis, c. quia super hiis.*

J, CL

Jews as Witnesses

DE EODEM

Iglich vorpflichtic man sol liden der vorpflichtigung geczeugt;[7]
ut Extra, de testibus, c. preterea; ff. e. t., l. testimoniorum usus.

---

[6] Inserted from Ms. J 3.
[7] Ms. J 3: *geschicht.*

J, CLI

Jews as Witnesses

DE EODEM

Juden geczeug darf nymant leiden, an umb schuld und umb ungerichte; *ut C. de hereticis et manicheis, l. quomodo multi*; II, *q.* VII, *non potest.*

J, CLII

Injuries Inflicted by Jews on Converted Jews Punished by Death Penalty

AB JUDEN SMEHTEN EINEN GETOUFFTEN JUDE ADIR HEYDE, ETC.

Juden, die einen getouften juden smeheit adir ungericht tun, werden si dorumb czu gericht bracht und des ubirwunden, als recht ist, man sol den juden bornen vor rechte und alle sein helfer; *C. de judeis et celicolis, l. judeis [Cod. Just., I, 9, 3].*

J, CLIII

Violation of the Christian Faith by Unbelievers

DE EODEM

Juden, keczer adir heiden, di den heiligen kristengelauben smechten adir unerte, wurde der jude, keczer ader heide derslagen von einem kristen, beweist der krist das selb sibend, daz ers durch gelouben wille getan habe, er beleibet des ane wandel; *C. de judeis et celicolis, l. judeis.*

J, CLIV

Violation of the Christian Faith by Unbelievers

DE EODEM

Ist es ouch sache, daz ein jude, keczer adir heide einen kristen vorkeren welden, widervert dem icht und beweist der kristen daz, als recht ist, er beleibet des ane wandil; *ut C. de judeis et celicolis, l. quod Cornelia.*[8]

---

[8] Mss.: *Corneliam.*

J, CLV

Violation of the Christian Faith by Unbelievers

DE EODEM

Iz sol kein jude besmechung tun unser ee; tet ers und worde des ubirwunden, man sol in bornen; *C. de judeis et celicolis, l. ultima* [*Cod. Just.*, I, 9, 18]; *ut* SS., l. II, ar. XIII, § VII.

J, CLVI

Violation of the Christian Faith

VON ABETRONNIGEN DES CRISTENGLOUBEN

Iczlich kristenmensch sol bereit sein, czu sterben durch seines gelauben wille, ob man den gelauben unredlich anvecht; *C. de summa trinitate et fide catholica, l. 1.*

J, CLVII

Apostasy of Converted Jews

DE EODEM

Ist ouch, daz ein jude sich bekert und czum kristengelauben trete, wurd der [getaufft][9] und wurd der seind abtrunning dem gelauben, den sol man teilen czu der flamme; *ut* SS., l. II, ar. XIII, § [VII].[10]

J, CLVIII

Heresy

DE EODEM

Ist es ouch, daz ein kristen seinem gelauben abtrunning worde und tret in einen ungelouben, der heist ein keczer; word er des ubirwunden, als recht ist, und welde sich nicht bekeren, man sol in teilen czu der hort und sein guter sind vorvallen der herrschaft; *ut* SS., l. II, ar. XIII, § IX; *XXIV, q. III, quidem.*

[9] Inserted from Ms. J 3; Ms. J 15 reads: *getorst.*
[10] Mss: *IX.*

J, CLIX

Sorcerers

VON CZAUBERERN

Ist ouch einer ein czauberer und wirt des ubirwunden, als recht ist, man teilt in czu der hort und sein guter sind vorvallen der herrschaft; *C. de [maleficis],*[11] *l. 1; XXVI, q. V, per totum; C. de jure fisci, l. quoniam augurio.*

J, CLX

Christians Shall Not Seek Employment with Jews or Heretics

DE EODEM

Iz sol ouch kein kristen von rechtes wegen den juden noch den keczern dienen; wenn wer in dienet, der ist in dem banne; *Extra, de judeis, c. judei sive; XXV, q. 1, [c. 5], violatores.*

J, CLXI

Bondslaves Forbidden to Jews

VON JUDEN DINSTBOTE

Juden sollen ouch von rechtes wegen keine eigen meide noch knecht haben; heten si si ubir das, man mag si in nemen; der kristen sol abir dem juden geben czwelf schilling pfennynge sotaner muncze, di do gewonlichen geen, do man bier und broth umb kaufen mag; und der den eigen zo gelost hat, der mag in czu eigen behalden adir frey lazzen; *ut C. cristianum mancipium hereticis vel paganis vel judeis habeat vel circumcidat, l. nec mancipium.*

J, CLXII

Intermarriage between Christians and Unbelievers Punished by Death Penalty

VON EYNIR EE EYNIS CRISTEN UND EYNIS UNGLOUBIGEN

Iz mag ouch kein ee gesein czwisschen einen kristen und einen ungelaubigen befunden man, daz und wurd ubirwunden, man sol czu im richten mit einem swert; *ut C. de judeis, l. ne quis.*

[11] Inserted from Ms. J 3; Ms. J 15 reads: *malefaciatis.*

J, CLXIII
Sexual Relations between Jews and Christians Illicit

DE EODEM

Ist ein jude begriffen bey eines elich kristen weib, man mag in erslahen und czu gericht bringen, ob man anders nicht czu gericht brengen mochte und ubirwynden, man richtet czu im als czu eim ubirhoren; ut SS., l. II, ar. XIII, § VII; *Institut[iones], de publicis judiciis, § item lex.*

J, CLXIV
No Jew Shall Convert A Christian

DE EODEM

Iz sol kein jude einen kristen ubirkeren, als lieb als im sein leben ist; *ut C. de judeis, l. judeos;* [C.] *ne christianum manci-[pium] here[ticus], l. judeus.*

J, CLXV
Jews, Heathens, and Heretics Excluded from Imperial Privileges

DE EODEM

Iz en mogen weder juden, heiden noch keczer der keiserlichen gnaden nicht gebruchen noch ir weip kein leibgeding nicht gehaben; *ut in Autent[ica]* [CIV], *de privilegiis dotis*[12] *hereticis mulieribus non praestandis, § 1, coll. VIII.*

J, CLXVI
According to Saxon Law, Jews and Heretics — in Contrast to Saxons — May Be Convicted in All Matters

DE EODEM

In allen sachen mag man juden und heiden ubirczugen und den [Sachsen][13] nicht nach keiserlicher gnade; *ut SS., l. II, ar. XVIII, § I; ut ff. de re, l. privilegia.*

[12] Mss.: *et dotis.*
[13] Inserted from Ms. J 3; J 15 reads erroneously: *sachen.*

J, CLXVII

In Foreign Lands, Foreign Laws of Privilege Not Applicable
to Jews, Heretics, and Heathens

VON JUDEN, DI DO KOMEN IN FREMDE LANDE

Iz sollen weder juden noch keczer noch heiden, ob si in fremde lande, stete adir dorfer komen, so mugen si nicht nuczen des landes recht, daz dem land czu genaden geben ist und czu freiheit; *ut ff. de re[g. jur.], in l. privilegia.*

J, CLXVIII

Immigrant Aliens May Enjoy the Country's Privileges

DE EODEM

Izlich inkomen man czu Sachsen mag nuczen des landes freiheit und gnade und recht, er sei Swab, Peyr adir Frank; *ut* SS., 1. 1, ar. XXX, § I; *XVIII, q. I, hinc est.*

CLXIX

Jews Excluded from the Country's Privileges, Although Admitted
to the Roles of Plaintiff and Defendant

DE EODEM

Juden mogen wol klagen und antworten nach [Meydeburgischim][14] rechte; nicht mugen si abir nuczen des landes genade und freiheit; *ut C. de judeis, l. judei.*

18

THEODOR VON BOCKSDORF'S REMISSORIUM
1449

M a n u s c r i p t: Ms. J 16, Stadtarchiv Breslau, unpublished. Compiled in the middle of the fifteenth century (1449), copied in 1468.

B i b l i o g r a p h y: Homeyer, *Rechtsbücher*, No. 211; cf. *ibidem*, p. *57; Homeyer, *Rechtsbücher*, edition of 1856, p. 59 f., No. 7; Erika Sinauer, *Der Schlüssel des sächsischen Landrechts* (Breslau, 1928), p. 23; Ernst Theodor Gaupp, *Das schlesische Landrecht* (Leipzig, 1828), pp. 308–310.

P u b l i s h e d here for the first time from the manuscript, fol. CLIXv–CLXv.

14 Inserted from Ms. J 3; Ms. J 15 reads: *Magenburgischim.*

Summary of Jewry-Law Regulations with References to Sachsenspiegel, Weichbild, and Glosses

[1] J u d e.¹ Der jude sol des cristenmannes gewere nicht sei[n], es sei dann, das er wolle antwertten an eines cristenmannes stat; li. III, ar. VII, *in g[lossa]*.

[2] J u d e. Wir sollen mit den juden nicht essen. Wir sullen auch von in keyne ertzney nemen; li. III, ar. II, *in g[lossa]*. Do hastu, was den juden verpoten ist; do hastu auch von irem fride.

[3] J u d e. Der jud mag verstolen gut kauffen; das ist darumb, das ein man sein verloren gut dester pas vinde, und das es im dester eer wider werd; *ut ibi dicit g[lossa]*, li. III, ar. VII; do hastu auch von der juden fride, den in Josephus hat erworben wider kunig Vespasianum; *ibi vide inter ca[pitula] de judeis et de pace eorum*, li. II, ar. LXVI.

[4] J u d e. Die juden sullen ire fenster and thür von karfreytag nicht offen; li. III, ar. VII *in g[lossa]*.

[5] J u d e.¹ Die juden sullen keiner keyserlichen gnaden gebrauchen und bei namen sullen ire weyber kein leipgeding haben; li. III, ar. VII, *in g[lossa]*, *vide supra*, von jude.

[6] J u d e. Die juden haben zwelfferlei sunderlich recht; davon hastu li. III, ar. VII, *in g[lossa]*; do hastu, das kein jude muss haben cristenknecht. Sie müssen auch kein neue schulen pauen, etc., *ut ibi vide g[lossam]*.

[7] J u d e. Die juden sullen nicht sechsisch recht geprauchen, wenn sechsisch recht ist ein sunderliche gnad, die sullen die juden nicht geprauchen, und darumb sollen ire weip nicht leipgedings recht haben; li. III, ar. VII, *in g[lossa]*.

[8] J u d e. Tötet der jud einen cristen *vel econtra*, man richtet uber in, li. III, ar. VII.

[9] J u d e. Wo man einen juden beclagen sol; sag vor seym richter; *Wich[bild]*, ar. CXXXIV.

[10] J u d e. Wie der jud sweren sol; *Wich[bild]*, ar. CXXXV, *in g[lossa]*.² Ettliche sagen auch von einer sunderlicher weise; aber das ist unrecht; li. III, ar. VII *in g[lossa]*.

---

¹ This paragraph was later added in the form of a marginal note.
² Later addition in the margin: *Wy di jude schweren sal. hastu in dem buch hynden an den CCLXXXV blatt.*

[11] J u d e. Der jud sol nicht aus der synagogen gen an judenhut; *Wich[bild]*, ar. *ult[imus]*, *in g[lossa]*.
[12] J u d e. Wo der jude seinen eid thun sol; sage in seiner schule; *Wich[bild]*, ar. CXXXIV.

19

REMISSORIUM
BY CASPAR POPPLAW, AUTHOR OF THE
COLLECTION, *RECHTER WEG*
1484–1493

M a n u s c r i p t: Ms. J 8, Stadtarchiv Breslau, unpublished. Compiled between 1484 and 1493.
B i b l i o g r a p h y: Homeyer, *Rechtsbücher*, No. 207; Theodor Goerlitz, "Der Verfasser der Breslauer Rechtsbücher 'Rechter Weg' und 'Remissorium'," *Zeitschrift des Vereins für Geschichte Schlesiens*, LXX (1936), p. 196 f.; Th. Goerlitz, *ZRG.*, LVII (1937), p. 752 f.
P u b l i s h e d here for the first time from the manuscript, pages unnumbered. — The capital letters (B, F, O) and Roman numbers following the references to the several law-books (some no longer identifiable) refer to lawcases in Caspar Popplaw's great collection of jury court decisions, *Der Rechte Weg*. These are published in full from the manuscript, *infra*, under No. 24 of the section, "Jury-Court Decisions."

Summary of Specific Jewry-Law Regulations with References to *Sachsenspiegel* and *Weichbildrecht*

JUDE

[1] J u d e: Dy juden haben XII sünderliche recht vor andern cristenleuten.
Item, das irste, das sy gekoufte und vorkoufte gestoulen habe nicht geweren durffen.
Item, das kein jude eygene cristenknechte noch meyde haben mag.
Item, sy mogen keyne neue judenschule bauen.

Item, welch cristen den juden dyneth, der ist im banne.

Item, dy juden sullen am guden freytage uff der gasse nicht geen.

Item, keyne ehe mag gesein czwuschen cristen und jüden.

Item, welch jude eynen bekarten juden czum cristenglouben unerit, den sal man burnen.

Item, sy sullen unser cristenlichen ehe nichtis smelichis thun.

Item, kein jude mag eynem cristen etwas bescheyden alleyne an seynem letzten ende.

Item, kein jude mag obir eynen cristen geczeugen, sunder eyn cristen mag wol obir ein juden geczeugen.

Item, kein jude mag eynen cristen verkeren czu seynir ehe bey seynem lebin.

Item, das czwelfte ist, das juden, heyden und ketczir der cristenlicher keyzerlichen genouden nicht gebrauchen mogen, sundirlich ere weyber sullen nicht leybgeding.

Ss. [*Sachsenspiegel*], li[ber] III, ar. VII, in *glo*[*ssa*].

[2] J u d e. Der kirchen freyheyt beschirmet dy juden nicht.

Ss., li. II, ar. X, *ante* [*fi*[*nem*] *glo*[*ssae*].

[3] J u d e. Dy juden mogen gestoulen guth keuffen.

Ss., li. III, ar. VII *p*[*er*] *t*[*otum*] *p*[*rincipium*] *glo*[*ssae*].

[4] J u d e. Keuft ein jude gestoulen wore uffinbar, her dorff keynis geweren, her beheldt sein geldt.

Lar. [*Landrecht*], ca. CXCIII; Ss., li. II, ar. XXXVI, *et in glosa*.

[5] J u d e. Juden sullen nicht kelliche, buchir noch messegewandt kauffen.

Lar., ca. CCLI; Ss., li. III, ar. VII.

[6] J u d e. Kein jude mag des cristen gewere sein.

SR. [*Stadtrecht?*], li. II, ca. LXXX; Wichb. [*Weichbildrecht*], ar. CXXXIV; Lar., ca. CCLI; Ss., li. III, ar. VII.

[7] J u d e. Kein jude mag mit seynen eyde obir einen cristenman umbe gelt geczeugen, ausgenomen ungerichte, todslag.

SR., li. III, ca. LXXIV; Ss., li. III, ar. VII, *in glo*[*ssa*].

[8] J u d e. Wy der jude seynen eydt sweren und thuen zal.

Wichb., ar. CXXXV; suche Ss., li. III, ar. VII, *in glo*[*ssa*]; O XLVII.

[9] J u d e. Welch cristen eynen juden mit cristen geczeugen anclagit, so mus der jude mit cristen geczeugen entgeen; der jude darff obir VII geczeug nicht leyden.

Wichb., ar. CXXXIV; Ss., li. III, ar. II, *in fi*[*ne*] *glose*; B XCVII.

[10] J u d e. Mag der jude geczeugen salbdritte, das her dy gestoulen ware uff der gasse bey tagislichte gekouft hot, her behaldit seyne pfennige, dy her doruber gab.

Lar., ca. CCLI; Ss., li. III, ar. VII.

[11] J u d e. Wer eynen juden schilt, der mus em XV schillynge czu busse gebin.

B LXXI.

[12] J u d e. Slect der jude eynen cristenman adir der cristen eynen juden, man richtit obir eynen als obir den andirn, gleich ab sy beyde cristen weren.

Lar., ca. CCLI; Ss., li. III, ar. VII.

[13] J u d e. Dy juden sullen och den alden keyzerlichen frede haben an erem leybe und gutte.

Lar., ca. CCXXXVII; Ss., li. II, ar. LXVI.

[14] J u d e. Ein cristenman mag kein eynem andirn cristenmanne eynis juden vorspreche wol seyn.

F. XLI.

[15] J u d e. Mit den heyden mogen wir essen und trynken, und nicht mit den jüden.

Ss., li. III, ar. II, *ante fi. glo.*

[17] J u d e. Dy juden sal man vor erem richter beclagen, unde der jude sal sein recht thuen undir en in seyner schulen.[1]

Wichb., ar. CXXXIII.

[18] J u d e. Kein jude sal wopen furen noch tragen . . . gewere.

Lar., ca. CCXLV; Ss., li. III, ar. II.

[19] J u d e. Czwuschen juden und cristen mog keyne ehe gesein bey vorlust des halsis.

Ss., li. III, ar. VII, *in glo*[*ssa*].

---

[1] In the margin of the manuscript there is the following addition by Caspar Popplaw, the author of the *Remissorium: Dubito.*

20

REMISSORIUM ODER REGISTER
ÜBER DEN *SACHSENSPIEGEL, LEHENRECHT*
UND *WEICHBILD*

E d i t i o n: *Sechsisch Weichbild, Lehenrecht und Remissorium* (Budissin: Nicolaus Wolrab, 1557), pages unnumbered.

B i b l i o g r a p h y: C. G. Homeyer, *Des Sachsenspiegels Zweiter Teil, nebst den verwandten Rechtsbüchern. Erster Band: Das Sächsische Lehnrecht und der Richtsteig Lehnrechts* (Berlin, 1842), p. 44, No. 15.

**Summary of Jewry-Law Regulations with References to
Sachsenspiegel, *Weichbildrecht*, and *Glosses***

JÜDEN

Christen sollen mit den Jüden nicht essen, auch kein artzney von in nemen. Und von der Jüden fried, den sie unter den Christen haben sollen; lib. 3, art. 2, *in glossa.*

Der Jüd mag gestolen gut wol kauffen, darumb das die leut ir verloren gut dester ehe wider bekommen; lib. 3, art. 7, *in glossa.*

Wie ein Jüd uberweist sol werden von einem Christen; Weich-[bildrecht], ar. 136, *in glossa.*

Kein Christ mag sich an ein Jüden umb eins dings gewerschafft ziehen; Weich. art. 136, *in glo.*

Jüden handeln gemeiniglich mit betrug in kauffen und verkauffen; Weich., art. 136, *in gloss.*

Von dem sonderlichen fried, den Josephus den Jüden vom Keiser Vespasiano erworben hat, *et multa alia de Judaeis, et pace eorum*; lib. 3, art. 7.

Ob Jüden schuldig sind, ir verkaufft gut zu gewern; Weich., art. 136, *in gloss.*

Die Jüden sollen ire fenster und thüren am guten freitag nicht offen haben; lib. 3, art. 7, *in gloss.*, col. 3.

Die Jüden haben zwey sonderliche Recht, und was diese sind, *vide libro* 3, art. 7, *in gloss.*

Die Jüden sollen keine Christen zu knechten haben, auch sollen sie kein newe Schul bawen; Land., lib. 3, art. 7, *in gloss.*

Die Jüden sollen nit Sechsisch recht brauchen, wann das Sechsisch recht ist ein sonderliche begnadung, den Sachsen verlihen, der sich die Jüden nicht gebrauchen sollen; darumb mögen ir weiber nicht leibgedings recht haben; lib. 3, art. 7, *in gloss.*, col. 4.

Tödtet ein Jüd einen Christen, oder ein Christ ein Jüden, oder schlecht ir einer den andern, man richtet uber sie nach des Rechten ausweisung, one unterscheid; li. 3, ar. 7; Weich., ar. 136, *in glo.*

Die Jüden sol man beclagen vor iren ordentlichen Richtern; Weich., art. 136.

Die Jüden sollen zu Recht nicht aus der Jüdenschul gehen on ire Jüdenhüt; Weich., art. ult; *in glo.*

Jüden mögen geweichte, oder sonst kirchen güter, für pfandt nicht besitzen, oder gar kauffen; Land., lib. 3, art. 7.

Wie ein Jüd schweren sol, *vide* Weich., *in fine.*

Etlich leut sagen auch von einer sonderlichen weis, wie sie schweren sollen, aber das ist unrecht; lib. 3, art 7, *in glo.*

Jüden sind schuldig gestolen gut, das sie gekaufft haben, wider zu geben, one das kauffgelt; Land., lib. 3, art. 7.

Die Jüden sollen keiner keiserlichen gnaden gebrauchen; lib. 3, art. 7.

Die Jüden sollen ire eid thun, nach jüdischer weis in irer schulen; Weich., art. 136.

JURY-COURT DECISIONS

1

LAW INSTRUCTION OF THE JURY COURT OF MAGDEBURG FOR THE CITY OF GÖRLITZ

1304

E d i t i o n: Gustav Adolf Tzschoppe and Gustav Adolf Stenzel, *Urkundensammlung zur Geschichte des Ursprungs der Städte und der Einführung und Verbreitung deutscher Kolonisten und Rechte in Schlesien und der Oberlausitz* (Hamburg, 1832), No. CV, p. 473, § 118.

B i b l i o g r a p h y: Carl Gustav Homeyer, *Des Sachsenspiegels Zweiter Teil nebst den verwandten Rechtsbüchern. Zweiter Band: Der Auctor Vetus de beneficiis, das Görlitzer Rechtsbuch und das System des Lehnrechts* (Berlin, 1844), p. 56; Richard Jecht, "Über die in Görlitz vorhandenen Handschriften des Sachsenspiegels und verwandter Rechtsquellen," *Neues Lausitzisches Magazin*, LXXXII (1906), pp. 225 f.

R e p r i n t e d from Tzschoppe-Stenzel's edition, p. 473.

1

Warranty of Jewish Vendors

Der Iude en muz des Cristenen mannes gewere nicht sie, her en wolle danne antworten in Cristenes mannes stat.

2

Punishment of Crimes Committed by Jews

Sleit der Jude einen Cristenen man tot oder tut her ungerichte an im, da her mite begriffen wirt, man richtet ubir en, als ubir einen Cristenen'man.

3

Protection of Jewish Life under the King's Peace

Sleit ouch ein Kristenen man einen Juden, man richtet uber en durch des Konigs vride, den her an im gebrochen hat, oder tut her ungerichte an im.

139

2

ʼSTENDALER URTEILSBUCH

About 1334

M a n u s c r i p t: Ms. Boruss. fol. 481, Preussische Staatsbibliothek, Berlin. Official collection of 31 Magdeburg Jury Court decisions, handed down to the jurors of Stendal, dating from 1329–1340; begun in 1334 and completed some years later by the town clerk Johannes. This is the oldest collection of Magdeburg Jury Court decisions known so far.

E d i t i o n: Jacob Friedrich Behrend, *Ein Stendaler Urteilsbuch aus dem vierzehnten Jahrhundert als Beitrag zur Kenntnis des Magdeburger Rechts* (Berlin, 1868).

B i b l i o g r a p h y: Homeyer, *Rechtsbücher*, No. 135, with no reference to the edition.

R e p r i n t e d from Behrend's edition, no. X, 1, p. 49 f., of January 2, 1331; XXVII, 1, p. 112 f., of the first half of the fourteenth century.

X, 1

Jews Accused of Inflicting Wounds to Be Exculpated by Six Oath-Helpers before the Synagogue

WO EYN JODE SIC UNSCULDIGEN MACH ENES
MORDES ODER WUNDEN

Gy hebben uns gescreven, wo kamwordighe wunden sint mit gyk ghewracht an eyneme kerstene manne, dar sint joden mede beruchtighet unde beklaghet, wo de joden des dinghes, der claghe unde der wunden sik weren scolen, mit kersten luden oder mit joden, vor der joden scole up Moyses buch oder vor deme hegheden dinghe in den ver scaren.

Des spreke wy vor eyn recht: Dat de joden de mit der kamwordighen wunden beruchtighet unde beclaghet sin, scolen der wunden unsculdich werden vor der joden scole jowelk selve sevede mit joden nach erme jodeschen rechte, he vore mit sines selves hant unde dar na dre unde echt dre alse recht is.

XXVII, 1

Penalty for Bodily Injury Inflicted on Jews

DE IUDEIS

Den wysen mannen den schepen to Stendal enbieden dy schepen to Magd[eburg] eren willeghen dienst. Gy hebben uns ghescreven in alsusdenen worden: Mit uns sint ghekomen eyn jode unde eyn jodinne vor deme ghehegheden dinge unde hebben gheclaghet over eynem kersten man, dat hie sie hebbe gheslaghen blut wunden unde ok brun unde blaw. Nu is die kersten man ghekomen in deme selven ghehegheden dinge unde heft des bekant. Des vraghe gy uns, wat nu sine broke sy unde wo hie to rechte beteren schal die blut wunden unde die anderen sleghe die brun unde blaw sint.

Hir up spreke wie vor eyn recht: Beschuldeghet eyn jode unde eyn jodinne eynen kerstenen man in gheheghedeme dinge, dat hie sie gheslaghen hebbe blut wunden unde ok brun unde blaw unde bekant hie des in deme ghehegheden dinge, hie schal en ere bute gheven, deme joden drittich scillinghe to bute, der jodinnen eyne halve bute, dat sint vefteyn scillinghe von rechtes weghene.

3

COLLECTION OF MAGDEBURG COURT DECISIONS

About 1339

Manuscript: Ms. M 25, Sächsische Landesbibliothek Dresden, so-called *Codex Bregensis*, written at the beginning of the fifteenth century. The second collection in this manuscript, in which the following decision is contained, was compiled about 1339 in Breslau. This decision is not found in any other collection of Magdeburg-Breslau laws; it was, however, embodied in the Glogau law-book of 1386, as chapter 475.

Edition: [Johannes Ehrenfried Böhme,] *Diplomatische Beyträge zur Untersuchung der schlesischen Rechte und Geschichte*, VI (Berlin, 1775), pp. 90–157.

Bibliography: Homeyer, *Rechtsbücher*, No. 309. — Paul Laband, *Das Magdeburg-Breslauer systematische Schöffenrecht* (Berlin, 1863), p. XIX;

Jacob Friedrich Behrend, *Die Magdeburger Fragen* (Berlin, 1865), p. XI f.; Erich Sandow, *Das Halle-Neumarkter Recht* (Stuttgart, 1932), pp. 10 ff. Cf. Wilhelm Weizsäcker, "Die Rechtsmitteilung Breslaus an Olmütz," *Festschrift für Otto Peterka* (Brünn-Prague, 1936), pp. 7 ff. R e p r i n t e d from Böhme's *Diplomatische Beiträge*, VI, p. 113, 3.

Liability of Jewish Creditors for Loss of Pawned Objects

VON JUDEN PFANDE

Setczt ein christenman eime juden ein pfand vor gelt, do her im wuchir von gebit, und vorlust der jude das pfant mit andirn sime gute, her sal is dem christenmanne geldin. Von rechtis wegin.

4

MAGDEBURGER SCHÖFFENRECHT

Fourteenth Century

M a n u s c r i p t: Ms. Boruss. fol. 240, Preussische Staatsbibliothek, Berlin. A collection of Magdeburg legal instructions and decisions of one hundred chapters, revised in the fourteenth century.

E d i t i o n: Herrmann Wasserschleben, *Sammlung deutscher Rechtsquellen*, I (Giessen, 1860), pp. 125–127, where a survey of the contents of the manuscript is offered, chapters 76–78 and 98–100 only being printed in full. There the text was very carelessly edited. Unfortunately, the manuscript could not be consulted for corrections.

B i b l i o g r a p h y: Homeyer, *Rechtsbücher*, No. 134.

R e p r i n t e d from Wasserschleben, *op. cit.*, III b, p. 126 f., chap. XCVIII–C.

XCVIII

Jewry-Oath Ceremonial

Hie steet von der iuden gerichte des eydes. Dys ist das gerichte unde der eyt, do mit eyn Jude gerichten zal deme cristen, das geschreben ist in der Keysere rechte. Her zal kegen den uffgange der sonnen barfus steen uff eyme stule, synen mantel zal her ane haben, eynen Juden hut uffe. Wirt her vellig drey stunt, also dicke vorluset her eynen virdung; czu deme vierden mole ist her bestanden.

Ich mane dich by den dren buchstaben unde by der ee, die got Moysi gab an der steynen tofelen uff deme berge zcu Synay, das dis buch gerecht, dor uffe du Jude deseme cristen sweren salt umme sogetane schult, dor umme her dich zcu antworte gebrocht hat.

XCIX
Formula of Jewry Oath

Das du der zache unschuldig ziest, der dich der selbige cristene man schuldiget, das dir got zo helffe, der got, der hymmel unde erde geschaffen haet, luft unde taw, berg unde taell, loub, blume unde gras; unde ab du schuldigh siest, das die erde dich vorslinde, die Dathan unde Abyron vorslangh; unde ab du schuldig ziest, das dich die gicht bestee unde die miselzucht, die Naaman vorlies unde Iesi bestunt; unde ab du schuldig ziest, das dich vorborne das hymmelische vuer unde das vallende obil ankome unde die blutsucht bestee; unde ab du schuldig ziest, das du vorterbest an diner zelen unde an dyme libe unde an dyme gutte, unde das dir geschee also Loths wibe, die gewandelt wart in eynen zalczstein, do Sodoma vortarp unde Gomorra; ab du schuldig ziest, dastu nymmer komest in Abrahames schos zcu ufirsteunge, do cristen, Juden unde heiden vor unserm schepper ersteen; unde ab du schuldigh siest, das dich die ee vortilge, die got Moysi gab uff deme berge Synay, die got schreib mit seynen vingeren in die steynen tafelen; [und daz dich vellen alle die schrift, di geschriben sint an den vumf buchern Moysi];[1] unde ab dyn eyt nicht reyne noch gerecht sey; das dich velle Adonay unde syne gewaldige gotheit. Sprechet alle Amen.

C
Shorter Formula of Jewry Oath

Der deme iuden den eyth stabet, der spreche alsust:

Des dich N. schuldiget, des bistu unschuldig, das dir got so helffe, der got der hymmel unde erde geschuff, loub, blumen

---

[1] This sentence is an addition to the text which is also found in a Cracow manuscript; cf. Ferdinand Bischoff, "Über einen deutschen Rechtscodex der Krakauer Universitätsbibliothek", in *Sitzungsberichte der Kaiserlichen Akademie der Wissenschaften in Wien*, philosophisch-historische Klasse, XLVIII (1864), pp. 19, 28 (of the reprint); *ibidem*, L (1865), pp. 25, 27.

unde gras, das vor nicht en was; unde ab du unrecht swerest, das dich die erde vorslinde, die Dathan unde Abyron vorslangh; unde ab du unrecht swerest, das dich die miselsucht bestee, die Naaman vorlies unde Yesi bestunt; unde ab du unrecht swerest, das dich die ee vortilghe, die got Moysi gab uff deme berge Synay, die got zelben schreib mit synen vingeren an der steynen tafelen; unde ab du unrecht swerest, das dich velle die schrift die geschreben ist an den vumff buchern Moysi. Sprechet alle Amen.

5

DRESDEN COLLECTION OF JURY-COURT DECISIONS

Fourteenth Century

M a n u s c r i p t: Ms. M 34ᵇ, Sächsische Landesbibliothek, Dresden. A collection of several hundred jury-court decisions from Magdeburg, Leipzig, Dohna, Halle, Dresden, of the fourteenth century.

E d i t i o n: Herrmann Wasserschleben, *Sammlung deutscher Rechtsquellen*, I (Giessen, 1860), pp. 80–120, 128–354. There the text was very carelessly edited. Although the manuscript could not be consulted, some obvious mistakes in the text reprinted in the following could be eliminated.

B i b l i o g r a p h y: Homeyer, *Rechtsbücher*, No. 317.

R e p r i n t e d from Wasserschleben, *op. cit.*, IV, pp. 320–322, chapters CLXXIII–CLXXIV.

CLXXIII

Jewish Loans Negotiated before Burgomaster and Municipal Council

VON MUNTLICHIM BEKENTENISSE UMMB SCHULT
VOR EYNEM BURGERMEISTER UND RATHE

Musche jude clait zcu Andre Schosser ummb czwey schock L groschen adir wer das gut vorantworten wil, und clagit mit sulcher redelicher guter wissin, daz Andre Schosscher ist gegannen vor ein burgermeister und rath and hat gesprochin: "Libin herren, ich bitte uch, ab ich nicht wedir usz der herfard queme, so bin ich Musschin schuldig II schock L groschen, das

man ym die reichin unde gebin sulle von meynem gute, wer sich
dorczu heldet; unde bith uch das ir daz yn der stad buch loszet
schribin." Nu frogit Mussche ummb recht: "Sintdemmale das
Andre Schosser, dem got gnade, zcu stad kore stund unde mitte-
burger was, und ein sulch redelich bekenthenisz unbetwungen
und ungedrungen vor eynem burgermeister und rathe gethan
had, und sulche wissin schrifftlich vorsigelt von der stad wegin
vor gerichte brechte, ab man ym icht mogelichin zcu seyner
schuld helffin sulle, wenn das man en uff tode hand adir uff keyn
ander bekenthenisz gedringin moge."

"Er richter, wolt ir Hanno Henels wort vornemen, der hort
hir clagin czu eynem berge, der seynes frundis Andre Schossers
gewest ist, dem got gnade, den her nu yn lehnn und rechtin
geweren had, als ym das der lehnherre bekant hat und nach
bekennet; und berut [?] wirt schult doruff von Musschin juden
wegin ane X groschen III schock, und hoffte, her welde brengin
der stad briff von Missin unde ir bekenthenisz, das en dy schult
wissentlich were." Spricht her, das em ummb die schult nicht
bewust sie; sunder hette ymand seynes frundis briff adir redeliche
warhafftige burgin, dornoch welde her is gerne noch rathe halden;
sunder alzo, alz dy schult herkommit noch toder hand, gefurdert
alhy vor gerichte. So fragit Hanno Henel noch rechte: "Nach-
demmale sulche bekentnisz, das die burger schribin, das syn
frund vor gerichte noch yn irem sitczenden rathe die schult
nicht bekant hat, als ym das wol wissentlich ist, so meynt her,
her sulle sulchis bekenthenisz, das sie yn irem briffe adir buche
schribin, ummb ire wissentschafft nicht entkelden, und meynt,
sy sullen sulche schult irczugin noch todir hant, als recht sey
und bleibit das by rechte."

Hiruff spreche wir schepphin zcu Dresden eyn recht: Bekennet
burgermeister und rath zcu Missin, das Andre Schosser vor en
bekant habe, das her Musschin juden II schock L groschen
schuldig were, bittende, ab her usz der herfart nicht wedir
qwemme, das man das von seynem gute Musschin juden gebin
sulle, wer sich zcu seynem gute hilde; doby ist Mussche neher
zcu blibin, wenne en Hanno Henel uff irynrunge noch toder hant
gedringen moge. Von rechtis wegin, vorsigilt mit unserm
ingesigil.

CLXXIV

An Official Document of Burgomaster and Municipal Council as Evidence for Jewish Loan Contract

DAS EYNER SCHULD NOCH TODIR HAND MIT EYNES
RATHES BRIFE BEKENTENISZ IRFORDERN MAG

"Wult ir Musschin wort horn; der hat geclait zcu Andre Schossers gutern ummb czwey schock L groschen, guter schildichter grosschin, und hat geschuldiget mit sulchir guter wissin eyns gesworn sitczenden rathis, das Andre Schosser, do vor ist gegangen, mitteburger ist gewest yn der stad zcu Missin, und had bekant das her Musschin juden das gelt ist schuldig gewest, ab her nicht wedir qweme usz der herfard, so sulde man ym alzo vil geldis usz seyme gute richtin. Doruff habin dy erbarn burger und schepphin geteilt noch sulcher guter redelicher wissin, habe her die, so konne her en nicht uff tode hant gedringin noch uff seyne ander irwisunge. 'Wir burgermeister und Rathmannen der stat Missin bekennen offentlich mit deszem unszerem offin briffe und thun kund alle, den die en sehnn, horn ader leszn, das vor uns komen ist yn unsern sitczendin gesworn rath Andre Schosser, unser mitteburger selliger, unde hat bekant mit gutem willin und wohlbedochtem mute, das her schuldig sey Musschin Juden zcu Missin II schock L groschen des zcu eyme bekenenisz'." Nu leth Mussche jude dirkennen, ab her icht wol volkomen sey adir was recht sey.

Czu Hanno Henel ist geclait und zcu dem seynen, das kommit her noch todir hand; des schuczte sich Hanno Henel der clagin mit rechte, das dorumme orteil gelegit syn und seyn komen kein Dresdin, und nun teilin dy burger und schepphin der stad Dresdin recht. Habe der jude kuntschafft und wissin, als her geteidinget had; volczuhet her denn mit sulcher wissin so ist is ym hulfflich. Nu ist dem juden geteilt her sulle volkomen mit sulcher wissin zcu dem nesten dinge. Nu brengit der jude briffe und meynt her wolle domitte volkomen. Uff dy briffe hat sich Hanno Henel nicht vorwillet und ist ouch doruff nicht geteidinget; das czuhet sich Hanno zcu richter und zcu schepphin. Nu bit Hanns Henel ummb recht zcu frogin, wenne is dach uff briffe nicht geteidingit ist, ab nu der jude mit briffen icht volkomen moge, wenne die schuld herkommit noch todir hant, her volkomen denne mit sulcher wissin, alzo her geteidinget had, alz recht ist. Das wil Hanno Henel gerne by rechte blibin und bit dorumme zcu frogin nach rechte.

Hiruff spreche wir Scheppen der stad Dresdin, etc.: Hat sich Mussche jude uff kuntschafft geteidinget, und had die von den burgern und rathmann der stad Missin vor gerichte yn irem offen briffe bracht, domitte volkommit her mogelichin. Von rechtis wegin. Vorsigilt mit unserm ingesegel.

6

COLLECTION OF JURY-COURT DECISIONS
Fourteenth Century

M a n u s c r i p t: Ms. 953, University Library, Leipzig. A collection of jury-court decisions from Magdeburg, Dresden, Dohna, Leipzig, Halle, probably from the fourteenth century, written about the middle of the fifteenth century.

E d i t i o n: Herrmann Wasserschleben, *Sammlung deutscher Rechtsquellen*, I (Giessen, 1860), pp. 355–443.

B i b l i o g r a p h y: Homeyer, *Rechtsbücher*, No. 689. — R. Helssig, *Katalog der lateinischen und deutschen Handschriften der Universitäts-Bibliothek zu Leipzig*, III (Leipzig, 1905), p. 90 ff.; Georg Schlauch, "Der Schöppenstuhl zu Dohna," *Neues Archiv für Sächsische Geschichte und Altertumskunde*, XXVI (1905), p. 211, No. 35, and p. 236.

R e p r i n t e d from Wasserschleben, *op. cit.*, V, p. 400, chap. XLIV, and p. 414 f., chap. LXVII; pp. 441 ff., chap. XCV.

XLIV
Trade Privilege for Jews Applied to the Law of Pledge

AP EYNER EYME EYN PHERD ENTRIT, UNDE DAZ PHERD ANGEFANGIN WIRT UNDE IN DY IÜDEN GESANT WIRT

Wir Manschafft der Donynschin Pflege sint rechtis gefrogit in desin nachgeschribin worten also:

Unszirn willigin dinst, gestrengen unde festen frunde. Vor uns ist komen vor gehegete bang Hempil Czigilheym, [der] hot fundin seyn pherd unde des angefangit in eyns cristen husze in cristin gewere, unde stet hy vor gehegiter bang, unde wil sich dorczu czihin selpdritte volkomner leuthe, daz daz pherd seyn gewest ist vor der czeit, also is om entreittin wart unde genomen wart, unde nach meyn ist, unde der Jude nu doryn geht; ab her icht durch recht selpdritte ouch dirwisin sal unde geczugen, daz is czu der czeit seyn gewest ist, also ichs angefangen, e ich dem juden umme meyn pherd antworten solle ader was recht sey.

Des Juden antwort uf daz pherd. Nu hat der Jude seyne antwort doruf gethan: daz pherd sey seyn, unde habe seyn gelt doruff gelegin mit wiszin, unde daz pherd nach seyn ist. So habin om dy schepphin geteilt, das her is der Jude irhaldin sal, daz das pherd in der czeit seyn ist, also is der cristin in dem cristenhausze angefangit hat, unde fragit dornach ab her is mit seynes selbis hant unde munde behalden sulde ader was darumb recht sey.

Hyrumme bitte wir euch, gestrengin libin frund, uns nach rechte dorus czu entscheidin unde wisze czu machin, daz wolle wir gerne umme euch vordynen.

Das recht uff daz pherd.

Hyruff [sprechen wir Manne czu Donyn]: Sinttemal daz der Jude in seyner antwort seczt, daz das angefangene pherd sey seyn [gewest], unde nach seyn ist, unde habe seyn gelt doruff gelegin mit wissin: Mag der Jude selpdritten mit eyme Juden unde eyme cristen geczugen, daz her seyn gelt unvorhalen bey tagelichte unde nicht in beslossene hausze uff daz pherd gelegin habe, so beheld her seyne phenninge doran, dy her dorumb gab ader doruff tet mit seynem eyde, ab is wol vorstolin ist. Gebricht om abir an den geczugen, so vorleust her seyne phenninge, ab Hempil Czigilheym czu seyme enttriten pherde selpdritte czugit, also recht ist. Von rechtis wegen.

XCV

Omission to Cover Default by Borrowing the Sum from "either Christian or Jew" According to Stipulation Causes Loss of Claim to Compensation

AP EYNER DEN SCHADEN LEGIN DORFFE DEN HER
SICH NICHT VORSCHRIBIN HATH

Das ist der schade den wir von Heynicz genommen habin von unsers geldis wegin, daz uns unser gnediger here der langgrave beczald solde haben, etc.

Czum ersten haben wir unser geldis schadin an eyme gute Trachenau genand, daz wir gekoufft hatten umb dryhundert schog unde sullen daz beczalt haben; do vorczog uns unser here unser geld; do quam eyn ander unde gab vierhundirt guldin mer umb das gut, wen wyr gethan hatten. Hette uns unser herre, der langgrave, unser geld beczald, so hetten wyr sulchen schaden an dem gute nicht genommen, als daz unser heren brief usweiset, unde bliben daz bey rechte.

Czum andernmale habin wir abegekoufft Ditteriche von Housberge eyn guth genant Lympach; daz gut sulle wir ym beczalt habin den nesten Senth Michelstag, das uns aber uffczog wart, daz wir on nicht beczalin mochten. Do muste Diterich hundirt guldin anderswo borgen unde muste eynen hengist mittenemen vor XL guldin, der was kume XII gulden wert; den schaden wir ouch von unszerm heren dem lantgraven habin, wen der vorgenandte Ditterich den schaden von uns meynt czu habin, so habin wir, etc.

Also wir Frederich von gotis gnadin, etc., von den von Heynicz umb schadin yres geldes, den sy von unser nicht beczalunge sullen genomen haben; also sy in yrer ersten schult berüren unde sprechin, daz sy eyn gut Trachenau, etc., unde wollen den obirkouf, den eyn ander gethan hath, uns czu schaden ufrechin; also man in orer schult vornemen mag, doruff unde dorkeygen ist unser ynsage unde keginrede, daz wir uns eyns sulchen schadens nach unsers briefes uswisunge keygen dem von Heynicz, ap ymand guter tuwer kouffte, wen sy gethan hetten, das wir den schadin legin sullen also nicht vorschrebin habin, uns ouch daz nicht vorkeret; sunder wir czihen uns daz an unsirn brieff, uf den daz sy uns schuldigin, der do gutlichin uszweiset, ap wir uf dy benante czeit nicht beczalen wordin unde an der beczalunge sumig werden, wo denne unser glober dy genannte summe geldis ausgewunnen czu Cristen ader czu Juden uf moglichin schadin, den selbin schaden wyr on gereth unde gelobit habin czu beczalin; hetten sy denne also nach unser beschribung gefolget, unde hetten geld czu cristen ader Juden uf moglichin schaden genommen, was denne schaden doruff yrgangen were, den hetten wir geleden unde woldin unszirn globdin unde vorschribunge genug gethan habin, unde ungerne weder dy saczunge unsers brieffes unde unser gelobde gered ader keyn erkenthenisze dorobir ghen lassin. Nu uns denne dy von Heynicz umb andern schadin des wir uns keyn on nicht vorschrebin nach vorpyniget, schuldigen, als wir uns des an unszirn brief czihen, so hoffe wir das wir sulchs schaden on czu legen nicht pflichtig seyn unde on forder dorumb nicht antwerten dorffen, unde wollen daz gerne nach rechte irkennen lassin.

Uff dy ander schult dorynne sy seczen, wy sy Ditteriche von Housberg eyn gut etc., unde aber von sulchs koufis wegin schadin uff uns meynen czu rechen unde fordern, doruf ist unser ynsage unde kegenrede unde vorantwerten dy schuld mit sulcher antwort, alzo wir uff yre erste schuld geantwert haben, der uff disse schuld czu gebruchin unde hoffen, daz wir sulchin schadin czu legin nicht phlichtig sind unde on ouch forder dorumb nicht antwerten; unde ap dy von Heynicz keynen schaden den wir on nach unsers brieffes uswisunge unde nach unser vorpynigunge, daran wir sy nicht gehindert habin, nach unsers brifes laute nicht gefolgit hetten, hoffen wir daz wir des durch recht nicht engeldin sullen unde wollen das nach rechte yrkennen lassen, sintemal wir uns unser gerechtikeit nach schuld nach antwert uf namhafftige entscheiden lute nach rechte czu enscheidin nach lauthe yrer brieffe vorkert habin, unde ouch yrem rechten ussproche, was sy uns vor recht sprechin, volgin unde genug thun wollen ane wedersproche, ab uns dy von Heynicz doruff ouch unszern houpbrieff nu icht moglichin unde wider antwerten sullen ader was dorumb recht sey.

Hyruff spreche wir Schepphin czu Meydeburg: Sintemal daz dy von Heynicz czu der czeit, do yn yr gelt czu rechter czeit nicht beczalt wart, keyn gelt uff moglichin schadin czu Cristen ader czu Juden nicht genommen habin, als des langgraven brieff usweiset, unde sich der langgrave keyn den von Heynicz sulchs schadin, ap ymand guter tuwer koufte, wen sy gekoufft hetten, yn yren brieffe nicht vorschribin ader vorwillekort had, so ist her den von Heynicz umb den schadin, dorumb sy on in dem ersten gesecze unde andirn antedingen, keyns antwertis phlichtig. Von rechtes wegen.

7

COLLECTION OF MAGDEBURG JURY-COURT DECISIONS

Fourteenth Century

M a n u s c r i p t: Ms. 1096 (formerly 945ᵉ), University Library, Leipzig. Collection of 495 Magdeburg Jury-Court decisions arranged alphabetically the copying of which was completed in 1518. The bulk of the decisions belongs to the fourteenth century.

E d i t i o n: Herrmann Wasserschleben, *Deutsche Rechtsquellen des Mittelalters* (Leipzig, 1892), pp. 1–144.

B i b l i o g r a p h y: Homeyer, *Rechtsbücher*, No. 693. — R. Helssig, *Katalog der lateinischen und deutschen Handschriften der Universitäts-Bibliothek zu Leipzig*, III (Leipzig, 1905), No. 1096, pp. 236–237.

R e p r i n t e d from Wasserschleben's edition, chap. 204, p. 67; chap. 264, p. 83.

Chapter 204

Law of Evidence Concerning Handhaving Crimes Committed against Jews

Gy H. hebben uns gefraghet, dat eyn jode myt eynes cristenmanne, dem was up den ruggen gebunden mere wen II marck unser pennynghe, unde quam vor den richter unde vor uns unde vor unse burgher buten deme gehegeden dynghe; unde de jode heft geclaghet aver synen dyff unde des landes, dat he em hefft gestalen syn rechte guth, unde dar heft he syn ruchte tho gedan; dar de cristenman tho geanthwerdet, dat he des unschuldich ys; des heft de jode laten vraghen umme eyn recht, wente he darsteyth myt der deverye up synen rugghen ghebunden, oft he icht negher sy aver to gande; des ys em gefunden vor recht van unsen burgheren, dat de jode en neger ys over tho gande, de he sze, dat he em rechte do; dyt ys gedeylet myth der scepen vulborth; des heft de jode laten vraghen umme eyn recht, wy he synen dyff tho rechte wynnen scal, wente he eyn jode ys; des en synt wy nicht wys, unde bidden um eyn recht.

Hyr up: dat de jode den cristen overwynnen scal myt VII cristenmanne, de scholen sweren up den hylgen, dat dath guth

up den cristenmanne up den rugghen gebunden ys, dat en dat
wytlick sy, dat ydt deme eyntgeydt jeghen den cristenman in
disser sake. Van r[echtes] w[egen].

Chapter 264

Realization of Forfeited Pledges

Worde jemande en panth geszettet v[on] r[echtes] w[egen] vor
schulde up enem benanten dach wedder to kofende unde nicht
geloszet worde; wyll denne der dath panth geszettet, ys darto
clagen, szo schal he dat pant bezetten nach gerichte, unde schal
drye darto clagen, unde dath meth rechte vorvorderen; unde
alzo dycke her darto clagen, so dycke schal he dath panth
upbyden; unde wan he dath vorvordert hefft meth r[echte] unde
daran gewyszet ys, so mach he dath vorszetten edder vorkopen
in christen edder in juden; unde wen he vorsettet edder vorkofft
hefft, wat em denne aver syn ghelt tho loppet, dat scal he
gennen weddergeven; entbrecket em, szo scal he den sculdenere
vorth manen, isset dat he sick myt ordele dar ave bewareth in
der clage, etc.

8

MAGDEBURG-BRESLAU LAW INSTRUCTION
TO OLMÜTZ

Fourteenth Century

M a n u s c r i p t: Ms. No. 403, Library of the Cathedral in Olomouc (Ol-
mütz), Moravia. Copied from the Breslau original manuscript in 1352.
The following jury-court decision is a later addition, on the lower page
margin made probably also in the fourteenth century; it is not found in
any other collection.

B i b l i o g r a p h y: Homeyer, *Rechtsbücher*, No. 922; Wilhelm Weizsäcker,
"Die Rechtsmitteilung Breslaus an Olmütz," *Festschrift für Otto Peterka*
(Brünn-Prague, 1936), pp. 85–103.

R e p r i n t e d from Weizsäcker, *loc. cit.*, p. 96.

Law of Evidence Concerning Loan Contracts with Jews

Leiht aber ain jude pei tages lichte fur ainem gesworn mane
auf sulche habe, die der schepffe besiht und daz gelt czelen siht,
gestet er des vor gericht als recht, so wehelt der jude das gelihen
gelt auf der hab und sein ere.

9

MAGDEBURG-BRESLAUER SYSTEMATISCHES SCHÖFFENRECHT

1356–1386

M a n u s c r i p t: Ms. J 2, Stadtarchiv, Breslau. Compiled in the middle of
the fourteenth century, possibly between 1356 (1370?) and 1386.

E d i t i o n: Paul Laband, *Das Magdeburg-Breslauer systematische Schöffen-recht aus der Mitte des XIV. Jahrhunderts* (Berlin, 1863).

B i b l i o g r a p h y: Homeyer, *Rechtsbücher*, No. 203; Paul Laband, *Das
Magdeburg-Breslauer systematische Schöffenrecht aus der Mitte des XIV.
Jahrhunderts* (Berlin, 1863); Theodor Goerlitz, "Die Breslauer Rechtsbücher
des 14. Jahrhunderts," *ZRG.*, LIX (1939), p. 161.

For the relationship of these decisions to those contained in the so-called
Codex Bregensis, being Ms. M 25 of the Sächsische Landesbibliothek in
Dresden, see Laband, *op. cit.*, pp. XVI ff., 200, 203. — Both decisions
reproduced in the following recur in another collection of court decisions
called *Alter Kulm*, from the second half of the fourteenth century, under
II, 81 and III, 75; cf. Homeyer, p. *35; C. K. Leman, *Das alte Kulmische
Recht* (Berlin, 1838), pp. 46, 76–77. — The first-mentioned *Schöffenspruch*
(II, 2, 69) is also found in the *Magdeburg-Schweidnitzer Unsystematisches
Schöffenrecht* (shortly after 1363), chapter 139, and in the *Magdeburg-
Schweidnitzer Systematisches Schöffenrecht* (before 1386), tit. XIV, chapter 3;
cf. Theodor Goerlitz and Paul Gantzer, *Die Magdeburger Schöffensprüche
und Rechtsmitteilungen für Schweidnitz* (Stuttgart and Berlin, 1940), p. 37.

R e p r i n t e d from Laband's edition, II, 2, chap. 69, p. 49; III, 2, chap. 38,
p. 86.

II, 2, 69
Jews Shall Not be Warrantors in Court
DAS KEYN IUDE GEWERE MAG GESYN

Anevangit eyn cristin man by dem andirn syne habe, dy ym
ab geroubit adir ab gestolin ist, do mag keyn iude gewer syn
vor gerichte. Der cleger, dem dy habe abe geroubit adir gestolin
ist, sulle dy behaldin, als vor dem richter recht ist.

III, 2, 38

Law of Evidence for Jews in Civil and Criminal Matters

VON JUDEN CLAGE UMME GELT ADIR UMME UNGERICHTE

Beclait eyn Jude eynyn cristin man umme gelt, des mag der cristin man dem iuden untgen unde syne unschult vortretin mit synis eynis hant uf den heylegin. Wenne keynis iuden eyt umme gelt obir cristin lute get, und keyn iude eynyn cristin man umme gelt obirczugin mag.[1] Abir obir[2] ungerichte alzo umme campir-wunden und lemde und[3] totslag mag eyn iude eynyn cristin man, synyn vredebrecher, in frischir tot obirwindin, glich als eyn cristin man tun mochte, mit sechs cristen mannyn geczugin. V[on] r[echts wegen].

10

MAGDEBURG COURT DECISIONS FOR SCHWEIDNITZ

1377–1382

M a n u s c r i p t: Apographs from the fourteenth century in Stadtarchiv Schweidnitz, Silesia, S, I, 163, pp. 90 and 143.

E d i t i o n: Theodor Goerlitz and Paul Gantzer, *Die Magdeburger Schöffen-sprüche und Rechtsmitteilungen für Schweidnitz* (Stuttgart and Berlin, 1940), pp. 88–90.

B i b l i o g r a p h y: Goerlitz-Gantzer, *op. cit.*, pp. 5–40.

R e p r i n t e d from Goerlitz-Gantzer's edition, pp. 89–90, II, No. 7 and II, No. 8.

II, 7

The Jew Jacob Is Not Bound by Law to Insure the Performance of *Klagengewere* [i. e., the Guaranty that the Court Action against the Defendants Would Not Be Repeated] by Sureties

Ir hat uns gefragit um recht. Eyn jude, Jacob genannt, hat getedingt fon syner wegin und in furmundeschafft syner muter und syner geswystereide mit des herczogen brieff und mit eyme

---

[1] *Alter Kulm: keyn jude umme gelt sweren mag.*

[2] *Alter Kulm: Abir beclayt eyn jude eynen cristenen man umme.*

[3] *Alter Kulm: adir umme.*

schepphinbrive um eynen hoeff, gelegen in der stat recht, uff Hannus, Conrod Zachinkirch fon irre und in furmundeschafft ire gesuisterede wegen. Und des mutin si fon deme juden die gewer, und Jacob tat die gewer. Und des sprachen Hanus, Conrod: Wenne die tedinge fon unser und in furmundeschaff[t] unser geswysterede moisst an gros ding, wol um dritte halber m[ark] P[rager] g[roschen] und wir en der gewer nicht gloiben wellen, op der jude fon syner wegen und in furmundeschafft syner geswysterede uns die gewer furburgen solle adir was recht ist.

Der jude sprach: Wenne myne mutter und geswysterede an der tedinge ere furderunge mir uffgelassin habin in furmundeschafft und Sachinkirch fon myner mutter und geswysterede geteilt sint und in furmundeschafft an mich gewyst sin und die brudir zur clage gehorit haben, ap sie mir icht bilchin antwort sullen, wen das ich en fur die gewer burgen se[tz]in sulle, adir was rechte sie.

Hiruff wir sch[epphen] zu Mag[deburg] sprechin eyn recht: Der jude darf der gewer nicht furburgen und nach deme male her fon syner muter und geswysterede wegen in gerichte geclagit hat in furmundeschafft, zo sulle die Sachinkirchin deme jude zu rechte zu syner clage antwortin.

Fon rechtis wegen.

II, 8

The Promissory Note Still in the Hands of the Creditor, Jacob the Jew, Declared Antiquated and Invalidated by Tacit Preclusion [*Verschweigung*]

Ir hat uns geschrebin fon Jac[ob] juden euwirs aldin heren des herczogen und schepphinbrive fon syner und in furmundeschafft syner muter und geswysterede habe und angeteidingt Hannus und Conrad Zachinkirchin um eynen hoeff, den Nyckil, ir fatir, dirstunt, gebuwit, gebessirt und bis an synen toet besessin had ane alle rechte ansprache und dieselben syne sone domit beerbit hat, etc.

[Hiruff] sprechin wir schepphin zu Medeburg eyn recht: Nach deme male Nyckil Zachinkirche den hoeff gebuwit, gebessirt und syne lebetage bis an synen toet ane rechte ansprache besessin

hat und syne sone domite beerbett, zo sint dieselben Hannus und Conrad, syne sone, mit irre erblichen were und besiczunge des hoeffes neher zu bliben, wenne die juden mit den aldin briven, die se lange cziet fursuegen sint, en abgewynnen mogen.
Fon rechtis wegen.

11

MAGDEBURGER FRAGEN

1386–1400

M a n u s c r i p t s: A lawbook-like compilation of legal opinions and Magdeburg court decisions based on several older collections, compiled between 1386 and 1400, and preserved in several manuscripts.

E d i t i o n: Jacob Friedrich Behrend, *Die Magdeburger Fragen* (Berlin, 1865).

B i b l i o g r a p h y: Homeyer, *Rechtsbücher*, p. *35–*36. — Behrend, *op. cit.*, pp. I–L; Ferdinand von Martitz, "Die Magdeburger Fragen," *ZRG.*, O. S., XI (1873), pp. 401–431; Emil Kalužniacki, "Die polnische Rezension der Magdeburger Urteile und die einschlägigen deutschen, lateinischen und czechischen Sammlungen," *Sitzungsberichte der Wiener Akademie der Wissenschaften*, phil.-hist. Kl., CXI (1886), pp. 113–330.

R e p r i n t e d from Behrend's edition, I, 2, 13, p. 47; I, 4, 7, p. 76 f.

I, 2, 13

Aliens and Residents, Laics and Jews, Must Respond in Court, If Lawfully Required to Do So

WY MAN UMBSESSENE LUTHE BEKUMMERN MOGE
IN DER STAT GERICHTE

Ab geste adir umbsessen[1] weren undir geistlichen adir wertlichen richtern adir bischoven unde ouch juden, dy zcu uns recht fordern, ab sie unsern burgern adir andern gesten nicht czu hant antwortten sullen umb gelt, umb ungerichte adir was sachen das were, ab sy zcu uns wedir beschuldiget werden, was recht sy.

---

[1] Another reading: *dy ungesessen weren.*

Hiruff sprechen wir scheppin zcu Magdeburg recht: Geste adir umbsessen,[2] dy leyen sint adir juden, dy vor uwerm gerichte recht fordern, sullen do selbist antworten, ab das mit rechten orteilen wirt irworben. Von rechtis wegen.

I, 4, 7

Penalty for Defamation of Jews

VON DER SCHEPPEN BUSSZE UMME EYN GESCHOLDEN ORTEIL

Ab eyn iude clagete obir eynen cristen, das her yn eynen hornson hette geheissen, das bekente der cristene, so das ym der jude lisse eyn recht werden, ab her dorumme ym nicht sulde buszen, das worde ym geteilet: Sintdemmole das her is bekente vor gehegetem dinge, so sal her ym buszen. Das orteil schulde der cristene und queme mit orteil uff dy bangk und spreche syn orteil also: Sintdemmole das alle lute dy juden hornsone heissen, so habe ich ym recht getan, und bedarf ym nicht[3] buszen, unde habe nicht unrechtis getan. Unde czoge sich des uff des koniges hoff ouch in eyn gehegit ding in Meydeburgischem rechte. Des volgete ym der jude; unde dy scheppin santen mit dem richter clage unde antwort unde das gescholdene orteil. Do weren wartende dy scheppin drye virczen tage unde manten den schelder unde synen burgen, das her syn ortel volfurte, des tete her nicht. Dornoch obir eyn virtel jar wolden dy scheppin ire busze habin von deme schelder, dorumme daz her syn ortel nicht hette volendet, unde machten en dingpflichtig unde synen bur- gen, so das sy gelobten, brechte her syn ortel nicht in dem nehisten dinge, her welde dy busze geben; und das gelobeten sie ouch vor den radmannen. Dennoch brochte her syn ortel nicht, so nemen dy scheppin ire busze von dem burgen. Dor noch obir eyn jar spreche der schelder: Dy scheppin haben mir myn gelt czu unrechte genomen, sy muszen mir is wedir gebin. Ab dy scheppin das gelt der busze von dem burgen mit rechte behalden mogen, adir was eyn recht sey.

---

[2] Another reading: *ungesessene luthe.*

[3] Addition in another manuscript: *antwerten noch.*

Hiruff sprechen wir scheppin zcu Magdeburg recht: Dy busze, dy dy scheppin irwerbin unde genomen haben, als das do obene geschriben ist, dy mogen sy mit rechte wol behalden unde dorffen der nicht wedir geben. Von rechtis wegin.

12

COURT DECISIONS ACCORDING TO MAGDEBURG LAW

End of Fourteenth Century

M a n u s c r i p t: Ms. 399, University Library, Cracow; unpublished. Collection of more than three hundred court decisions according to Magdeburg law; compiled in Cracow at the end of the fourteenth century, written about 1420, including some earlier decisions.

B i b l i o g r a p h y: Homeyer, *Rechtsbücher*, No. 646. — Ferdinand Bischoff, "Über eine Sammlung deutscher Schöffensprüche in einer Krakauer Handschrift," *Archiv für Kunde österreichischer Geschichtsquellen*, XXXVIII (1867), pp. 1–24.

R e p r i n t e d from the excerpts in Bischoff, *loc. cit.*, p. 18.

302

Criminal Jurisdiction over Jews

WIRT YMANT BEGRIFFIN MIT VORSLAGENER MONCZE
FREMDIN LANDIS

Cracau. Hiroff, etc.: Liben vrunde, is ist in unser stad offinbarlich vorruffin, daz bey weme man falsche vorslagene moncze [fende]¹ obir VI gr[oschen], den welde man vor eynen felschir habin. Habet ir denne den Juden domette begriffin obir VI gr., und hot obir en czu richten, zo moget ir en alz eynen felschir richten; hot ir abir nicht obir Juden czu richten, zo entwortit en dem, der obir en mit rechte hot czu richten, ewirm herren, dem Cracawer woyegewoden.

¹ Ms.: *fremde*.

13

COLLECTION OF MAGDEBURG COURT DECISIONS TO EISLEBEN

Fourteenth to Fifteenth Century

M a n u s c r i p t: Ms. No. 51 of the Plümicke manuscript collection, Gymnasium of Eisleben, Germany. Collected by the municipal authorities of Eisleben during the fourteenth and fifteenth centuries, the decisions extending from 1346 to the fifteenth century. Of the decisions published hereafter, No. 7 probably stems from the fourteenth century, while No. 33 belongs to the first half of the fifteenth century.

E d i t i o n: Hermann Grössler, "Sammlung älterer nach Eisleben ergangener Rechtsbescheide des magdeburgischen Schöppenstuhls", *Zeitschrift des Harzvereines für Geschichte und Altertumskunde*, XXIII (1890), pp. 171–201.

B i b l i o g r a p h y: Not mentioned in Homeyer, *Rechtsbücher.* — C. Kretschmann, "Sammlung älterer nach Eisleben ergangener Rechtsbescheide des magdeburgischen Schöppenstuhls," *Geschichtsblätter für Stadt und Land Magdeburg*, XXVI (1891), pp. 334–337; G. Kisch, "Studien zur Geschichte des Judeneides im Mittelalter," *Hebrew Union College Annual*, XIV (1939), p. 446, note 40; Paul Gülland, "Magdeburger Recht in der Neubearbeitung von Gustav Homeyers Verzeichnis der deutschen Rechtsbücher des Mittelalters," *ZRG.*, LX (1940), p. 279 f.

R e p r i n t e d from Grössler, *loc. cit.*, No. 7, p. 175; No. 33, pp. 193–194.

7

Ceremonial and Content of Jewry Oath

Item wo eyn jode eyme cristenmenschin sweren schal vor gerichte und vor ome komen schal mit rechte, also gy dat mit iuwer joden halden, dat uns dat ok also beschriven werde.

Hir up spreken wie scheppen to Magdeburg eyn recht: Dy jode schal synen eyt openbare don vor der joden schole, dat ön dy kleger höre und see, und he schal syne hand leggen gancz in Moyses buk und schal sweren, dat he der sake unschuldich sy, dat öme god so helpe und sin ee. Von rechtis wegen.

33

Law of Evidence in Cases Involving Christians and Jews

Scheppen zcu Magdeburg.

Unszir frundlichin grues zcuvor. Ersamen besundern guten frunde. So ir uns umbe recht gefraget habit in dessen nachge-

schreben worten: Aaron Jode had geschuldiget Risteden umme
nuen alde schock unde den such. Dar uff ist gefunden, hie solle
ja adder nehn seggen. Dar uff unde enkegen had Bartholomeus
fraget: Sintemale dass her der selbigeten schuld sy ledich unde
loess geteilet im gerichte von syner frouwen, ab her nicht loess
sy unde dorffe nicht ja edder neyn seggen, adder wass recht sy.
Dar enkegen unde zcu besseren des unsaligen joden recht ist
gefraget, ab her dass solle alleyne thuen adder selb anderer myd
tzwey cristen unde myd eynem jodden, adder wass dar umme
recht isst. Hyr umme beten wir uwer ersamen wissheit mid
fliesse, ir sulche orteil kegen eyn ander geghan gudlichen vor-
nehmen unde hyrupp umme eyn beschreben recht senden,
wollin wir umme uch myd dinstlichin flisse allezciid vordeynen.

Hyr uff spreche wy scheppen zcu Magdeburg vor recht:
Sindtemmale dass Bartholomeus Ristede in synem orteil kegen
unde widder Aaron Joden schulde gesatzt unde vorgegebin had,
dass her der schuld, daumb er beclaget werd, im gerichte von
syner huesfrauwen ledich unde loess geteilet sy, etc.: Mag her
denne eyn sulch myd gerichtes getzuchnisse ader myd tzwen
fromen cristen mannen zcu sich umbeschulden an orem rechten,
de men von geczuge nicht vorleggen mag, den dass wissentlich
isst, alse recht isst, bewisen, so isst her Aaron Joden dar bobin
hoger ja adder neyn zcu antworten nicht vorphlichtet, unde her
darb ouch syne bewisunge myd keynem joden fuelfuren nach
Magdeburgeschem rechte. Von rechtis wegin. Vorsigelt mid
unssin ingesigel.

14

COLLECTION OF COURT DECISIONS
FOR NAUMBURG
1400–1433

M a n u s c r i p t: Ms. 945, University Library, Leipzig. Collection of jury-
court decisions sent to Naumburg by the *Schöffen* of Magdeburg, Leipzig,
and Halle, in the fourteenth century and at the beginning of the fifteenth
century.

According to Friese-Liesegang (*infra*), this collection was compiled in
Naumburg between 1450 and 1520. There is, however, evidence that the

Naumburg collection originated some time before 1433: it is used in Dietrich von Bocksdorf's *Informaciones*, Part I, originating in 1433; cf. G. Kisch, *Zur Sächsischen Rechtsliteratur der Rezeptionszeit* (Leipzig, 1923), pp. 11, 18. On the other hand, the manuscript No. 34 of the Naumburg Stadtbibliothek (Homeyer, No. 881) of about 1400 was used in that collection. Its compilation must therefore be dated between about 1400 and 1433.

E d i t i o n: Victor Friese and Erich Liesegang, *Magdeburger Schöffensprüche* (Berlin, 1901) pp. 344–350; 435–666.

B i b l i o g r a p h y: Homeyer, *Rechtsbücher*, No. 680. — Friese-Liesegang, *op. cit.*, pp. 344–350; R. Helssig, *Katalog der lateinischen und deutschen Handschriften der Universitäts-Bibliothek zu Leipzig*, III (Leipzig, 1905), pp. 76–77.

R e p r i n t e d from Friese-Liesegang's edition, Nos. 65, p. 504; 76, p. 510 f.; 90, pp. 531–533; 92, pp. 534–538; 96, p. 540 f.; 104, p. 551 f.; 120, pp. 579–581; 121, p. 582 f.; 122, pp. 583–585; 125, p. 588 f.; 127, p. 590 f.; 129, p. 593 f.; 145, p. 618 f.

Explanation of Abbreviations

U. f. g. z. = Unseren fruntlichen grusz zuvor.
E. b. l. f. = Ersame besundere liebe frunde.
H. sp. w. sch. z. M. e. r. = Hiruff sprechen wir scheppen zu Mageburg ein recht.
V. r. w. = Von rechtes wegen.
V. m. u. i. = Versigilt mit unserm ingesegil.
V. m. u. s. = Versigilt mit unserm sigel.

65

First Half of Fifteenth Century

Stipulation of *Schadennehmen*, i. e., Borrowing an Amount Equivalent to the Original Debt from Christians or Jews at the Debtor's Expense

[WU MA]N DIRWISZE SAL, DAZ [MAN HAD U]FF DEN
ANDERN GELD [VON DEM] JODEN GENOMEN

Schepphin czu Magdeburg. U. f. g. Liebe frunde. Clage und antwert, dy ir uns gesand habin, czwuzschin Mattise Welkene in eyme teyle und Rudolffe Schengken czu Korbestorff in dem andern teyle, recht dor ober czu sprechene, dy wir uch weder senden in deszem unserm rechtbryffe vorslossen. Uff dy selben erste schuld und antwert sp. w. r.: Nochdemmal daz Rudolff Schengke dryssig guldin czu Mattis Welkene geborged had und om dy mid sinen borgen uff gnante tageczid globed had weder

czu gebine ader redelichin schaden czu cristen ader czu joden
darumbe czu lidene, als daz sin bryff uswist, dez abschryft in
der czusprache geschrebin sted, dez sind sy phlichtig czu haldene,
sindemmal daz sy dez bryffez nicht enlougken. Had nu Mattis
noch der tageczid dy dryssig guldene, alz dy om nicht gewordin
sind, uff schaden genomen czu den juden, und kan her daz
herwysen selbdrytte mid czwen fromen mannen czu sich, den
daz wissentlichen ist, und wel her daz vorrechten mid synen
geczugen, wy gros daz dy schade sy, und daz her geldez nicht
neher wenne czu den joden bekome[n] konde, dormethe ist her
dez schaden neher czu derhaldene, wenne Rudolf Schengke om
daz mid synen eyde enphuren moge. V. r. w.

76

First Half of Fifteenth Century

"Damages" from Incurring Debts with Jews

Ticze Keller klayd czu Hansze Sworczen, daz her on gehindert
had mit unrechte an virczig Rinische guldin czwey jar, unde daz
had her schaden druszig gulden, wen dy virczig gulden dy czit
czu den yoden gestanden haben.

Hansz Swarcze antwert, alzo her sich hort schuldigen umme
driszig gulden schaden, da spricht her neyn czu unde frayd nach
rechte, ab her nicht mogelich sin neyn neme musze, ader waz
recht sy.

Ticze Keller frayd noch rechte, sind dem mal daz on Hansz
Swarcze geerret had czwey gancze jar mit kleyden an virczig
gulden, dy Ticzel om mit rechte angewunnen had, wiszintlich
richter under schepphin, ab her om vor den schaden gerechte[n]
moge, ader waz recht sy.

H. sp. w. sch. cz. M. e. r.: Noch dem mal daz Hansz Swarcze
czu dem schaden, den Ticze Keller uff driszig guldin gewerderet
had, neyn spricht, so mag er des unschuldig werden uff den
heiligen, alz recht ist. Hette abir Ticze Keller uff in dye driszig
guldin schaden ouch gewonnen, daz er mit gerychtes geczugnisze
bewisen mochte, alsz er im dy virczig guldin angewonnen had,
so mochte er keyn unschuld da vor gethun. V. r. w. V. m. u. i.

90

First Half of Fifteenth Century
Warranty of Jewish Vendors with Regard to Immovable Property

Schepfen zcu Magdeburg. U. f. g. z. E. b. l. f. Ir habet uns
umbe recht gefraget in sulchen worten: Dri joden clageten zcu
eyme borger zcu Nuemburg vor minis hern gerichte mid rechten
geboten unde zcu allen synen guten umbe eine summe geldis
noch luthe orre bryffe. Do ging der borger vor gerichte unde
bekante den joden der schuld. Do wart on von gerichtis wegen
geboten, die schuld zcu leystene vor dingczyt. Das tahet her
nicht. Do wart den joden die holfe geteyld zcu om unde zcu
allen synen guten, unde on wart geholfen; unde sy boten die gud
uff von dinge zcu dinge, als recht was. Do wart on geteyld,
sy solden das gud dem erclayten manne anbyten, ab her das
loszen wolde; tete her des nicht, so sulden sie das gut vorkouffen
unde ores geldes bekomen, ab sie mochten. Do hilden die joden
das gud lenger denne jar und tag uff hoffenunge unde meynten,
her wolde sye beczalen unde sin gud wedernemen, unde boten
des gud bynnen des om unde synen erben digke unde veel an,
ab sie das losen wolden. Aber on wart von nymande ende. Do
vorkouften die joden eyn standeigen, das sie om obderklayd
hatten, eynem borger zcu Nuemburg unde gingen mid dem vor
gerichte unde gaben om das standeygen uff unde retten on das
zcu werne, als were recht ist. Alzo nam der borger das standeygin
an unde besas das alnohe ane insprache jar unde tag. Doch
nohe im ende des jares leyd der man, den das erbe abegeclayt
was, den, der das erbe gekouft hatte, vor gerichte kegen Fryberg
unde schuldigete on, das her sin gut den joden abegekouft hette;
des hette her hundert gulden schaden. Des lyes sich der der-
fordere[n] ane alle were [unde] wedderrede unde ane alle rechtes
behelfunge, unde clait nu zcu den joden umbe die were unde
ouch, das sie om gered haben wissentlichen gerichte, sy wolle
om von [vor?] sente Michilis tag der ansprache bonemen.
Dorkegen meynen dy joden, sint das erbe om nicht ansprochig
gemacht sy vor mynes heren gerichte, dorinne is gelegin ist, soe
sint sie on nicht pfligtig; und sunderlichen der ansproche sullen
sie on nicht benemen, dorumbe das her umbe schaden geschul-
diget ist, unde hat sich mit willen alzo ane rechte were unde

wedderrede lasen dervordern, unde kunnen on des huszes nu
nicht geweren von sulcher unredelicher inlage wegen; unde die
joden wollen dem borger sin gelt weder geben, unde had her
was besserunge von buwens wegen an dem erbe gethan, das
wollen sie om ouch wedderkeren und derlegen noch derkente-
nisze des rechtis ader des gerichtes. Hirumbe begere ich rechtis
derkentnisze, ab die joden den burger der ansprache benemen
sullen, dy also geschin ist, unde nu sie on des erbes nicht gewern
kunnen, ab her icht sin gelt unde besserunge, di an dem erbe
gethan were, abgeleyd unde wedder beczalt nemen musse unde
den joden das erbe weddir laszen folgen, ader was die joden om
wedder phligtig sin, edder was recht sie.

H. sp. w. sch. z. M. e. r.: Haben die joden dem burger ein hus
vorkouft unde konnen sie om des nicht geweren, so mussen ym
die joden sin gelt, das her vor das hus gegeben had, weder geben.
Unde had der borger daran wes vorbuwet und gebessert, das
mussen im die joden lege[r]n unde wederkeren nach erkentnisse
des richters. V. r. w. V. m. u. s.

92

First Half of Fifteenth Century (After 1413)

Validity of Promissory Notes Issued to Jewish Creditors

Schepphen zcu Magdeburg

I

U. f. g. z. Ersamer unde lieber besunderner. Ir habet umbe
recht gefraget in diszin worten: Ein jude, genant Abraham, had
mich geschuldigit umbe driszig alde schog groschen noch luthe
einis briffis, der sich also anhebt: "Ich, Mattis Welckin, und ich,
Hans Glogaw, borgere zcu Numburg, selbschuldigen, unde alle
unsern erben bekennen uffenlichen in deszem offen briffe vor
allen guthen luthen, das wir schuldig sin rechter schuld unde
gelden sollen mid gesampter hant Abraham vom Hayne, Perlin,
siner wertin, juden, zcu Numburg geseszen, unde allin oren erbin,
ader wer deszin briff innehat mit yrem guthen willen unde
wissen, driszig alde schog groschen Friberger muncze, der dry

einen schildechten grosschen gelden; uff obgnant summe grossen
[geloben] wir, den obgnanten juden zcu iczlicher wochen jo uff
iczlich schog czwene gute nuwe phennige zcu wucher zcu geben,
der drye einen alden groschen gelden, die wyle das die egnanten
summen grossen nicht beczald wirdet." Nue meynet der jude,
nochdememal Hans Glagow sich, als obgeschreben stehit, vor-
schreben had, unde nemelich mit dem artikelle: "deszen briff sal
nymant usczien noch ussweren noch keyne vorguldene schuld
brengen", ab er nu icht mogelichin umbe die obgeschreben schuld
usrichtunge thun sulle nach luthe des briffes. Dakegin meine
ich, gnanter Hans Glagow, der jude solle vor der antwert alle
artikelle unde uffsetzce, di weder das recht sin, abethun und sulle
ym an rechte laszen gnugen vor gerichte; und were ich, genanter
Hans Glagow, dem genanten Abrahame juden die obgeschreben
schuld schuldig gewest, der jude hette mir sulche redelliche
schuld eilf jar unde lenger ungerechent und an rechte forderunge
in keyne wisz laszen sthen, wenne ich doch sulcher schuld vor
die czyt unde ouch dornach wol beerbet unde hocher gewest bin
und noch bin, unde spreche dem juden zcu sulcher schuld neyn,
wenn ich doch dem juden der schuld weder mit hande noch mit
munde nicht geredt noch globet habe, ab ich nu mit myme neyn
icht mogelich dorvon komen moge. Worde aber irkant in rechte,
das ich mit myme neyn alleyne davon nicht komen kunde, so
antwerte ich, genanther Hans Glagow, darnach und spreche
und bekenn myns ingesegels an dem briffe; aber das ingesegel
ist an mynen willen unde wiszentschaft an den briff gehangen,
und bin der schuld nicht schuldig. Ich habe ouch der schuld
nicht globet, weder mit hande noch mit munde, unde ich bin
ouch der kegen den juden nicht selbschuldig worden; und wie
myn ingesigel an den briff komen sy, das ist mir unwissentlich,
unde sprech zcu dem briffe unde allen artiklen des briffes neyn
und bitte uch im rechten zcu derkennen, sinddemmal myn
ingesegel an den briff an mynen willen unde wissen gehangen ist,
unde wy myn ingesegel an den briff komen ist, das ist mir un-
wissentlich, und spreche zcu dem briffe neyn und allen artikeln
des briffes, ab ich nu icht mogelich min ingesigel uzczien, und wie
ich das uzczihen sulle mit merem rechte, denn mich der jude des
oberkomen moge, wenn ich doch ein unbeschuldener mahen bin

an myme rechte, und bitte dorober zcu sprechen das recht, ader was recht sy.

H. sp. w. sch. z. M. e. r.: Hat Abraham jude eynin briff, mit uwerme sigille vorsegelt, eines sulchen lutes, als der briff in uwer frage gescreben uswiszet, so musz man den briff halden unde vornemen, als er luth; unde der jude darf die artikelle, ab sie weder das recht weren, nicht abethun, unde ir moget den juden der schuld unde des briffes mit uwerm neyn unde mit uwers eynes hant nicht entgehen. Sundern als nu[1] uwers insegels an den briff gehangen sy, als ir schribet, turret ir denn das vorrechten selbdritte bedirver luthe, der man von geczuge nicht vorlegen mag, das uwer ingesigel mit betriklichkeyd an uwern wissen unde willen an den briff komen sy, unde das ir dem juden der driszig schog nicht phlichtig syt, also das ir sweret uffin heilgen, unde dy andern czwene biderman sweren uff uwern eyd, das der reyne unde nicht gemeyne sie, so loszet ir damethe uwer sigill von dem briffe unde vornichtiget den briff, und ir syt denn dem juden von der schuld wegin nichtes phlichtig. V. r. w.

II

Ouch so had eyn jude, genant Abraham, eynen bryff yn, daryn [ich] mich selbschuldig vorschreben habe uff XXVI Rinische gulden, und der jude nympt vor sich desen nachge-schreben artikeln, der in sinen briffe geschreben stheit, der sich alszo anhebt: "Deszin briff sal nymand usczihen noch ussweren noch keyne vorguldene schuld brengen, dye wile der jude den briff ynne had." Denselben briff ich, genanter Hans Glagow, vor czehin jaren adir lenger den gnanten juden zcu Nuemburg wol beczald, erlost unde dy schuld vorgulden habe, und habe mynen briff nicht methe uffgenomen. Sundern ich habe den gnanten juden dorumbe vil unde ofte gemant vor czehin jaren, dywile her zcu Numburg wonhaftig was, das er myr mynen briff, den ich irlost hatte, wedirgebe. Do sprach der jude zcu der czyt, er konde den briff nicht finden unde hette den vorleget; wenne er den funde, zo wolde er mir mynen gerne weder geben und solde mir nicht zcu schaden stehin. Des vorliff is sich, das

[1] Ms.: ir.

der jude von Numburg zcouch in eyne ander sthad. Nu hat der jude den briff weder vonden und trit vor gerichte unde fordert mich nach des briffes luthe. Bitte ich uch, ersamen herren schepphen, mich des rechten zcu underwisen, sintdemmal ich, gnanter Hans Glagow, mynen briff kegen dem obgnanten juden vor czehin jaren ader lenger dy schuld yrlost habe, beczalt unde wol vorgulden habe und habe des czwene cristen man, die ungeschulden sien an orem rechtem, mit den ich das vulkomen[1] unde geczuge[n] moge, ab ich nu icht mogelich kegen dem juden mynen briff als vorgulden und wolbeczalte schuld irwiszin unde usczihen solle, als ich doch ein ungeschuldener mahen bin an myme rechten, myt merem rechte, dann myr der jude mynen briff, den er myr doch mit listegen worten wol czehin jar ader lenger bis her vorgehalden had, mich geforderen moge, addir was recht sy etc.

H. sp. w. sch. z. M. e. r.: Had der jude eynen briff, darynne ir uch keigen im selbschuldig uff sechs unde zcwencig Rinsche gulden vorschreben habt, deszin artikel inhaldene: "deszin briff sal nymant usczihen noch ussweren noch keyne vorguldene schuld brengen" etc., so muszit ir den briff, nu ir des bekennet, nach sime luthe liden unde halden unde dem juden sechs unde czwencig gulden beczalen. Wenne ir im denne die beczalunge gethan had unde uwern brif geloszet habt, wollet ir denne den juden mit wissintschaft bidirver luthe beschuldigen, das er dy selbe summe geldis vorhin bereyte von uch entphangen unde uch vorgesayt habe, er hette den briff vorleget, das solde uch nicht zcu schaden stehin etc., dar zcu musz er uch antwarten unde phlegen dorumbe, was recht ist. V. r. w. V. [m. u. i.]

96

First Half of Fifteenth Century

Equality of Jews and Christians Subject to Fines for Minor Injuries — Law of Evidence

U. f. g. z. E. b. f. Ir habt uns gefraget umbe recht in sulchen worten: Herman Gerwer claid von sines elichen wibis wegin zcu Zcadagke juden, das her sin ewip eyne hongeriche kocze geheyszin

---

[1] Ms.: *wulkonen.*

had, unde clait das mit wissin zcweiger manne, dy von rechte nicht zcu vorwerfin schein, unde bud das zcu geczugen unde bit volkomen antwert unde usrichtunge noch rechte. Czadag jude antwert, das sich der frouwen kind mit eina[n]der geczweyget haben; da slug dy frouwe des juden kind; da sprach her, worumbe sy sin kint sluge, sy wolde is slan, das her is ansehen salde. Das bekent her, das her zcu ir gesprochen had: "Du unglugke, worumbe slehestu myn kint," unde sprichet zcu dem ander neyn. Herman Gerwer fragit noch rechte, sind das her geclayt mit wissin zcweyer bider man, menre, dy von dem geczuge nicht zcu vorwerfen schein, unde des ome der jude neyn sprichit, wy om der jude des neyn entgehe solle, adir was recht sy. Zcadak jude fragit noch rechte, wenne sy eyn cristin ist unde her eyn jude, ab her icht billichin mit eyme juden unde mit eyme cristen obirczugen sal, adir was recht sy.

H. sp. w. sch. z. M. v. r.: Sintdemmal das der jude zcu der schult neyn sprichit, so mag her des unschuldig werdin, also recht ist. Unde Herman Gerwer ne, darf om des nicht obirczugen. Sundern also der jude sprichit, sich nicht obirgeben had, das her Hermans zcuge liden wolde, so mus her mit czwen cristen zcugen unschuldig werdin. Kan her der nicht gehaben, so wird her vellig und mus Hermans frouwen darumbe funfczenhin schillinge phennige zcu busze gebin und dem richter syne gewette. V. r. w. V. m. u. s.

104

First Half of Fifteenth Century
Warranty of Jewish Vendors with Regard to Immovable Property

U. f. g. z. Ir habet uns gefraget umbe recht in su[l]chin worten: Mertin Wilde clayd, als her vor geclait had, zcu Canolde, zcu Meygere und zcu Czadagke, juden, das sy ym eyn erbe vorkouft haben und om eyne were gered haben, in gerichte und in geheite bang, wiszintlich richtere und schepphin, und om das anspruchig gemacht ist; unde ist sin virde ding, und bid antwert, Meyger und dy juden antwerten und bekennen, das sie om eyn husz vorkouft habin undern myns hern stabe zcu Numburg, das sie doch meynen, is sy obir jar unde obir tag, und das gud anspruchig worden ist in [eym andirn] gerichte, unde hir nicht, unde fragen noch rechte, ab sy om keyns meher phlichtig syn, adir was recht sy. Mertin Wylde frait noch rechte, also das her zcu dem juden geclayd had umb eyne were, und zcut sich des an gerichte und geheyte bang, und om anspruchig worden ist in jare unde in tage, und fraid noch rechte, ab sy om icht mogelichin dy were thun adir phlichtig sin, adir was recht sy etc.

H. sp. w. sch. z. M. e. r.: Sintdemmal das dy juden bekennen, das sy Mertine Wilden das husz vorkouft habn und ym des vor gerichte unde geheyte bang eyne were gelobet, ys her dorumbe von des huszes wegen beclayt, adir ist om das husz ansprochig gemacht, so muszen dy juden om das benemen umbe des kouffes und der were willin, dy sy ym dorane gethan habin. V. r. w. V. m. u. s.

120

First Half of Fifteenth Century (After 1417)

Formula and Validity of Promissory Notes Issued to Jewish Creditors

Schepphin zcu Magdeburg. U. f. g. z. E. b. l. f. Ir habit uns umbe recht gefraget in deszen worten: Eyn jode von Lipczik langet an zcwene mynes heren burgere zcu Nuemburg umb eynen brief, darinne sich eyner selbschuldig vorschreben had, der andere also eyn borge des briefes, des schrift also heldet: "Ich, Hans Glogaw, burger zcu Nuemburg, selbschuldiger, und alle myne erben und ich, Wenczslaw von Glagow, burger zcu Nuemburg, burge, bekennen offintlichen in deszin briefe vor allen guten luten, das wir schuldig sind und gelden sullen mid gesampter hand rechter schult Junger und Kanolde, joden, zcu Nuemburg gesessin, yren elichin werthin und alle yren erbin, und wer deszen brief ynne had mid der egnanten joden guten willen und wissin, sebin alde schog groschen Friberger muntze, der dry eynen nuwen groschen gelden schildichter. Desze vorgnante summe groschen die globen wir den egnanten joden gutlichin zcu bezcalene uff senthe Jacofftag, des heiligen zcwelfboten, der nehest komende. Gesche des nicht, so globen wir den egnanten jodin zcu iczlicher wochin yo uff iczlich schog groschen

czwene gute phennige geben zcu gesuche, dywyle dy vorgnante
summe groschen nicht beczalt wirt, der dry eynen groschen gild.
Und wir egnanten selbschuldigen und burgen sullen und wullen
dis obgnante gelt, houptgut und wucher, botenlon, bryefegelt,
nachreysze und zcerunge, was des wirt ader wurdin were, leysten
und bezcalen mid bereiten gelde ader guten phanden, da den
joden wol an genuged, unvorsprochlich geistlichs ader wertlichs
gerichtes, zcu Nuemburg in der stad ader in seben milen darumbe,
zcu welche stad sy uns manen. Daran sal nicht hindern hern
dinst, bethe noch geboth, und keynen fund dar in zcu findene,
der den egnanten jodin schedelich mag gesyn zcu oren vorgnanten
gelde, ys sy geistlichs ader wertlichs gerichtes. Deszen briff sal
nymant ussweren ,noch usczyhen noch keyne vorguldene schuld
brengin, dywyle dy joden deszen bryef innehaben. Were ouch,
ab sich word ader ingesigil dy[s]es brifes keynes sich vorrugte,
gebreche ader zcubreche, ader ab keynerley vorgecznis[1] ader
gebrechnis were an dessen bryef ader ingesigel, das sal den
gnanten joden nicht schedelich syn zcu oren vorgnanten gelde
bye unsen guten truwen. Des zcu orkunde und merer sichirheid,
das alle desze vorgeschrebene rede, stugke und artikele deszes
briefes stete und gancz und unvorbrochlich von uns sullen
gehalden werdin, habe ich, vorgnanter Hans Glagaw, selb-
schuldiger, und ich, vorgnante borge Wenczslaw von Glagaw,
unser ingesigil mid unserm guten willen und wissin gehangen an
deszen offin bryef, der gegeben ist noch Cristi gebord vyerczehin-
hundert jar, darnach in dem sebeczenden jare am nehesten
fritage vor senthe Donati tage, des heiligen bischoffs'' [August 6,
1417]. Und der brief ist dem jodin von syme vatere ankomen.
Nu spricht Hans Glagaw, der selbschuldige, her bekenne syns
ingesigels, und das andere ingesigil sy synes vettern; aber die
ingesigel sint ane yre wissen an den brief komen; und Hans
Glagaw, der selbschuldige, meynd so den brief selbdritte uszcu-
zcihende, und had syne borgen ingesigel mid synen eyden darvon
zcu brengene, das der jode nicht zcugeben wil. Sundern der
jode meynd, sint der selbschuldige und borge der ingesigel be-
kennen, sy sullen den bryef halden und nicht om abesweren von

---

[1] Ms.: *vorsecznis.*

sulcher vorschribunge wegin, als der bryef uswiszed, nemlichen
an dem artikele: "dissen brief sal nymand usczihen noch ussweren
noch keyne vorguldene schult zcubrengin, dywyle dy joden
deszen brief inne haben," etc. Were aber sache, das dy recht den
artikel nicht zcu haldene zcugeben, so meynd der jode, das der
selbschuldige und burge, iczlichir besundern, sin ingesigil selb-
sebende usczihen sal, und nicht der selbschuldige alleyne selb-
dritte, dorumbe das der bryef den joden von sinem vatere an-
komen ist, der vor langen zcythin vorstorben ist. Hirumbe bethe
ich uch, mich rechtis zcu berichtene, [ap] der selbe jode von
sulcher vorschribunge wegin, als in dem bryefe berurd ist, den
brief halden muszen, ader wy sy den brief von dem jodin in
rechte brengin sullen, iczlicher selbdritte ader selbsebende, ader
was darumbe recht sy.

H. sp. w. sch. z. M. e. r.: Wullen Hans von Glagaw und
Wenczlaw von Glagaw ore ingesigel abesweren und uszcyhin von
dem bryefe, das es mid oren willen dar nicht ankomen sy, das
musz eyn iczlicher thun selbdritte, und Hans von Glagaw, der
sachwaldige, en mag synes burgen ingesigil nicht abezcyhen und
gesweren. Sunder dy borge muste das selbe thuen. Und das es
in dem bryefe uzgescheiden ist, das man das nicht thun solde,
das kan dar nicht zcu hindern. Und sy en dorfin der ingesigel
ouch nach toder hand selbsebinde nicht abezcyhen von des
wegin, das der jode spricht, der bryef sy om von synen vatere
ankomen; sunder selbdritte mogen sy das thun, als vorgeschrebin
steyd. V. r. w. V. m. u. i.

121

First Half of Fifteenth Century (After 1413)

Validity of Promissory Notes Issued to Jewish Creditors

Schepphin zcu Magdeburg. U. f. g. z. E. b. l. f. Ir habit uns
umbe recht gefraget in dessen wortin: Vortmer bethe ich uwer
erbarkeit, mich rechtes zcu berichtene. Derselbe jode langet
an den mergnanten Hansze Glagow mid eynem briefe, des
inhaldunge in sulchim lute zo ist: "Ich, Hans von Glagaw, und
ich, Mathies Wilken, burger zcu Nuemburg, selbschuldigen, und
alle unsze erbin bekennen offintlichen in deszem briefe vor allen

guthen luten, das wir schuldig sint rechter schult und geldin
sullen mit sampter hand Junger jodin und Kanolde, oren elichin
wirtin, juden, zcu Nuemburg gesessin, und alle oren erben acht
Unghersze gulden gutes goldes und rechtis gewichtis und vyer
alde schog groschen Fribergescher muntze, der dry eynen nuwen
schildichten groschen gild. Und uff die egnante summe gulden
und uff die egnante summe groschen globen wir den egnanten
jodin zcu iczlicher wochin yo uff iczlichin gulden und yo uff
iczlich schog alder groschen dry nuwe phennige geben zcu wucher,
dy eynen aldin groschen geldin, dy wyle dy egnanten guldin und
dy egnanten summen groschen nicht beczalt sint. Und wir
egnanten selbschuldigin sullen und wullen dy vorgnanten gulden
und die egnante summe groschen und den obgnanten wucher,
botenlon, bryefegeld, nachczerunge, was des wird ader wurden
were, leystin und beczalin mid reyten golde und gelde ader mid
guten phandin, dar dem joden wol an genuget, unvorsprochlichen
geistlichs ader wertlichs gerichtes, zcu Nuemburg in der stad
ader in drien milen darumbe, in welche stad sy uns manen.
Daran sal nicht hindern heren dinst, bethe noch geboth und
keynen fund darin zcu findene, der den joden schedelich mag
gesyn zcu oren vorgnanten golde und gelde. Und wir vorzcyhin
uns alle der were und hulferede, die uns mochten zcu hulfe
komen und den egnanten jodin zcu schadin zcu oren vorgnanten
golde und gelde, is sye geistlichs ader wertlichs gerichtes. Dessen
bryef sal nymand uzczihen noch ussweren noch keyne vorguldene
schult brengen, dy wyle on dy jodin innehaben. Were abir
keynerley vorgessenis ader gebrechnis ader wurde an deszem
bryefe und ingesigel, das sal den juden nicht schedelich syn zcu
oren obgnanten golde und gelde by unsen guten truwen. Des
zcu orkunde und merer sicherheid, das wir alle desze vorschrebene
rede, stugke und artikel disses bryefes stete und gancz und
unvorbrochlichen sullen und wullen halden, haben wir obgnanten
selbschuldigin unszer ingesegel mid unserm guten wissin und
willen gehangin an deszin offin bryef, der gegeben ist noch
Cristi geburd vyerczehinhundert jar, darnoch in dem dritczenden
jare an dem nesten mantage nach senthe Walpurgin tage, der
heiligen jungfrauwin" [May 8, 1413]. Nach sulches bryefes luthe
nympt Hans Glagaw vor, der brief sy nicht volstendig, dorumb

das Mattis Wilkens ingesigel, der sich selbschuldiclichin mid om vorschreben had, an dem briefe nicht en ist, und darumbe solle her on mid dem bryefe nicht vordern. Darkeyn meynd der jode, sint Hans Glagaw sin ingesigel an den briff gehangin had, mid dem briefe und ingesigel hed her on manet, nu sy sich semptlichin vorschreben haben, her sulle om usrichtunge thun noch inhaldunge synes briefes von sulcher vorschribunge wegen, als der brief in eyme artikel berurt: "Were aber vorgessenis ader gebrechin ader wurde an deszem brief und ingesigel, das sal den jodin nicht schedelichin syn," etc. Hirumb bethe ich uch, mich rechtes zcu berichtene, sind Hans Glagaw des ingesegels an dem briefe bekennet, ab her von rechtis wegen haldin sulle nach siner inhaldunge, sint doch des andern ingesigel daran gebricht, ader wy der den bryef von dem joden brengen sulle, ader was dorumbe recht sy.

H. sp. w. sch. z. M. e. r.: Is Matthis Wilkens ingesigel an dem bryefe nicht, so en darf her zcu dem bryefe nicht hoger antwerten wen alse to eynem slechten andern gelobete, bekennen ader vorsachin. Und Hans von Glagaw, des ingesigel an dem bryefe is, en mag den bryef da mete nicht vornichtigen, das Mattis ingesigel dar nicht an en ist. Sunder bekennet her des bryefes und synes ingesigels, so mus her halden ader muste den bryef von dem joden brengen mid beczalunge adir andern sachin, dar man eynen bryef mete vorlegin ader usczyhen mag. V. r. w. V. m. u. i.

122

First Half of Fifteenth Century (After 1415)
Validity of Promissory Notes Issued to Jewish Creditors

Schepphin zcu Magedeburg. U. f. g. z. E. b. l. f. Ir habit uns umbe recht gefraged in deszen wortin: Vorder bethe ich uwir erbarkeid, mich rechtes zcu berichtene. Derselbe jode langet den selbin Hans Glagow an vorder mid eynen bryefe, des inhaldunge so heldet: "Ich, Hans von Glagaw, burger zcu Nuemburg, selbschuldiger, mid alle myne erben bekennen, das wir om schuldig sint rechter schulde und geldin sullen mid sampter hand Junger jodin, gesessen zcu Nuemburg, syner elichin wertin

und alle oren erbin dry alde schog groschen und funfczehin alde
groschen, und globin on, den gnanten jodin, zcu gebene zcu
iczlicher wochin yo uff eyn ald schog groschen zcwene phennige,
der dry eynen alden groschen geldin, geben zcu gesuch, dywyle
das das vorgnante geld nicht beczald wert. Und wir sullen und
wullen das vorgnante geld, beyde, houptgut und wucher, bryefe-
geld, botengeld und zcerunge und nochreysze, was das wirt ader
wurden were, leysten und beczalen mid bereyten gelde ader
guten phanden, da den jodin wol an genugit, wenne sy uns
darumbe manen zcu Nuemburg in der stad ader in sebin milen
darumbe, in welcher stad sie uns manen. Dar an sal nicht
hindern hern dinst, noch bethe, noch geboth, noch vorboth, noch
vorsprochlichs geistlichs noch wertlichs gerichtes, noch keynen
fund darin zcu finden, der den gnanten jodin mag schedelich
gesyn zcu oren gelde; und wir vorczihen uns mid guten willen
allerley hulferede, dy uns mochten zcu hulfe komen und den
egnanten jodin zcu schadin. Deszen brief sal nymand usczihen
noch usswerin noch keyne vorguldene schult zcubrengen, dy
wyle dy egnanten jodin deszen bryef ynne habin. Wer ouch,
ab sich word ader ingesigel deszes bryefes keyns sich vorrugte
ader zcubreche ader gebreche, das sal alles den egnanten jodin
nicht schedelich syn an orem gelde. Des zcu orkunde und
merer sicherheid, das alle desze vorgeschrebene rede stete und
gancz und unvorbrochlich von uns sullen gehalden werden,
haben wir vorgnanten selbschuldigen unser ingesigel gehangen
mid unserm guten willen und wissen an deszin uffin bryef, der
gegeben ist noch Cristi gebord funfczehenhundert jar, dornoch
in dem funfczehenden jare an der nehestin mittewochin noch
dem nuwen jaristage." Des bryefes meynd der gnante Hans
Glagow nicht zcu haldene, darumbe das vorgessenheid geschen
ist in der vorschrybunge, nemelichen in dem dato, als stet, der
gegeben ist noch Cristi gebort funfczehenhundert jar, als ir in
der abeschrift vornemen werd. Dorkegen meynd der jode, sint
Hans Glogaw syn ingesigil vor sich und syne erben an den
bryef gehangen haben, sulch vorgessen sulle on nicht hindern,
der an dem dato geschen ist, darumbe das der bryef uswyst:
"were ouch, ab sich word ader ingesigel deszes briefes keyns sich
vorrugte, zcubreche ader gebreche." Hirumbe bethe ich uch,

mich rechtes zcu berichtene, sint Glagowen ingesigel an dem
bryefe ist, ab her den haldin musze, ader ab sulch vorgessenis
in dato des bryefes den bryef vornichtigin sulle, ader was recht sy.
H. sp. w. sch. z. M. e. r.: Wyszed der rechte bryef us an dem
dato, das her noch gotes geburd funfczehinhundert jar und in dem
funfczehinden jare sulle gegeben syn, als desze copye uswyszed,
so ist der bryef vorkorczed und falsch. Do mete mag on Hans
Glagow mid rechte wol vorlegen. Und das es in dem bryefe
usgescheiden ist, das man den nicht usczihen ader vorlegen sulle,
das kan dem rechte nicht schaden ader falscheid benomen.
Sudern Hans von Glogaw muste dem joden glich wol zcu syner
schuld antwerten, bekennen ader vorsachen. Bekente her denne
der schuld, so muste her die halden. Bekente her der nicht, so
muste her sich der schult entledigen, alse recht were. V. r. w.
V. m. u. i.

125

First Half of Fifteenth Century

Restitution and Law of Evidence in Case of the Breaking
into and Robbing of a Jewish Home

Schepphin zcu Magdeburg. U. f. g. z. E. b. l. f. Ir habed uns
umbe recht gefraged in dessen worten: In den gezcythin, als dye
ketczere nest in dem lande waren, hadten die landlauthe zcu-
flucht in die stad zcu Zcicze. Aber sie musten den burgern zcu
den heiligen sweren, das sie in der stad getruwe und were sin
wulden. Das ward so nicht gehalden von eyn teyls luthin und
nemlichen von eynen, gnant Heinrich Kreczschmar. Der lyff
in eyns juden husz, der da lag in mynes heren geleite, und hibe
dar inne uff und zcu, slug vas und kisten mid unrechter gewald
und nam darus an cleynoten, gulden und silberen, an kannen
und an andern gefesze besser den zcwenczig nuwe schog wert
und brachte das weg. Darnach quam her weder und brachte
des gerethes eyn teyls, des was nicht vil, unde antwerte das dem
juden und furchte sich, das om bosze teidinge dar obir bestunden,
wen her dar obir besehin was. Nu schuldiget on der jude umb
das obirge, das in den fassen und kasten gewest und hinderstellig
blebin ist, unde meynd, her sulle om dorvor nicht sweren alleyne

mid syns selbes hand, sundern her sulle eyns heysz yszen tragen
ader in eynen syndenden kessel mid wasser gryeffen bis an den
elbogen, darumbe das her uffinbare dube weder gegeben had,
und ouch darumbe das her unrecht geboren ist. Hir umbe
bethe ich uch zcu lutteren, sind es umbe den Kreczschmar so
gelegen und die sache so vorlouffen ist, ab her nu sulcher schuld
und tad mid synes eynes hand unschuldig werden sal ader
nicht, ader was darumbe recht sy.

H. sp. w. sch. z. M. e. r.: Is Heinrich Kreczschmer sulcher
tad, das her uffinbare dube weder gegeben had, vor gerichte
nicht vorwunnen, so is her des neger zcu entgende mid sines
eynes hand uff den heiligen, als recht ist, sintdemal das her
neyn dar zcu spricht. Und dar ane kan das nicht hindern, ab
her nicht echt geboren were. Were her aber des vor gerichte
vorwunnen, so were synem eyde alleyne nicht zcu glouben,
sundern her muste sin recht sterkin und [sweren] selb sebende,
und denne also unschuldig werdin und en darf keyn heisz yszin
tragen ader in das heysze wasser nicht gryffen. V. r. w. V. m. u. i.

127

Beginning of Fifteenth Century

Obligation of Debtor's Heirs to Pay Debt of the Deceased to His Jewish Creditor

Schepphin zcu Magdeburg. U. g. z. Margkard jode, du hast
uns gefraget umbe recht in deszin wortin: Ich habe eynen burgere
zcu Nuemburg geld gelegen; der had mir dar obir gegeben eynen
brief, des abeschrift ich uch mete sende; derselbe burger ist nu
von todes wegen abegegangen; begynne ich zcu manen umbe dy
schuld noch lute mynes briefes; meynen des mannes erbin, sie
wissin von der schuld und dem briefe nicht unde wullen mir
sulche schuld noch inhaldunge des bryefes nicht gelden; darkegin
meyne ich, sind ich sie mid dem vorsegilten bryefe ynnre, sy
sullen mir daryn nicht halden, wenne denne der bryef uswiszed,
das den nymand sal usczyhin noch ussweren, die schuld sy denne
vorgulden. Hirumb bethe ich uch, mich rechtes zcu berichtene,
sind die erbnemen, die doch des mannes erbe und gut innomen,

der schuld und des briefes vorsachin, der doch uswised, das den nymand usswerin sal, ab sie der schuld do mete los sin sullen, ader wy sie kegen mir den bryef uff tode hand usczihen und vornichtigen sullen, sind den nymand ussweren sal, dy schuld sy denne vorguldin, ader was hirumbe recht sy.

H. sp. w. sch. z. M. e. r.: Sindemal das ir des toden mannes erbin mid geczugnisze des vorsegilten bryefes ansprechin, so sint sy uch phlichtig, das geld zcu beczalen, das der bryef uswyszed, das ir dem toden gelegen habet. Ab sie des briefes und ingesigels vorsachen ader mid falscheid bescheldin ader vorguldene schuld dar ane bewiszen und mid sulchin stugken usczihen, alse recht were, daz mochten sie mid rechte wol thun. V. r. w. V. m. u. i.

129

Beginning of Fifteenth Century

Protective Clauses in Promissory Notes Favoring Jewish Creditors Not Applicable to Debtor's Heirs

Schepphin zcu Magdeburg. U. g. z. Wisse jode, du fragest uns abir umbe recht in deszin worten: Ersamen wyszen hern unde gunstigen vorderer. Als ich uch geschreben habe und gebeten mich rechtes zcu berichtene, sint dy erbnemen des toden mannes brief, der da uswiszit, das den nymand uszcihen noch sweren sal, dy schuld sie denne vorgulden, vorsachen ader von dem briefe nicht wollen wissin, dar obir ir mich nichtes geschreben habt, hirumbe bethe ich, mich noch mid flisze zcu berichtene, sint sy des bryefes vorsachen, den ich in mynen geweren habe, wy sy den usczihen sullen nu noch des mannes tode, der den brief gegeben had, und us mynen geweren zcu brengen, ader was dorumbe recht sy.

H. sp. w. sch. z. M. e. r.: Das der artikel, den uch der tode man in uwerm bryefe vorschreben had, uch kegen synen erben nicht zcu hulfe komen mag. Sundern als dy erbin des bryefes vorsachin, so muszin sy das vorrechten selbesbinde uff den heiligen, als recht ist, das der tode man uch den brief nicht gegeben und vorsegilt habe und ouch sotane summe, als in dem briefe vorschreben ist, uch nicht schuldig gewest sye. Und wen sy das also vorrechtet haben, darmete zcyhen sie den bryef uz, und ir must yn denne den brief wedergeben und in antwerten. V. r. w. V. m. u. i.

145

First Half of Fifteenth Century

Evidence for Jewish Loan Contracts Derived from Their Entry into Court Records — The Magdeburg Jury Court Does Not Pass Judgment on Usury

Schepphin zcu Magdeburg. U. f. g. z. Ersamen und wieszin, bisundern liebin frund. Ir habid uns umbe recht gefraged in dessen wortin: Schalam jode claid zcu Walmans guthe umbe virdehalben guldin und zcwene nuwe groszchin und umbe gesuch noch lute gerichtes registere. Idem claid zcu des selben gute umbe dry guldin unde eynen ord unde gesuch ouch noch luthe gerichtes registere. Walmans wetewen vormunde quam vor gerichte unde sprach, her wolde gerichtes gezcug lyedin. Do bezcugete Schalam jode noch inhaldunge gerichtes registere in sulchem luthe: "Walman sal richtig machin Schalam joden ·eynen ord und dry guldin in vierzcen tagin; thud her om des nicht usrichtunge, so sal es uff gesuch stehn, uff eynen gulden zcwene phennige. Derselbe Walman ist schuldig dem gnanten Schalom jodin virdehalben guldin und zcwene groschen und gesuch von senthe Mertins tage, uff eynen gulden dry phenninge." Kegin dem gezcuge fraid Hans Arnold von vormundeschaft siner sweger noch rechte, wenne her syme rechte nicht gefolgid had und gerichte dorzcwisschen gewest sind, und den erbnemen unbewust ist, ab es bezcald ist ader nicht, wy her das sal zcubrengin uff tode hand, ader was recht sy, wenne sy doch zcu rechte wol besessin sind. Schalom jode fraid noch rechte, wen Walman eyne eynunge mid om gemacht had, das das geld noch der tagezcid uff das gesuch sal stehin, ab es nicht dor by blibin sulle, ader was recht ist. Bethe wir, uns zcu berichtene, was dorumbe recht sy.

H. sp. w. sch. z. M. e. r.: Uff gesuch und wucher geburd uns keyn recht zcu sprechene. Sundir had sich Walman vor gerichte kegin Schalam jodin von gesuchz wegin wes vorwilled, des

Schalom jode mid gerichtes registere fulkomen mag, als uwir
frage uswiszed, das is Walman ader syn erbin phlichtig zcu
halden. Is were denne, das Walmans wetewe adir or vormunde
noch toder hand erwiszeten, als recht were, das Schalom joden
dy schuld von Walmanne vorgulden were. Und Hans Arnold
en kan sich dormethe, das Schalom jode syme rechten nicht
gefolged had, und gerichte dorzcwisschin gewest sind, nicht
schutczin ader behelfin. V. r. w. V. m. u. i.

15

LEIPZIGER SCHÖFFENSPRUCHSAMMLUNG

First Half of Fifteenth Century

M a n u s c r i p t: Ms. M. 20, Sächsische Landesbibliothek, Dresden. Copy
completed in 1523–1524 of an older collection of Magdeburg and Leipzig
jury court decisions, which was compiled in the first half of the fifteenth
century in Leipzig. It contains decisions dating from the fourteenth to the
last quarter of the fifteenth century, those concerning Jews originating in
the first half of the fifteenth century, except one, No. 727, which belongs to
the second half of the fourteenth century.

E d i t i o n: Guido Kisch, *Leipziger Schöffenspruchsammlung* (Leipzig, 1919).

B i b l i o g r a p h y: Homeyer, *Rechtsbücher*, No. 303. — G. Kisch, *Leipziger
Schöffenspruchsammlung*, pp. 1*–126*.

R e p r i n t e d from the edition by G. Kisch, Nos. 113, 495, 500, 505, 506,
506a, 519, 520, 525, 609, 651, 727.

113

Evidence by Taking Jewry Oath

WIE DER JUDE SEIN EID TUT

Spricht Leiptzk: Sprechen, das Abraham jude den eid in
seiner synagogen in Moyses buch schweren sall, das er der
schult, so Hans von Czemen ine schuldigt, unschuldig sei, das
ime got helf und die judische ee. Und wen er sich also entschul-
digt hat, so ist er Hansen von Czemen von der schult wegen
nichts pflichtig; und Hans von Czemen mag Abraham juden
auf hocher eid zu tun nicht dringen. Abraham mag auch sich
mit seinem gesecze nicht behelfen, das er des eids mag ledig
sein und los. Von rechtes wegen. Versigilt mit unserm insigel.

495

Legal Relations and Obligations Resulting from *Schadennehmen*

EINER HAT DEN ANDERN IN DIE JUDEN VERSACZT
UND HAT INE NICHT GAR GELOST

Auf schulde und zusprach, die der gestrenge Hans Summer-
latte in seinem versigilten schuldbrife seczt und tut zu Hansen
von Wirtzperg, der sich also anhebet: "Ditz ist mein, Hans
Sumerlatte, zuspruche und recht umb verkaufung, schulde und
recht, die ich zu Hansen von Wirtzperg secze und habe," nach-
dem als dieselben seine schulde von wort zu wort pis zu ende aus-
weisen, und auf antwort und kegenreden des gestrengen Hansen
von Wirtzperg, die also anhebet: "Ditz ist mein vorsacze und auch
antwort, wo ich von rechts wegen zu antworten soll, das ich,
N., secze kegen den schulden Hans Sommerlatten, als hernach
geschrieben steet," nachdemmal als dieselbe antwort und gegen-
rede furpas von wort zu wort pis an das ende ausweist, sprechen
wir schöpfen zu Leiptzig recht, als hernach geschrieben steet:

Und zum ersten auf die were, die N. von Wirtspurg eher seiner
antwort mutend ist: Seintmal N. von Wirtzperg vor seiner
antwort mutend und begerend ist von Hansen Sommerlatten
seiner schult und itzlicher besonder ein rechte were, die were
soll ime Hans Sommerlatte vor der antwort pillich geben und
tun. Von rechtes wegen. Und also Hans forder begert in seiner
antwort, die were zu tun an sulcher statt, do er sie von Hansen
Sommerlatten pillichen nemen und entpfahen solle, sprechen
wir obgenanten schöpfen vor recht, das ime Hans Somerlatte
die were pillichen geloben und tun solle in der stat und in dem
gericht, da sich die sachen innen verlaufen hat.

Hierauf, als Hans Somerlatt in seinem schultbrif seczt und
spricht ime zu und seczt und schuldigt Hans von Wirtzpergk,
das er und Hans von Butentz in semplichen und mit einer
gesampten hand in einem brif versaczt haben, und als H. von
Wirtzpurg darauf antwort und seczt in seiner versigilten antwort:
"Als dan Hans Sommerlatt mich schuldigt und zuspricht in
seinem versigilten schultbrif umb LI gulden," nachdem die schuld
und antwort gegen einander ausweist, sprechen wir schöpfen zu
Leipzk recht:

Nachdemmal H. von Wirtzpurg in seiner antwort bekent, das
er Hansen Somerlatten versaczt hett fur LI fl. vor und kegen
Lasar juden und ine gegen demselben juden losen wolde und
er ine doch des [hauptgeldes] und gesuchs gar nicht [gelost] hat,
so sall Hans von Wirtzperg Hansen Somerlatten des gelubdes
on alle schaden losen und solle Hans Somerlatt seinen brif, da
er ine gein dem juden versaczt hat, wider schicken. Und woran
sich Somerlat gereit gelöst hett, das soll er ime widerkern on
allen seinen schaden. Und das kan H. von Wirtzperg nicht zu
hulfe kommen gein Hans Sommerlatten, als er schreibt in seiner
antwort, das der dem juden bezalung gepoten hette und Lasar
juda der bezalung von ime nicht nemen wolte, seintmal er
Somerlatten gein dem juden versaczt hat und der jude der
bezalung nicht wolt nemen; und ist ime daran icht unrechts oder
verkurzung geschehen, da mag Hans von Wirtzperg, ap er will,
den juden umb beschuldigen, und H. Sommerlatt sal das nicht
entgelden. Von rechtis wegen.

Furpas sprechen wir vor recht: Nachdemmal Hans Somerlatt
umb die gelobde, die er H. von Wirtzperg getan hat gein dem
juden fur gericht zu Kale, das er des gerichtsbrife hat, und die
ersamen purgermeister und rate zu Gene den gerichtsbrif mechtig
geteilt haben, so haben sie daran recht geteilt, von rechts wegen;
und kan Hans von Wirtzperg nicht zu hulf komen, als er seczt
in seiner antwort, das er auf die von Ghen kein gewilkort habe,
als doch die sachen, do die ersamen burgermeister und rat auf
geteilt haben, von der gelobde wegen, die H. Somerlatt vor ine
getan hat gein dem juden, her sei komen etc. Kan H. Somerlatt
auch verkomen und gezeugen mit leuten, auf die er sich zeucht
in seiner schulde, das H. von Wirtzperg pei der rechnung gewest
sei, als Lasar juda gerechent habe auf den brif, darinne er ime
versaczt, oder das ine der jude darzu gedrungen habe, als er ine
erfordert hat vor gericht, das er rechen muste, als er sich des
von verzeugen wegen verschrieben hatte, so pleibt H. Sommer-
latte gein H. Wirtzperg des on wandel; von rechts wegen. Und
das mag Hans von Wirtzperg nicht zu hulfe komen, das er in
seiner antwort zu der rechnung nein spricht, seintmal die sach-
walden und purgen sich gein dem juden hauptgeldes und gesuchs
verbrift haben und verschrieben, darzu der juda den purgen mit

gericht hat erfordert. Was auch H. Somerlatt kuntlich gemachen kam mit redligkeit, das der von helfgelde, gesuch, nachreisen oder andern schaden von aufzogs wegen, das er von H. des verzogs nicht gewest, gein dem juden ausgeben und genomen habe, als er darumb erfordert was, das sol ime auch H. von Wirtzperg moglichen widerkeren und ine des entledigen, als er von seines aufzogs wegen der losung zu dem schaden komen ist. Und H. von Wirtzperg kan sich mit den andern seinen gegenreden nicht behelfen noch geschutzen, sonder er sol H. Somerlatten des gelobdes, das er vor ine gegen dem juden getan hat, on allen seinen schaden, als vor geschrieben ist, genzlich entledigen und lösen. Kan ime auch etwas daran zu hulf kommen von aufsacze, den die hochgebornen unsere genedige fursten getan haben, des mag er gein dem juden, ap er kan, und nicht gein H. Sommerlatten geniessen. Von rechtes wegen.

500

Real Property Lawfully Acquired and Transferred by a Jew

VON ERCLAGTEM ERBE, DAS MAN VOR GERICHT ERSTANDEN HAT

Ersamen, weisen schöpfen der stat Leiptzk. Ich Jorge pitt euch recht zu sprechen auf dise nachgeschribene rede: Jordan juda hat Hansen Lasiczen erb zu Eilenburg erclagt und erstanden mit allen rechten, das ime darzu gehulfen wart, ime die schöpfen do teilten, das das der juda verkaufen, vergeben oder verseczen mochte, das richter und schöpfen bekennen. Darnach hat der juda dasselbe erclagte erbe vor gericht wollen auflassen und geben vor schulde mir Jorgen Lyndeman. Und als die auflassung geschechen solde, da rief der fronpote von geheiss wegen richter und schöpfen, das Jordan juda das erbe, das er von Hans Lasitz erstanden und erclagt·hette, wolt geben und auflassen Jorgen Lyndman, ap jemand darein zu sprechen hett, das der nun spreche und hernach schwiege. Da stund Hans Lasitz gegenwertig und schwiege, das er keins darein sprach. Und also reicht und lieh der richter Jorgen Lindman das erb in gegenwertigkeit Hansen Lasitz in gehegter pank mit sulchen rechten, als das der juda erstanden hatt. Nun wil Hans Lasitz dasselbe erbe nicht raumen und clagt wider zu Jorgen Lindman umb das erbe. Hierumb bitt ich vorgenanter Jorge, zu erkennen nach recht, seintmals Jordan juda mir das erbe vor gehegter pank aufgelassen hat on widersprach Hans Lasitz, als er gegenwertig gestanden hat, mit sulchen rechten, wissentlich richter und schöpfen, ap mir Hans Lasitz dan icht pillichen das erbe ent- reume und mir die gewere eingeben soll, ee er mich umb dasselbe erbe wider beclage, und ap ich dan auch des erbes, da, also oben geschrieben steet, [un]dinglich mit geparet ist, mit den vorge- schrieben reden, die richter und schöpfen bekennen, icht neher zu vertreten und zu behalden sei, dan mir das Hans Lasitz vor besitzen wider abgeteidingen oder vorgehalten moge, oder was recht ist.

Hierauf: Bekennen richter und schöpfen, das Jordan juda Hans Lasitz erclagt und erstanden erbe Jorgen Lindman vor gehegten pankdingen zu Hans Lasitz gegenwertig aufgelassen habe mit allem rechten, als er das erlangt und erstanden hatt, on jemands rechte widersprach, so sal Jorge Lindman mit richter und schöpfen dasselbe erbe fronen, also das Hans Lasitz darinne noch darauf nicht geen moge, noch die seinen, wan mit wette und puss, eher dan Hans Lasitz zu Jorgen umb das erbe wider clagen moge, so lange das Hans Lasitz das erbe Jorgen wider entreume und die gewere eingebe. Und das Hans Lasitz zu Jorgen seine clage wider bestalt und umb das erbe geclagt hat, das hat er mit unrecht getan, und soll die clage abtun mit wette und mit pusse. Und Jorge Lindman ist des erbes mit vorgeschrieben seinem vorsacze neher zu vertreten und zu behalden, dan ime Hans Lasitz darein gesprechen moge. Von rechtes wegen.

505

Jews as Plaintiffs in Lawsuits

EIN JUDA SCHULDIGT EINEN MIT KUNTSCHAFT; AB DIE
ABGINGE, SO SCHULDIGE ER INE IN EINER SCHLECHTEN
SCHULDE; WAS RECHT IST

Ich Isaac juda gebe schult Hansen etc., das zwischen ime und mir geteidingt haben A. und B. Wan der ein teidingsmann tot ist und der eine noch lebt, ap ich mit dem volkomen kan. Ist des nicht, so schuldige ich in schlechter schulde, das er mir gelobt hat, was er Ulrichen abteidinge, das wolle er mir halb geben; und teidingt er dem vier schock abe. So hat er mir meinen teil furgehalten wol VI jare oder lenger. Und beger von ime antwort.

Dargegen antwort ich Hans: Nachdemmal als er mich schuldigt der schulde mit wissenschaft nach toder hand, [.......], als recht ist, und pleibe des pei recht.

Hierauf: Seintmal Isaac juda schuldigte H. umb die gelubte und zeucht sich auf teidingsleut, die das sollen geteidingt haben, der einer doch tot ist, und enhelfe das nicht, so schuldigte er in einer schlechten schulde umb die gelöbde und begert darumb antwort: So sal ime H. zu der schuld sagen ja oder nein. Und der juda darf der schulde nicht zupringen mit gezeugnus nach toder hand, nachdemmal Isaac juda in seiner schulde gesaczt hat, ap er mit dem gezeuge nicht konnde volkomen, so schuldigt er ine in einer schlechten schuld umb das gelubde.

506

Seizure of Objects in Favor of Jewish Claimant

WURDE EIN PFERD VERKOMERT UND DER WIRT DES
NICHT HUTEN WOLDE; WAS RECHT IST

Ich Isaac juda habe verfronet H. von Respin mit gericht und recht sein pferd in Peters hause und sprach zu ime: "Ich habe pferd verkomert in eurem hause, die seint H. Respin, und last ir das wegreiten, so wist, das ich euch nicht wil unbeteidingt lassen."

Peter antwort auf des juden schulde: Der fronpot ist komen in mein haus und hat von des juden wegen gekomert Hansen pferde. Des hab ich ime seines rechten gegunst und nicht gewegert. Do der fronpot die komerung getan hat, da sprach ich: "Sage dem juden, das ich sein noch seiner habe nicht huten will, er underziehe sichs mit recht; des gan ich ime wol und beder seit des rechten"; und wil mich des gein ime und dem gericht bewart haben und pitt zu erkennen, was recht ist.

Hierauf: Kan Peter gezeugen mit bekantnus des richters und des fronpoten, das er in irer kegenwertigkeit gesprochen habe zu

Isaac juden: "Ich wil des pferdes nicht huten, das verkomert ist, do wiss dich nach zu richten; unterwinde dich des mit rechte; ich gan dirs wol"; ist dan H. darnach mit dem verkomerten pferde geritten, so pleibt des Peter gegen dem juden on wandel.

506a

Evidence in the Preceding Case of Seizure

IDEM AUF DIE ANDER SCHULDE

Als ir schöpfen recht gesprochen habt zwichen Peter und Isaac juden: Kan Peter gezeugen etc.; nun bekennt der richter, das er dapei gestanden hat, das Peter sprach zum juden: "Juda, ich wil dir des pferds nicht huten und gan dir, was recht ist," und der fronpot bekennet nicht also, sunder er bekent, das ime Peter gesagt hat, das er das dem juden vorder soll sagen; bitt Peter, in recht zu erkennen, ap er icht pillich mit seinem gezeuge volkomen und von dem juden entprochen oder was recht sei. Bitt der juda zu erfarn in recht, also das die gezeugen nicht gleich bekennen und der fronpot nicht bekennt, das er kegenwertig sei gewest, ap Peter ichts von gerichts ist fellig worden.

Hierauf: Nachdemmal der fronpot bekent, das Peter ime gesagt hab, das der dem juden furpas solle sagen, das er des pferds nicht huten wolle, und der fronpot dem juden das bekant habe: So ist Peter mit dem bekantnus richters und fronpoten der sachen volkomen in aller mass, als ab der richter und fronpote bede in gegenwertigkeit das gehort hetten: Von rechtes wegen.

519

In Case of the Debtor's Death Contractual Obligations Are Liability on His Heirs, If Documentary Evidence Available

Otto ist komen vor gericht und hat geclagt zu gutern, die do N. gewest sein, das er ine versaczt und hatt in der versaczung gelobt schadlos zu machen; derselben gelubde hat er seinen brif und insigel zu dem juden; auf die vorgeschrieben rede hat Otto sein insigil gehangen an den offen brif, das er ein purge ist.

Antwort: Frau Margreth ist komen vor gericht und horte wort, die do anlangen ire unmundige kinder und ire guter, die

do kein vormunde nicht enhabe. Uber die schulde hat sie ge-
mutet einer were von dem cleger, die ir der cleger getan und sie,
als recht ist, entpfangen hat. Da sprach ime Margreth nein zu
den schulden, wan sie niemand nicht gelobt hette und ir un-
wissentlich were umb die schulde mit iren unmundigen kinden
und wust noch von brifen, noch von siglen. Nun pitt die frau
nach rechte, ap nun der cleger icht pillichen von iren unmundigen
kinden [mocht] nemen oder lassen tag und frist, bis das die kinder
mundig wern, oder was recht ist.

Hierauf sprechen wir schöpfen zu Leipzigk recht: Seintmal
der cleger die schuld, die er zu den unmundigen kindern gesaczt,
gezeugen will mit briflicher kundschaft, die ime der kinder
vater uber die gelubde getan hat, ine schadlos zu benemen, so
kan der kinder muter der schulde nicht unschuldig werden damit,
[als] sie vor sich seczt, sie weiss von der schulde nicht; wol hat
sie aber die were uber die schulde entpfangen; sunder wollen
die kinder erbteil nemen ires vaters, so musten sie auch schulde
gelten, die man inen mit briefen kundlichen machen kan, die
ir vater versigilt und gegeben hat. Von rechtes wegen. Ver-
sigilt.

520

After the Opening of a Trial in Court with One Party Jewish, the Opponent Cannot Leave the Defense to a Substitute

WIE EINER ZU SEINEM BRIEF ANTWORTEN MUSS UND
KAN SEIN SACHWALDEN NICHT VOR SICH PRINGEN

Also als ich Jordan jude schuldigt nach seines briefs laut, ap
er den brief icht pillich solle legen in gehegte pank, das er gelesen
werde, das ich moge gehorn, was der brief ausweist; das wart
geteilt. Da sprach N. Limar: "Herre richter, ich bitt urteils nach
rechte, also als ich ein burge pin und mein selbschuldiger alhie
gegenwertig steet und wil mich verantworten, ap das von rechtes
wegen gesein moge." Da fragt der jude urteils nach rechte:
"Also als N. Limar an sein wort getreten ist und hat mir mit
urteil in gehegter pank meinen brief abgeteidingt, ap er nun
mir icht pillichen solle antworten zu meinen schulden nach
meines briefs laut, wan er jemand anderst vor sich pringen moge
oder was recht sei."

Hierauf sprechen wir schöpfen zu Leiptzk recht: Nachdemmal
N. Limar geteilt ist, das Jordan jude den brief moglichen lass
lesen in gehegter pank, und der jude dan den brief hat lassen
lesen, so kan sich N. Limar der antwort nicht geschutzen, das
der seinen sachwalden vor sich wil pringen, und er muss dem
zu seinem briefe antworten, ja oder nein sprechen. Von rechtes
wegen.

525

Seizure of Money in Favor of Jewish Claimant

AP EIN MAN GELD ERSTANDEN HETT UND DAN DIE
JUDEN DAS GELT VERKOMERTEN; WAS RECHT SEI

P.: Ich bitt euch nach einen urteil zu fragen. Nachdemmal
er zu IX alden schock geldes erclagt und die unter Ulrich Hoffer
erfordert und erstanden hat, die Hoffer Mertin Rytzman an
dem negsten vergangen Leiptzschen jarmarkt schuldig zu geben,
und die judin die IX schock gr[oschen] binnen der tagezeit nach
seiner erforderunge liess verkomeren und sagt ir zu, sie habe
Merten Rytzman erclagt und erstanden vor II ald schock und
X gr[oschen] for II jaren vor Prolis clagen und forderung, daruber
ir nicht konde hulfe geschechen, davon das sie seines gutes in
dem gericht nicht wuste noch erfarn konde, als sie spricht; und
Prolis spricht, Mertin Rytzman habe innewendig jar und tag
nach der judin erforderung vor seinem haus, das er versaczt
hett, und darinne pferde und wagen und wein im kelder binnen
seiner geweren, XL gulden wert, und ein halb jar lenger oder
kurzer gehabt, das Prolis mit einem teil nachtpauern, so viel er
der bedarf, wol kuntlich machen und bezeugen moge, das die
judin wol hulfe daran bekomen [hette], hette sie sein gewart
als ander leut; und die judin legt sich in Prolis erclagt geld und
meint hulf von ime zu haben von irer clagen wegen, die sie
vor II jarn vor Prolis getan hat; ap mir Prolis der IX schock
gr[oschen], die hernach der judin erforderunge uber II, als die
judin spricht, kurzer oder lenger erstanden und erfordert hat
und die judin kein hulf nicht habe kunnen bekomen, als sie
sagt, icht neher sei zu heben und zu nemen, dan die judin ime
die IX schock mit irer erforderung und zusage, das ir nicht
hulfe geschechen konde, abgehalden [moge] oder was recht sei.

Hierauf sprechen wir schöpfen zu Leiptzk recht: Seintdemmal Prolis vor gericht zu IX schock geclagt hat und die unter Ulrich Hoffer erfordert hat und erstanden, die Hoffer Mertin Ritzman auf dem negsten vergangen Leiptzischen jarmarkt schuldig was zu geben, nun die judin die IX schock gr[oschen] binnen der tagezeit nach seiner erforderung liess verkomeren und doch kein einsprach in die clage, die Prolis zu den genanten IX schock getan, vor gericht gepracht hat: So kan die judin an den IX schock mit irer gegenrede kein recht gehaben, seintmals Prolis der IX schock vor gericht namhaftig gemacht und die on widersprach der judin und Hoffers erclagt hat und erstanden. Und dieselben IX schock sollen [Prolis] mit merem rechten pleiben und folgen, der sie erstanden und erclagt hat, dan ime die judin darein gesprechen moge. Von rechtes wegen.

609

A Jewish Creditor's Claim against His Debtor's Widow and Heirs Denied, since the Latter Were Not Included in the Promissory Note

EIN RECHT VON EINEM JUDEN UND VON EINER FRAUEN

Nachdemmal Hans Storch, seliger, dem juden in seinem brif II^C und X fl. mit den andern gelobten selbschuldig gelobt hat und er von den gelobden keine widerstattung entpfangen hat, die in seiner wirtin und irer kinder gut were komen; und fraue Dorothea dem juden keins geredt noch gelobet hat; und der gelobde, die ir wirt, seliger, dem juden getan hat, nicht hat verjawort noch vervolget mit irem willen und wissen; und frau Dorothea demselben irem wirt an irm gut keins gedingt oder begabt hat, als recht ist, das unter [im] were erstorben, das der jude mocht mit recht erweisen; und er auch zu der frauen kein gut pracht hat, das unter ime were erstorben, davon sie das gelt von der gabe wegen mocht gelden, das die frau erweisen tar auf den heiligen: So darf die frau Dorothea dem juden die II^C gulden und X fl., die ir wirt selbschuldig gelobt hat, nicht gelten, und ist auch des briefs nicht pflichtig zu halten. Hat auch frau Dorothea icht ackers gekauft umb irer unmundigen kinder gelt,

den sie Hansen Storchen, seligen, irem eelichen wirt, zu vormund-
schaft von irer unmundigen kinder [wegen lassen reichen, davon
dorfen die unmundigen kinder] dem juden die verschriebene
summa geldes, die ir stiefvater selbschuldig gelobet hat, auch
nicht gelten, seintdemmal die frau irer unmundigen kinder guter
irem wirt, seligen, nicht macht hat aufzulassen und zu vergeben
den unmundigen kinden zu schaden. Von rechtes wegen. Ver-
sigelt mit unserm insigel.

651

Law of Evidence in Preceding Case

Wie ein fraue erzeugen sal, das sie hab guter,
ecker, wiesen kauft umb irer unmundigen kinder
geld

Fursichtigen hern, unser dinst. Also wir euer weisheit umb
recht ausrichtung zwischen Josse juden und der frauen Dorothea
Storchin, unser mitburgerin, vor gebeten haben und gefragt,
verkundigen wir euer liebe, das nach verlaufunge der sachen an
gerichte ist ausgesprochen: Mag die Frau Storchin erzeugen,
als recht ist, das sie die guter, ecker und wiesen umb irer un-
mundigen kinder geld, die [sie] mit irem foderen manne gewon-
nen, gekauft habe, und habe die guter Hansen Storchen, dem
got genade, irem andern manne, der kinder stiefvater, zu vor-
mundschaft von irer unmundigen kinder wegen an gericht lassen
ziehn, sie geniess des moglichen. Bitten wir euer weisheit, das
ir uns entscheidet in eurem brief geschrieben, [wie frau Dorothea
Storchin das] nach rechte erzeugen sall.

Hierauf: Kan die frau erzeugen mit biderleuten, das sie solch
gut umb irer kinder geld, die sie mit irem fordern manne gehabt
hat, gekauft habe, so konde sie solch gut irn unmundigen kindern
zu schaden [irem] andern manne erblich nicht aufgelassen noch
geben. Mag auch die frau gezeugen mit richter und schöpfen,
das sie solch gut Hans Storchen, irem wirt, zu vormundschaft
aufgelassen haben, so ist die clage, die der jude darzu getan hat,
machtlos. Von rechtes wegen.

727

A Princely Client of Jewish Creditors

VON VERSETZUNG EINES HERZOGEN GEGEN EINEN
EDLEN HERN

Nachdemmal der hochgeporn furst, herr Ruprecht herzog zur
Ligenitz, in seiner antwort vor sich seczt und schreibt, das er
den edlen hern Hansen von Oberstein, als er ine mit anderen
rittern und knechten gegen die juden versaczt hat, gelost und
geledigt habe und habe ime denselben brief mit seinem eigen
boten in sein haus gesant, das er volkomen und verfarn wolle
als ein furst nach recht gegen einen burgen: So kan der edel herr
von Oberstein den hochgeporn Ruprecht, herzogen zu der
Ligenitz, daruber nicht hocher gedringen nach recht. Es were
dann, das der hochgeporen furst, herre Ruprecht herzog zur
Ligenitz, dem edlen hern Hansen von Oberstein, also er ine
versaczt hett, sonderlich gelobde getan solt haben, brieflich oder
mundlich, von der sachen wegen schade [und] zerunge ine zu
benemen, so sol der hochgeporn furst dem edlen hern von
Oberstein zu antworten ja oder nein. Von rechtes wegen.

16

MAGDEBURG JURY-COURT DECISIONS FOR ZERBST

About 1450

M a n u s c r i p t: Ms. I A 185 C, Stadtarchiv, Zerbst, Germany. Original
decision written on parchment, about 1450.

B i b l i o g r a p h y: Victor Friese and Erich Liesegang, *Die Magdeburger
Schöffensprüche* (Berlin, 1901), pp. 111–114.

R e p r i n t e d from Friese-Liesegang, *op. cit.*, pp. 160–161.

19

In Disputes over the Obligations of a Deceased Person the Jewish Creditor Must Produce Evidence of his Claim with Six Respectable Witnesses, Both Jewish and Christian

Scheppen tho Magdeburgk. Unsen fruntliken grot tovoren.
Ersamen besundern guden frundes. So gy uns umme recht
gefraget hebbet in dessen nachgeschreven worden: Eyn jode,

met uns wonhaftich, genant Hasze, beschuldigede vor uns in
deme sittenden rade up deme radhusze eynen unsen medeborger,
genant Andrewes Litzow, dat sin sone, ok genant Andrewes
Litzow seliger, ome were schuldich gebleven 13½ schogk gro-
schen, unde wolde dat bewysen met eynen joden unde met eyme
unsen borger, genant Brechtken, unde met des genanten Brechten
elike husfrouwe, dy aver de rekenschopp weren, alse die genante
Hasze jode met des genantes Andrewes sone, dy wyle he livede
unde levede, gerekent hadde, vor syme dode wol by dren edder
vir weken. Unde die gnante unse medeborger Andrewes Litzow
antwerde to des genanten joden schult, dat om unwitliken were,
dat sin sone seliger deme joden were wes schuldich gebleven.
So verbadeden wy den genanten Brecht unde sine frowe. Dy
bekanten, dat sy beyde unde noch eyn jode dar over weren
gewesen, dat Hasze jode met des genanten Andrewes sone, dy
wyle he levede, wol by dren edder vir weken, ehr hy starff,
rekende, unde dat sin sone deme joden uppe dy tyd 13½
schok schuldich bleyff; offt des genanten Andrewes sone deme
joden sint der tyd der rekenschop uppe die summe wes adder
all gegheven hadde by sime levende, dat were on nicht witliken.
Darinne sprack de genante Andrewes, unse medeborger, dat hy
in dy bewysinge nicht fulborde, nach deme dat he synes sones
erffnehmer unde sin negeste erffe, unde ome nicht witlik were,
dat sin sone seliger deme genanten joden wes schuldich gebleven
were; offt die genante jode icht scholde nach doder hand sulff
sevende fromer lude bewysen, dat sin sone ome were nach sinen
dode 13½ schok groschen schuldich gebleven, unde bath uns,
dat wy uns dar uppe rechtes irfuren unde om von rechte nicht
leden. Bidde wy liven heren, dat uns juwe live hirup, rechtes
anwysinge gheve, offt die genante jode dorch recht plichtig sy,
nach doder hand sulffsevende sodane schult to bewysen, nach
deme des doden erffe dy schult nicht witlik is, edder offt dy jode
darmede gnughaftige bewysinge sodaner schult gedan hefft,
dat dy gnanten Brecht unde sin wyff unde eyn jode daraver
gewest weren, dat de gnante jode unde des gnanten unses mede-
borgers sone, dywile hy levede, gerekent hadden unde nicht mede
bekanten, dat on dat witlik were, dat sin sone deme genanten
joden dy 13½ schogk schuldich were gebleven.

Hirup spreke wy scheppen to Magdeburgk vor recht: Sinte-
male dat Hasze jode Andreas Litzow beschuldiget, wu dat om
sin sone, ok Andreas Litzow genant, 13½ schogk groschen
schuldich gebleven wire, unde gebuth dat mit eynem cristen
unde mit eynem joden to bewysen, unde Andreas Litzow dar
jegen secht, dat om sodane schult unwitlik sy, unde fraget in
rechte, offt dy jode icht eyn sulkes nach doder hand sulff sevende
bewysen scholle, mag denne de genante Hasze jode nach doder
hand sulff sevende mit cristen unde joden, de men vyn getug-
nisse nicht vorleggen mag, alse recht is, bewysen unde ful-
komen, dat om Andrewes Litzow, des genanten Andreas sone,
virteyndehalff schogk groschen na sinen dode schuldich gebleven
sy, wen he dat also nabringet, darmede fulkomet he siner
bewysinge, unde de jode mag des sulff drudde mit eynem cristen
unde joden nicht fulkomen nach Magdeburgeschem rechte. Von
rechtes wegen. Vorsigelt met unseme ingesigel.

17

REVISED COLLECTION OF MAGDEBURG
JURY-COURT DECISIONS
Beginning of Fifteenth Century

M a n u s c r i p t: Ms. 170ᵇ, University Library, Cracow, Poland. Collection
of 187 Magdeburg Jury-Court decisions, manifestly revised and condensed;
a relationship to the *Magdeburger Fragen* is evident; compiled and written
in the beginning of the fifteenth century.

Unpublished. An apograph of the collection made by the late Professor
Ferdinand Bischoff, of the universities of Lemberg [Lwow] and Graz,
Austria, characterized by the copyist as "eine sehr sorgfältige vollständige
Kopie des Krakauer Schöffenrechts," was presented to the late Professor
Ferdinand von Martitz of Berlin, and is now in the possession of the author
of this book.

B i b l i o g r a p h y: Homeyer, *Rechtsbücher*, No. 645.

P u b l i s h e d here for the first time from Professor Bischoff's transcript.
I

94
Warranty of Jewish Vendors Excluded

Koufit eyn cristen man icht czu eyme judin, der mag nicht
seyn wereman geseyn. V[on] r[echts] w[egin].

104

Aliens, Residents, and Jews Must Respond in Court
[Cf. *Magdeburger Fragen*, I, 2, 13]

Geste, umesessin und judin, wo dy ycht fordirn, dy mussin doselbist wedir antworten, ap das mit orteiln czu brocht wirt.

182

Penalty for Defamation of Jews
[Cf. *Magdeburger Fragen*, I, 4, 7]

Ap man mit rechte eynin judin gescheldin mag. Neyn, zundir man bussit XXX schillinge heller.

18

MERSEBURG COLLECTION OF MAGDEBURG JURY-COURT DECISIONS
Fifteenth Century

M a n u s c r i p t: Ms. No. 3, Stadtbibliothek, Merseburg, Germany. A collection of 165 Magdeburg jury court decisions for Merseburg from the period 1424–1452, compiled and written in the fifteenth century.

Unpublished. The manuscript remained inaccessible ever since 1895 when Erich Liesegang gave a short account of it in *ZRG.*, XVI (1895), p. 289. A selection of thirty-seven important decisions was transcribed from the manuscript by the late Professor Ferdinand von Martitz of Berlin, about eighty years ago. This apograph is now in the author's possession.

B i b l i o g r a p h y: Homeyer, *Rechtsbücher*, No. 788; Liesegang, *ZRG.*, XVI (1895), p. 289.

P u b l i s h e d for the first time from Professor Martitz's transcript, Nos. 4 and 24, pp. 9 f. and 64–67, being pp. 65 and 194 of the original Merseburg manuscript. He ascribed the decision No. 24 to the period 1423–1437.

4[1]

Validity of Promissory Notes

Ich bitte ein recht czu sprechene: Sint dem mal daz Diterich Buckelwicz des ingesigels gebruchet hat vor dem mal, eir sich

---

[1] In this decision the name of the plaintiff (creditor) is not mentioned. He was probably a Jew, since usury (*wucher*) is involved. Moreover, the objection raised against the validity of the promissory note is one which was frequently employed by Christian debtors against their Jewish creditors.

di schult gemacht hat, unde dar nach, unde kein orkunde hat, daz he sin insigel ie vorlorn adder vormist hat, etc.

Hir obir spreche wir scheppen czu Meideburg recht: Ist der brif ungeschabit unde ungeserit, unde bekennet Diterich sins insigels dar an; so musz Diterich nach dem mal, alz nu die frage steit, ab her sin insigel abe czihen wil, selbdritte fromer lute volkomen an irm rechte, di man von geczugis wegin nicht vorlegin mag, in dem eide benumen, mit welchin troegenen addir falscheit daz insigel an den brif moge komen sin, adder musz den haldin noch sime lute; usz genomen gesuch addir wucher; dar obir spreche wir kein recht nicht; etc.

24

Seizure of Real Property by Jews

Wir sheppin der aldin Stad Magdeburg bekennen in disseme keinwertigen offenen briefe, das wir umme recht gefraget sint in dessen wortin: Ersamen liben hern sheppin czu Magdeburg, alzo ir in den artikeln, die wir, Nickel Hotrit unde Lucas Waltheim, vorgeleit habin, wol vornamen habin, wie das die voit unde die rete von Lipczk unde Abraham, der Jude,[1] sich unseres gutes, derfer unde czincze underclagit unde unerfordirt ane alle recht undirczogin unde underwunden habin unde wir des also ane rechte clage entwert sint; dor uns uwere ersame wisheit recht uf gesprochen had, das uns darane gewalt unde unrecht geschen ist unde das man uns in die were unserer guter weddir saczin unde frien sal, von rechtes wegen, etc. Liben heren, nu geschit, das unseres heren gnade vor sinem hofegerichte lest clagin czu unsern, Lucas Waltheim unde Nickel Hotritz, gutern, husz unde hofe, dorfe unde czinse, der wir doch vore von sinen gnaden unde heisze wegin entweldiget sin unde hat Abraham dem Juden unsere czinse lassin ufnemen. Ab nu unseres heren gnade

[1] On the Jew Abraham of Leipzig, mentioned between 1427 and 1439 in the *Urkundenbuch der Stadt Leipzig*, ed. by K. Fr. von Posern-Klett and Joseph Förstemann, in "Codex Diplomaticus Saxoniae Regiae", Vols. VIII–X, (Leipzig, 1868–1894), vol. X, p. 321, see G. Kisch, *Leipziger Schöffenspruchsammlung*, No. 113, p. 137, note 1.

mit rechte dorczu clagin mag unde wir die mogelichin vorant-
wortin sollen, addir nicht, sintdemmal das wir der gereit mit
gewalt unde unrechte entwerit sint; addir ab man uns icht
bilcher weddir in die were unserer guter unde czinse saczin sal
unde weddirgebin, was man dorvon ufgenommen had und
unsern schadin legen, er man uns die abeclagin unde czu der
antworte ladin unde gebiten moge, addir was darumme recht
si, etc.

Hiruf sprechin wir sheppin czu Magdeburg ein recht: Wil
uwer here czu uwern gutern laszin clagin, so mus her uch dorch
recht erst in uwere were laszin seczin, dar gi mit gewalt unde
unrechte entwert unde entsaczt sint, unde uwern schadin legen
noch rechte unde weddirgebin, was man von uwern czinsen unde
gutern ufgenamen had; unde diewile des nicht geschut, so ne
mag man darczo mit recht nicht clagin unde uch czu der antwort
ladin addir gebiten; sundern wenn ir das uwere weddir habin
unde uwer schade weddir gelegit ist noch rechte, so mussit ir
czu uwers hern clagin, ab ir uch der mit rechte nicht schuczen
konnit antworten. Von rechtes wegen. Des czu orkunde, das
dis recht ist, so haben wir sheppin czu Magdeburg unser ingesigel
laszin czu rucke halbin drucken in dissen offin brief, etc.

19

LIEGNITZ-GÖRLITZ COLLECTION OF
COURT DECISIONS

Fifteenth Century

M a n u s c r i p t: Ms. "Varia 4," Ratsarchiv, Görlitz; "Liegnitz-Görlitzer
Sammelwerk"; fol. 207a–220b. Decisions of the jury court of Dohna, Saxony,
sent to Görlitz during the first half of the fifteenth century, No. 4. Un-
published.

B i b l i o g r a p h y: Homeyer, *Rechtsbücher*, No. 418. — G. Kisch, "Schöf-
fenspruchsammlungen," *ZRG.*, XXXIX (1918), p. 357; Georg Schlauch,
"30 weitere Dohnische Schöppensprüche," *Neues Archiv für Sächsische
Geschichte und Altertumskunde*, XXVIII (1907), p. 328.

P u b l i s h e d here for the first time from the manuscript.

Objections against Validity of Promissory Note Held
by Jewish Creditor

SENTENCIA VON BEKENTNISSE NEYN UND JO

Wir Otto, Jeschko Heyde unnd Jon[1] bekennen, das wir umb
recht gefrogit sein. Eynn jude qwam vor unns und sprach, das
ein rither schuldig were dryssig marg gr[oschen] unnd eyn
Frenczol domitte globit hette, unnd des yren briff mit yrem
anhangenden ing[esigel], unnd begerte gerichts unnd antwort.
Do antworte der ritter unnd sprach, her hette bekannt seynnes
ing[esigel], adir her hette is angelegit an eyne membrana, und
des geldis were nicht also vil wenne X marg gr[oschen], die welde
her em gerne wider geldin. Dornach sprach Ffrenczel, her
bekentte seynes ing[esigels], adir her hette is geleytt an eyne
membrana; wie vil des geld[es] gewest were, das woste her nicht.
Das besatczte der jude und sprach: Unnd sie des briffes unnd
ir ing[esigels] bekennen, ap sie mir icht billich halden unnd
beczalen sullen, adir was recht sey.

SENTENCIA

Hirouff spreche wir eyn recht unnd wissin keyn bessers nicht.
Was der ritter dem juden bekennet, das gibet her em mogelich.
Das obrige, do her ym neyn czu spricht, do zceuhit her seyn
ing[esigel] unnd seynnen methe globit mogelichen aus, als recht
ist, etc. Datum Inv[ocavit][2] sub sigillo.

20
DIETRICH VON BOCKSDORF'S *INFORMATIONES*
1433

M a n u s c r i p t: Ms. "Varia 4", Ratsarchiv, Görlitz; fol. 265–355. Collec-
tion of decisions of the Jury Court of Magdeburg and excerpts from various
Saxon law-books. The compilation of the first part of this collection was
completed in 1433, but the *Schöffensprüche* are older. Excerpt from No. 32.
Unpublished.

[1] Brothers, burgraves of Dohna, at the end of the fourteenth century and
in the beginning of the fifteenth. Thus the date of this decision must be
earlier than June 19th, 1402, the day of the conquest of their castle.

[2] First Sunday in Lent; no year is mentioned.

B i b l i o g r a p h y: Homeyer, *Rechtsbücher*, No. 418.— G. Kisch, *Leipziger Schöffenspruchsammlung*, pp. 57*–59*; G. Kisch, "Schöffenspruchsammlungen," *ZRG.*, XXXIX (1918), p. 364; G. Kisch, *Zur sächsischen Rechtsliteratur der Rezeptionszeit, I: Dietrich von Bocksdorf's 'Informaciones'* (Leipzig, 1923).
P u b l i s h e d for the first time from the manuscript, pp. 271v–272r.

32

Schadennehmen, i. e., **Borrowing from Jewish Creditors an Amount Equivalent to the Original Debt, — The Final Means of Enforcement of Debt Obligation**

UMBE SCHADENN VON NICHT HALDUNG

Zcum andirn mole, schuldige ich C. von vormondschafft wegen Henczen meynes bruder dye genanten H. und O. umb schadin, der sich von iren nicht haldin und von irer vorczihunge wegen uff die ufftgenante hundert guldin vorlauffin unde gemacht hat in sulchir moss . . . .
Als kartin sie sich nicht an seyne manunge und beczaltin auch nicht by yren guttin trewin, als sie sich keyn ym vorschrebin habin. Darnoch so vormante her sie noch yres briffes ynhaldunge inlegers und his sie in eyne gemeyne herbrige reyttin kegin Magdeburg noch yres briffes laute und inlegir leystin. Dar an kartin sie sich abir nicht, und yrer keynir enhilt ein inlegir, des sie sich doch vorschrebin habin zcu halden bei yren gutin trewen. Darobir her sie mit ernsten und eczwas smelichin briffin gar vil und ofte mante, dacz em allis nichtin halff, und tattin em dennoch kein aussrichtunge noch beczalunge. Unde meyn bruder bedorffte seynes geldis notlich und zcumole pfentlich unde do her vornam, daz sie ym kein aussrichtunge noch beczalunge thun woldin und kartin sich an keyne briffe nicht und wolden yre vorsaczte trewe nicht lossin, als yr briffe ausweysit, und H. muste pfentlich sein gelt habin, do muste her die hundert goldin uff schadin gewinnen zcu den juden und vorkundigete daz den genantin burgin und mante sie vort bis an seines leibes ende. Der selbige schade hot gestandin X gancze iar. Umb sulchin schadin mane ich sie noch hewtis tagis und umb allin andern schadin der sich hiruff von yrer uffczihunge wegin vorlauffen hat an brivegelde, an bottinlone und noch

czerunge und beger von den genantin H. und O. rechte redeliche antwort und volkomene aussrichtunge noch rechte, unde secze daz uff irkenunge des rechtin, sintdemol daz sie H. meyn brudir erst umb die houptsumma hundert gulden noch der vorlauffene tageczeit gemandt hat, und sie doch nicht beczaltin, und darnach sie vormante inlegers, noch inhaldunge yres briffes, das sie auch nicht entatin; unde en darnoch vorkundigete und schreib, her hette daz gelt uff sie zcu den juden uff schadin genomen; und sintedemole daz sich derselbige schade, [als] obinberort ist, von yren eigin mutwillin und vorczihunge gemacht hat, ab sie en icht von rechtis wegin gancz und gar mit dem houptgelde legin sollin, adir was darumbe recht sey, wenne doch yr briff offintlichin heldit, daz en nymant articuliren noch glossiren sal, noch kein funt dar ein vinden yrem gelde zcu schadin, sundirn sie wollin genczlichin und wol beczalin.

Sulchir obgeschrebin schulde von vormondeschafft wegin der gnanten unmondigin kinder uff recht blibe ich bey uch, erwarn scheppin zcu Magedeburg, darubir zcu sprechin, was recht ist.

Gebin in Divisione Apostolorum Anno LXIX.[1]

21

COLLECTION OF MAGDEBURG JURY-COURT DECISIONS

Fifteenth Century

M a n u s c r i p t: Ms. R 568, Stadtbibliothek, Breslau. Photostat in the author's possession. The compilation was finished in 1464, but the decisions are older. Unpublished.

B i b l i o g r a p h y: Not in Homeyer, *Rechtsbücher*. — Theodor Goerlitz, "Eine unbekannte Handschrift von Wurms Stadtrechtsbuch und anderen Rechtsbüchern," *ZRG.*, LV (1935), p. 546–547.

P u b l i s h e d here for the first time from the manuscript, fol. 377 [1], 391v–392v [2], 394v–395v [3], 428v–429r [4].

---

[1] Here — as in other documents in this manuscript — the medieval copyist substituted the date when he wrote, 1469, for the original date, 1433; cf. G. Kisch, *Dietrich von Bocksdorf's "Informaciones"*, p. 17 f. and p. 18, note 2.

[1]

Jews Are Obligated to Respond to a Charge by Christians in a Christian Court — Their Oaths Are to Be Taken at Their Synagogue

VON EYDIN, DY JUDEN CRISTEN ENTHEYSCHIN

Ir habit uns in sulchen wortin gefrogit umme eyn recht: Eyn jude hot eyme cristen eynen eyd entscheidin, woruff her den eyd¹ thun sulle, und wy dy wort geschen sullin; vortmehir frogit ir uns ap eyn cristen eynen juden hot czu beschuldigen, ap her ym icht sulle antwerten vor gehegter bank, wenn dy juden sprechin, das sie nyrne sullen antwerten wenn von irer schule; was do recht umbe.

Hyruff sprechin wir scheppin czu Magdeburg eyn recht: Beschuldiget ey[n] cristen eynen juden vor gehegten dinge, do mus der jude antwerten noch der anclage, also eyn cristen thun muste, bekennen adir louken. Vorloukent her denne, so sal man en weysin an den eyd vor seyne schule.² Do sal her swerin, das der clegir den eyd sehe und hore, also: her sal legen seyne hant in Moyses buch bis an dy lede und sal des clegirs sache benumen und sprechin, das her der sachin unschuldig sey, das ym got also helffe und sein ee.

[2]

Schadennehmen, i. e. Borrowing the Due Amount from Jewish Creditors at the Debtor's Expense ("Damages")

AP EYNER DEM RATHE VOR GELT SWEREN MOGE

Ewir froge ist in sulchin wortin umbe rechte: Dy ratman czu Gobin habin eynen ratmanne gegebin der stad gelt czu behaldin; der ratman was burgermeister vire wochin; das gelt was vorsegilt mit der stad segil und her sulde is haldin czu der stad fromen und czu iren nutcze. Do dy ratmanne des geld[is] dorfften czu der stat fromen und en das hissin holin, da sprach her: Ich habe das vortan. Do sprochin dy ratmanne: Worumme vortustu der stat gelt, das man dir in eren und in trauen befolen hat? Do

¹ Ms.: czeit.
² Ms.: schulde.

sprach her: Ir seyt mir schuldig; sloyt mirs abe. Do sprochin dy ratmanne: Du salt dir nicht selbir geldin mit der stat gelt; man wirt is mit dir haldin als mit andirn schuldigern und hole uns der stad gelt, das welle wir von dir habin. Do sprach her: Libin frunt, vordenkit mich nicht, ich habe is vorthon. Nemit is uff mich und uff meyn erbe in den juden. Ich globe, is euch schadelos abeczunemen. Des bekennet der rath der czu dem mole gesessin hat, und ist auch in der stad toffel geschrebin, das is desir rath, der itczund siczt, inne fundin hat. Des habin wir en gemanit und beschuldiget vor dem richter umbe das globde in den jüden, das her uns globit hot. Do sprach her uns neyn vor; sint dem mole das her uns das globit hat vor eyme besessin rathe und derselbe rat, der czu demselbin mole gesessin hat, das beczeugit mit der stat toffil, do is ynne noch geschrebin stehit; nu beten wir euch, uns des weyse czu machin, ap her gerichtin moge adir wy hers angehin sulle.

Hyrynne wedir antwert her und spricht: Dy stad hot mir gelt gegebin; des dorffte ich czu meynen noten; sundir von habin alle jar vier lotige marg uff dem rathause meyn brudir und ich, des wir der stad briff habin; des waren vorsessin dreyczen margk silbers; do woldin sie das gelt wedir han, das sie mir czu haldin gethon hatten. Do sprach ich: Libin frundt, nemit is uff mich in den juden; czwisschin hyr und Sente Martins tag wil ich den schadin gerne tragin. Do nomen sie acht schok in den juden; dy habin gestandin bis her wol drey jar. Nu sie von dem rathe komen sind, nu wellin sie mich obirczeugen mit en selbir, ich hette en globit, schadens abeczunemen. Des habe ich nicht gethon, do wil ich meyn recht czu thun. Hyrumbe bete ich euch, eyn recht czu irfarn, ap ich billich sulle geczeug leydin, wenn ich zcu Magdeburgischen rechte sitcze und domete begnot byn gleich andirn leuten adir was recht sey. Auch sprechin sie, is stehe in der stad toffil; do weis ich nicht, von wenn si habin doreyn lossin schreibin, was sie woldin.

Hyruff sprechin wir scheppin czu Magdeburg eyn recht: Wes dy aldin ratmann den neuen ratmann, dy itczünt sitczen, undir-weysin umme das globde und bey iren eyde sprechin, dy sie vor czu dem rathe und czu der stad eren und fromen und czu der czeit, do dy ratman woren, umbe dasselbe globde des schadin eyntrechticlichin haben lossin schreybin in dy toffiil, do mag yener, dem der stad gelt befolen was czu bewaren, mit seyme eyde nicht volkomen. Mer nu desir sitczender rat sal ym gebiten und undirweisen, das her dy aldin rathmann und dy stad keyn den juden des egnanten gelobdis schadelos haldin [mag]. Von rechtis wegin.

[3]

Proof of Payment of Debt to Jewish Creditor

WEN EYNER DEN ANDERN BECLAYT MIT DEM STATTBUCHE

Ir habit uns rechtis gefrogit in dissin worten: Ich habe geclayt, wy das Schorbus komen ist vor gehegte bank und hat uffgereychit mir und den, dy do tot seyn, eynen hoff und eyn vorwerk vor richter und vor scheppin und vor gehegter banck, das wir uns lossn sulden von juden mit denselbin erbe; des habe ich en beschuldiget mit der stat buch; dorbobin hot her mir neyn gesprochin. Des habe ich mir lossin eyn recht werdin, sintdemmole das is stehit in der stat buche wissintlich richter und scheppin, ap ich icht nehir czu beweysin sey mit meynis selbins hant noch der stad buche adir was recht sey.

Hyruff antwert Niclas Schorbus: Ich hore, das mich Wolferich beclayt mit der stad buche umbe gelt vor gelobden wegin, das meyn vatir en und andirn bederbin leuten vire mit gesampter hand kegin juden vorsaczt habe. Nu sint denn das der jude getretin ist vor gehegte banck und hot bekant wissintlich richter und scheppin, das ich und meyn brudir en beczalt habe gancz und gar wuchers und houptgut, und gelost habin unsir burgin und Wolferich, dy vor das gelt vorsaczt wordin. Also der jude bekennet, das der dy selbin burgin und Wolferich hot ledig gelossin, dy in der stad buche geschrebin stehin, und sintdemmole das Wolferich nirgent mer noch hindin noch vorne noch nyrne mee steijt in der stad buche, das en meyn vatir jene vorsaczt habe vor keyn gelobde ken den juden; nu bitte ich euch czu irfarn umbe eyn recht, ap her moge geclagin mit der stat buch, sint her nirgint besundir dorynne stehit, und sint her clayt von eynen andirn judin, von den ich nicht weys, wenne

lip und gut; und derselbe jude, von dem her clayt, nyrne benumet
noch beschrebin steyt.

Hyruff sprechin wir scheppin czu Magdeburg vor eyn recht:
Nochdemmole das keyn jude in der stat buch benant steet, wil
dorumme und dorobir Schorbus swern uff dy heiligen, das seyn
vatir Wolferich kegin keyme judin andirs vorsaczt habe czu
burgin, wenn alleyne dem juden, den sie beczalt habin, und
Wolferich und dy andern burgin vorlossin hot; also ledigen sie
sich und das haus und das vorwerk, das der vater vorphant hatte.
Von rechtis wegin.

[4]

Indemnification for Obligations Resulting from *Schadennehmen*

SCHULDE UND ANTWERT EYNER GEWERE

Wir ratman der stad Legenitcz bekennen offintlich in dissin
briffe allin den, dy en sehin, horin addir lesin, das wir noch
sulchin schuldin des tochtigen Heyncz Glauwis und noch den
antwertin des woltuchtigen Georgin Curwis, houptmans czu
Legenitcz, orteil und recht czu Magdeburg habin lossin holin
in sulchin wortin. Unsirn fruntlichin grus czuvor; ersamen
besundirn libin frunde; nach schuldin Heynczin Glawis und
noch den antwerten Jurgin [Curwis],[1] etc. . . . . . .

Sprechin wir [scheppin czu Magdeburg] vor recht: Sintdem-
mole das herczog Heynrich von Grossin Glogaw allin schadin
in cristin und jodin ouff seyne summen als sebinczig marg und
hundirt oubir unser ausgesprochin recht und der scheideleute
irkentenisse und anespreche geteidingit hat, das do auch geschen
ist umme bete willin des hochgeborn furstin herczoge Lodwig
von Legenitcz, das Jurge Curwis gloubit hot dy sebinczig marg
g[roschen] und hundirt uffgegebin; so ist Jorge Curwis ym dy
phlichtig widdir czu kerin und mag sich das nicht geschutzcin
mit dem rechtin und eyde, dy her ym umbe dy leczte globde
gethon hot . . . . .

---

[1] Ms.: *Glau.*

22

COLLECTION OF 234 MAGDEBURG COURT DECISIONS

Fifteenth Century

M a n u s c r i p t: Ms. J 5, Stadtarchiv, Breslau. First half of the fifteenth century, with additions from the sixteenth century. Unpublished.

B i b l i o g r a p h y: Homeyer, *Rechtsbücher*, No. 205. — Theodor Goerlitz, "Die Haftung des Bürgers und Einwohners für Schulden der Stadt und ihrer Bewohner nach Magdeburger Recht," *ZRG.*, LVI (1936), p. 153; therein excerpts from decision No. 19, on pp. 160-161.

P u b l i s h e d here for the first time from the manuscript, fol. 10v–11r, 15r–15v, 17r–v, 43v–44r, 48v–49r, 151r–152r. The summaries at the head of each decision have been taken from Ms. J 11 (Homeyer, No. 209) of the Breslau Stadtarchiv, of the sixteenth century, which on fol. 95–116 includes a table of contents of the collection of 234 Magdeburg court decisions in Ms. J 5.

19

Council and Community of Frankenstein Indebted to Jews

VON ENTPHAHUNG GELDS, DIE EIN SENDBOTE
ENTPFANGEN HOT VON EINEM JUDEN

ABRAHAM JUDE; HANNS TROCHTIL

Abraham jude geclagit zu Johanni Trochteln, wie daz er zu eynir czeit, do her zu Frangkinstein eyn geswornir und eyn rat-man was, zu im komen were und hette van im entpfangin und ufgenomin C marg; und hette im doselbistin globit muntlichin bey trauen und erin, uf eynen nemlichin tag gutlichin zu bezalin nach eynis briffis laut von worte zu worte, nemlichin die gancze gemeinde alz selpschuldigir mit gesamptir hant.

Noch lezunge des briffis sprach Johannes Trochtil: Ap ich nu gelt van em entpfangin habe, daz habe ich getan alz eyn zendebote, der dorumme gebeitin und dornoch gesand ist, daz von im zu fordern und ufczunemen und anders nicht; und habe

im domete ouch keins nicht globt; und ben ouch itczund zu
Frangkinstein nicht meteburgir und ouch zu der selbigin czit
keyn geswornn noch ratmanne nicht gewest; und wes er mich
dorobir schuldigit, dorczu sprech im neyn; ap ich icht nehir von
im antwurt ledig zein zolle, denn daz er mich mit seynem briffe
dorobir beschuldigin moge.

Do kegin Abraham und vrogite: Ap er zu Franckinstein erbe
hette.

Do kegin Trochtil: Ich habe zu Frangkinstein wuste hoffestete,
und was ich do habe, daz ist hocher vorkummert und vorsaczt,
denne ys wert ist adir getragin mag, do helde er sich fuste
zu.

Do kegin Abraham: Wenne er denne bekennit, das er do
geerbit zey und leginde grunde do hot und ouch sein burgerecht
do nye ufgelossin hot; ap er mir nu icht noch meynis brieffis laut
moglichin halden zolle, denne daz er sich in keynen weis dowedir
geschotczin moge.

Dokegin Trochtil: Erbe und gut zu Frangkinstein habe ich
enttreumit und habe mich von not wen der hussen in das vyerde
jar von en gehaldin und bey en nicht wold wonen, und habe ouch
in des meyn burgereicht andirswo gewonnen. Wenne ich denne
erbe und gut do enttreumit habe, und mein burgereicht andirswo
gewonnen habe und ouch in dem obgenantin briffe nicht benampt
ben; ap ich nu billichin von im anttwurt ledig zein solle, denne
das er mich in keynin weys beschuldigin moge.

Sentencia

Wil Johannes Trochtil vorrechtigin uf [den heiligen], alz recht
ist, das er von Abraham juden das gelt, daz er bey em von des
rathis wegin zu Franckinstein anders nicht denne alz zendebote
entpfangin und ufgenomen habe, und das er zu der zit, do er das
gelt von Abraham entpfing, in dem rate nicht gewest ist, und em
ouch keyn obirglobde nicht getan habe: Domete ward er der
beschuldigunge von Abraham los und ledig, und ist em dorumme
forder nichtis pflichtig. Von rechtis wegin.

27
Proof of Payment of Debt by Jews

EIN JUDE BEKENNET, DAS ER GELT BEZALET
HABE; DAS SOL ER BEWEISEN SELBDRITTE MIT
EIME CHRISTEN UND EIME JUDEN, WEME ER DAS
GELD BEZALET HABE.

HEINRICE VATER, IN MACHT ETC.; SLOMMENTROST

Henrice Vatir in macht seynir swegir beschuldigit Slommen-
trost[1] den juden umb XX margk als von eynir mittunge wegin
eynis huzis zur Sweidnicz, dorynne er ouch drey jar gewonit
hat und legite des vor uns eynen sendebriff des ratis von der
Sweidnicz von wort etc.

Noch lezunge des brieffis sprach der jude: Ich bekenne, daz
ich daz hus gemittet habe und habe dorynne gewonit; adir
ich habe das gelt von derselbigin mittunge wegin gancz gar
beczalit.

Do kegin Henrice Vatir: Sintdemmole das er der mittunge
bekennit und habe das gelt bezalit, wie er das beweizin
zulle.

Dokegin der jud: Liebin hern! Ich ben em nisnicht schuldig
und spreche em dovor neyn.

SENTENCIA

Sintdemmole das Slommentrost der jude bekennt, daz er daz
gelt als czwenczik margk von der mittunge wegin bezalit und
nicht spricht, kegin weme, zo mus er das beweizin salbdritte als
mit czween, mit eyme cristen und mit eyme juden, weme er
das gelt bezalit habe; und nemag das mit seynem neyn nicht
unschuldig werdin. Von rechtis wegin.

[1] The first name is Solomon, the second a German translation of the Hebrew
name, *Menahem*.

30 (77)*

Release of Pledges — The Magdeburg Jury Court Does Not Pass Judgment on Usury

EIN RECHT WIDER EINEN JUDEN UND WIE DIE VON
MAGDEBURG UBER WUCHER NIT PFLEGEN ZU SPRECHEN

NICOLAUS KEMMERER, ETC.; CUSSIL JUDE[1]

Vor uns ist komen Nicolaus Kemmerer[2] und Franczke Ebirhard
in eyme worte[3] und clagiten zu Kussil juden, daz sie im[4] vorspan
und andere gereite[5] vorsaczt hettin vor czwenezigk margk; des
zie im bezalit habin[6] XVIII margk houptgutis, zo das II mark
houptgutis aussn blebin weren, und dorczu VIII marg wuchir[7];
und hoffe[8] die acht mark, die von wuchir her komen zein, andir
wuchir nicht brengin moge[9] wedir unsern willen, wenne wir uns
nye doryn gegebin habin, daz wir[10] beweizin wellin, als recht ist;
und hettin daz selbige gelt vor die ratmanne gelegit und begertin
von dem juden, zo als das gelt zu dem rathe[11] lege, ap er nu[12]
icht die pfanth enttreumen zolle[13] nehir und ee denne daz er
ys em[14] lengir vorgehaldin moge.

Dokegin der jode[15]: Die pfand, die ich ynne habe, die steen

---

* Nos. 30 (fol. 17r–v) and 77 (fol. 48v–49r) are identical. The following text
is taken from No. 30; variant readings and additions found in No. 77 are
reproduced in the footnotes.

[1] No. 77: "Wie man bezalte schulde selbdrite beweisen sol, und uber wucher
sprechen die von Magdburg nit recht. Nickil des Weysen Fursten diener;
Cussil jude."

[2] *Nickel des Weyssen Fursten kemmerer.*

[3] in . . . worte] follows after: *Kussil juden.*

[4] daz . . . im] *wie daz sie em vor czeitin.*

[5] *pfant.*

[6] des . . . habin] *des hettin sie em beczalt.*

[7] wuchir] *wuchers, das wellin sie beweizin, als recht ist.*

[8] *hoffen.*

[9] *mogin.*

[10] *sie.*

[11] zu . . . rathe] *zu den ratmannen.*

[12] er nu] *her en nu.*

[13] *sulde.*

[14] ys em] *hers en.*

[15] der jode] *sprach Cussel der jude.*

mir und anderin meinen freundin und joden[16] XX marg[17] rechtis houptgutis und was zint doruf gegangin ist; das wil ich behaldin, wie mir das[18] durch recht geteilit[19] wirt, und hoffe, zo ichs[20] in meynir gewere habe, daz ichs nehir ben zu behaldin, wenne daz er[21] mir dovor geneynin mag.[22]

SENTENCIA

Mag Nickel, des weizen fursten kemmerer, und Franczke[22a] salpdritte vromer manne[23] folkomen an irem rechten, die man von czeuge[24] nicht vorlegin mag, beweizin, als recht ist, das zie Cussel juden achsczeen mark houptgutis uf die XX margk groschen, die in Kussel jode in vorgeczeitin uf vorspan und andere pfande gelegin hette,[25] gegebin und bezalit habin; wenne zie daz alzo beweizit habin und Cussel joden II[26] mark houptgutis, die noch aussenblebin zeint,[27] ouch gegebin und bezalit[28] habin: So mus er in ir pfandt wediranttwurten und zeynt[29] sie denne Cussel joden acht mark adir andir gelt, des zie sich kegin im vorschrebin adir vorwillet habin, pflichtig; dar[30] mag er zie mit rechte wol umme clagin.[31] Sundir obir wuchir sprechin wir ken[32] recht. Von rechtis wegin.[33]

[16] *juden von der Sweidnicz.*
[17] *XX marg unde eine halbe marg groschin.*
[18] wie — das] *alz hoch als mir das.*
[19] *irteilit.*
[20] ichs] *als ichs.*
[21] *sy.*
[22] dovor . . . mag] *dorvor geneynen mogen.*
[22a] *Franczke Ebirhard.*
[23] *man.*
[24] *geczeuge.*
[25] *hatte.*
[26] *die czwu.*
[27] *aussgeblebin sein.*
[28] *bezalit* missing.
[29] *sint.*
[30] *der.*
[31] *beclagin.*
[32] *keyn.*
[33] *Vorsegilt mit unserm ingesegil* added.

69

Jewish Creditor Tries His Debtor in *Gastgericht*, i. e., before an Extraordinary Court for Foreigners—Clause of Attorney— Right of Jewish Creditor to Demand *Einlager* from His Defaulting Christian Debtor

VON GELUBDE GEGEN JUDEN GESCHEN, WIE ETLICHE
BEWEISUNGE GESCHEN SOL

CUSSEL JUDE; NITCZE NASSENGNEFFE

Cussel jude von Kalis bestetigit hat Nitczen Nassengneffen zu dem gastrechte und clagite zu im alz eyn gast umbe geltschult, nemlich umbe hundert marg groschen und umbe XLV marg groschin, das her im globt hot mit sampter hant noch dach diesis unvorsertin briffis laut von worte zu worte, etc.

Do der briff gelezin ward, sprach Nitcze Nassengneffe durch seinem vorreder: Wenne ir denne wol gehort habt, das der obgenannte briff inneheldet: 'wer diezin briff innehot und uns domethe manet mit der obgeschriebinn juden willen'; nu wellin wir dach gerne die andern juden, die in den selbigen briffe stehin und doreyn benampt sein, seen und von en horin, ap das ir wille und ir wort were.

Dokegin Kussel durch seinen forreder: Wenne denne eyn artikel in dem brife steht: 'wenne uns die juden manen adir einer aus en etc.'; ap er mir nu noch meiner vormanunge sulche vorbenante geltschult noch meynis obgenanten briffis laut leystin und beczalin zolle, denne das sich Nitcze Nassengneff in keyner weyse geschotczin moge.

Dokegin Nitcze Nassengneffe: Wenne denne das vorbenante artickel spricht und ausweizit uff das eynreitin und nicht uff die geltschult; ap her nu icht beweizin zolle, das her der andern juden in dem obgenanten briffe benampt macht habe, adir von im̄ antwert ledig sein zolle nehir und ee, denne das er mich hocher, etc.

SENTENCIA

Weiset der heuptbriff einen solchen artickel aus, als dieze copie inneheldet: 'ouch globin wir bey unsen treuwen und eren eynen iczlichin, die diezin briff innehad und uns domethe manet

mit der obgeschrebin juden willen, den globe wir gleicher weyse
zu behaldin als den vorschrebin juden selbis,' so muss Cussel
jude von Kalis irsten ken Nassengneffe beweisen, als recht ist,
das er den heuptbriff mit willen der andern juden, den der briff
mete stet zugeschrebin, inne habe. Wenne Cussel jude das also
beweiset had, so ist Nassengneff pflichtig, das inlegir zu haldin
und dar nicht auszukomen, her thue das mit des vorgenantin
juden wille. Von rechtis wegin. Vorsegilt mit unserm ingesigil.

180

**Act of *Klagengewere* [i. e., Guaranty that the Action against
the Defendant Would Not Be Repeated] Is to Be Performed
by the Jewish Plaintiff by Taking an Oath According to Jewish
Law—Evidence for Payment of Debt to Jewish Creditor**

VORGULDENE SCHULD SOL MAN SALBDRITE BEWEISEN
ADER MIT DIESER STAD BRESSLAU RECHT UND BEGNA-
DUNGE, DAS EINER MIT SINES EINS HANDT ENTGEHEN
MAG, IST DAWEDER

MOSSHE JUDE ETC.; HANS UND CUNCZE STEINKELER

Mosshe jude vom Sagen in macht Isaac juden, ettwenne
Abraham Meysners brudir, die macht vor uns beweisind, dingd
em sein judisch recht etc., claginde zu hern Johannussen und
Cunczen Steynkeller gebruder, wy daz etwenne Cuncze Steyn-
kellir zeligis, ir vater, Abraham Meyssener, des vorbenanten
Isaags bruder, schuldig blebin ist LX guldin ausgeslossin eczliche
clynod; dorobir ouch eynir entscheit geschen ist, den ouch erbare
leute czwischin in gemacht habin, alzo nemlichin Heyncze
Kemmerer, etc.; als ouch diesir briff undir ettwenne des vor-
benannten Cunczen Steynkellirs zegil vor euch gelezin, diese
copie alhie methe ingelegit, etc.; doruff ouch die were getan und
noch judischim eide und rechten besworn ist, als etc.

Dokegin die gebrudir, etc.: Als uns denne Mossche jude in
macht Isaac angeclagit hot, wie das etwenne unsir vater zeliger,
Cuncze Steynkeller, Abraham Meyssener schuldig sulde seyn
blebin LX guldin und czeut sich des an zunleute und entscheit-
leute noch innehald des obgnantin entscheitbriffis; sprechin wir

doruff, das wir demselbigin entscheitbriffe also wol zustehin zam her und wellin uns mit den entscheitleuten nicht lossin abirczeugin; sundir wir sprechin, das dieselbige schult noch innehald des entscheitbriffis, nemlich LX guldin, zu eynen genugen gancz und volkomelich beczalit seint; das wir uns dirbittin zu beweizin noch der stat gnod und willekore mit eigins hant adir wie uns das durch recht geteilit wert, und hoffin, bey sulchir beweizunge noch der stat gnod nehir und mit besserm rechtin zu bleiben denne, etc.

Dokegin Mossche jude: Zo als die gebrudir vorbenant sprechin, das sulche schult zu eynem genugen wol und folkomlich beczalit sey; und dirbietin sich, des noch der stat gnod zu behaldin, als recht ist; so hot ir doch wol gehort, das ich sie noch ynnehaldunge des entscheitbriffis mit erbare leute angesprachin habe, den ouch wissintlich ist, das etwenne ir vatir Cuncze Steynkeller em sulche guldin schuldig blebin ist, und ouch obir sulchin entscheid keyne quitancia nye gegangen ist, das zulche schult beczalit were, und ouch der schultbriff undir ires vatir zegil unverseret ist, beyde an schrifften und an zegil, dem sy och zustehen; so hoffe ich, bey zulchem entscheide und vorsegiltin briffe mit besserm rechten zu bleibin, und mir sulche geltschult beczalin sullen nehir und ee denne dassy, etc.

Dokegin die gebruder: Zo als der jude spricht, das er uns noch ynnehald eynis entscheitbriffis mit erbern leutin angesprachen hette, dorubir keyne quitancia nicht gegangen were, etc., spreche ich doruff das wir dem entscheidbriffe also wol zustehin zam her und weld ungerne die erbare leute des entscheidis uff eynen eyd dringin und sprechin noch, das sulche schult zu eynen gnugin volkomlich beczalit ist, des wir uns dirbietin zu beweizen noch der stat gnodin uff den heiligin als recht ist, und hoffin, is sey quitancia gnuk, und mit besserm rechten dobey zu bleibin, denne das her uns hocher gedringin mogen adir was dorumme etc.

SENTENCIA

Uff euer stat gnade und recht behoret uns in rechte nicht zu irkennen. Sundir wir scheppin zu Magdeburg sprechen uff selbin zachin vor recht: Mogin er Johannis und Concze gebruder die Steynkeller genant mit czweyen fromen mannen zu sich unbeschuldin an irem rechtin, die man von geczeuge nicht vorlegin mag, den das wissintlich ist, beweizen und volkomen als recht ist, das die LX guldin, dorumme sie von Mossche juden vom Sagen in volmacht Isaacs juden, ettwenne Abraham Meysners bruder, angelangit und beclagit werdin, zcu eynir genuge volkomlich beczalt sein; wenn sye das also volkomen, so seint sy dem gnanten juden von der schult noch von des entscheidisbriffis wegin nichtis pflichtig. Von rechtis wegen.

23

MAGDEBURG JURY-COURT DECISIONS
ISSUED FOR POSEN
Between 1400 and 1436

M a n u s c r i p t: Ms. Varia Posn. 49, Reichsarchiv, Posen [Poznan]; Buch IV, c. 189, fol. 81r (II, No. 30); Buch IV, c. 199, fol. 85r (II, No. 40).

E d i t i o n: Theodor Goerlitz, *Magdeburger Schöffensprüche für die Hansestadt Posen und andere Städte des Warthelandes* (Stuttgart and Berlin, 1944).

B i b l i o g r a p h y: Goerlitz, *op. cit.*, pp. 3–37.

R e p r i n t e d from Goerlitz, *op. cit.*, pp. 106 (II, No. 30); 120–122 (II, No. 40).

II, No. 30

1400—1436

Claim of Jewish Creditor for Ready Money from Sureties and Debtor

CLAGE EYNIS JUDIN ZU EYNEM METEBURGER
UMBE SCHULDE

Komen ist eyn jude und hot geclagit umbe schulde von burgeschafft wegin, beweysinde mit erem briffe und mit erem anhangindin ingesegel gesegelt. Do bekanthin dy burgin briff und segel. Do sprach der selbschuldige: "Alhy stee ich und wil dy borgin vortretin, ab ich des nicht zu bekomen bin ader was recht ist." Do sprach der jude: "Her der richter, frogit, ab her sy nicht vortretin sal mit gereytim geilde, alzo der briff lawtet ader was recht ist." Do sprach der antworter, her weilde seyne burgin vortretin mit pfande.

Hiroff s[preche] wir s[cheppin] zu Magd[eburg] e[yn] r[echt]: Sint dem mole das der selbschuldige und borgin des briffis und ingesegels bekennen, so mus der selbschuldige noch lawte des briffis seyne burgin, ab her sy kyn dem judin vortretin wil, vortretin mit gereytim geilde, und her mag des mit phande nicht gethun, von rechtis wegin.

II, No. 40

After 1423

Law of Evidence in Dispute over Payment of Debt to Jewish Creditor

VON CLAGE EYNIS JUDEN CZU EYNEM
CRISTIN UMBE GEILT

Eyn jude clagete zu eynem cristin und off seyne hawsfraw umbe alzo vil geildis, alzo yn der scheppin buch geschrebin ist, und begerte, das scheppinbuch zu lesin, und des lawth von worte czu worte was so: "Vor uns ist komen Joachim mit Margarethin, seyner elichin hawsfrawen und hobin bekant, das sy schuldig seyn sebin marg geildis behemischir groschin und von iczlichir marg alle wochin vir dreylinge zu wuchir Jacob den judin alzo lange, bis sy dy vorgenantin sebin marg hauptguttis mit wuchir beczaltin. Geschen ist dy eynschreybunge a. d. MCCCCXXIII." Das buch wart gelesin.

Do antworte der cristin mit seyner hawsfrawen alzo: "H[er] d[er] r[ichter]. Ich bekenne yn mit meyner hawsfrawen nitis nicht, wenne ich yn beczalt mit bereytem geilde mit behemischin guttin groschin, und das hot her mir globt, ausczuschreybin aus der scheppin buche. Indes qwam dy gebundene czeyt, das her mich nicht lis ausschreybin aus der scheppin buche, und ouch qwam eyn ritter mit koniclichin briffin und freyte mich von dem judin umb ander sechs mark breyter groschen, und dorumbe wil her mir nicht bekennen der sebin marg, dy ich ym habe beczalt, und bebin das ich czye mich an ebner als an den burgermeyster, scheppin und gesworne, vor den her bekante, das ich ym das geilt habe beczalt." Und brochte der selbige cristin den burgermeyster, czwene scheppin und eynen geswornen man vor gerichte und bot, sey in gehegetem dinge von dem richter und dy scheppin zu verhorin.

Ir bekenthnisse, das was also: "H[er] d[er] r[ichter]. Wir bekennen an eydis stat, das wir habin gesessin in eyner vor-richtunge czwischen eynem cristin und juden alzo ebner umbe sebin marg breyter behemischir groschin, dy der cristin sprach dem judin, das her yn hette beczalt, und do frogete wir yn, womethe her hette den judin beczalt. Der sprach der cristene czu uns ebnern, das her hette den judin mit bereyten guttin geilde bemisch groschen beczalt. Dornoch frogete wir ebener den judin und sprochin zu em alzo: Jude, wil du habin von dem cristin eyne beczalunge der sebin marke, wenn her dich iczunt hot beczalt. Do sprach der jude czu uns ebenern: Sintdem mole das her meyn ledig worden ist mit koniclichin briffin um ander sechs marg breyter behemischir groschin, dorumme ich wil ouch em nicht bekennen der sebin marg breyter behemischer groschin, das her mir irkeyne beczalunge hette gethon, und davort sprach der jude: Hette her mir ym eyme gehaldin, zo hette ich yn dem andern gehaldin. Sint dem mol das her meyn ledig wordin ist mit koniclichin brieffe umbe ander sechs marg breyter groschin, zo wil ich ym ouch nicht bekennen der beczalunge der sebin mark."

Als nu das bekenthnisse der vorgnantin geschaen wart, do sprach der judin vorspreche: "H[er] d[er] richt[er]. Wenne der selb-schuldiger umbe das geilt neyn gesprochin hot, geruchit zu frogin yn dem rechtin, wie her dovor rechtin sal, von rechtis wegin."

Hiroff spreche wir scheppin zu Magd[eburg] e[yn] r[echt]: Sint dem mole, das der jude den cristinman und seyne hawsfrawe umb 7 marg behemischer groschin beschuldiget und spricht sy des an mit geczugnisse des scheppinbuchis, do is ynne geschrebin stehet, zo mag der cristinman mit seynis eynis hant dovor nicht rechtin ader mit seynem neyn dovon komen. Sunder alzo her spricht, das her dem juden dy sebin marg mit bereytem geilde beczalt habe, und der jude der beczalunge nicht bekennen wil, so mus der cristene man dy beczalunge beweysin selbdritte mit czwen fromen mannen zu sich, dy man von gerichte nicht vorlegin mag, dy das sohin und hortin, und das geczugnisse, das

dy ebner als der burgermeyster und czwene scheppin bekant und
gesagit habin, do sy vorhort wordin, ist nicht volkomen geczug-
nisse, sunder der cristinman mus dy beczalunge salbdritte off
den heyligin behaldin, alzo vorgeteilt ist, von rechtis wegin.

24

SUMMA *DER RECHTE WEG* BY CASPAR POPPLAW
End of Fifteenth Century

M a n u s c r i p t: Ms. J 7, Stadtarchiv, Breslau. End of the fifteenth
century. Some of the about 1600 decisions belong to the fourteenth century.
Unpublished.

B i b l i o g r a p h y: Homeyer, *Rechtsbücher*, No. 206. — Theodor Goerlitz,
"Der Verfasser der Breslauer Rechtsbücher 'Rechter Weg' und 'Remis-
sorium'," *Zeitschrift des Vereins für Geschichte Schlesiens*, LXX (1936),
p. 195 ff.; Th. Goerlitz, *ZRG.*, LVI (1936), p. 153; LVII (1937), p. 752 f.;
G. Kisch, "Studien zur Geschichte des Judeneides im Mittelalter," *Hebrew
Union College Annual*, XIV (1939), p. 438, note 18b.

P u b l i s h e d here for the first time from the manuscript, fol. 24r, 29v,
106v–107v, 241v.

B LXXI[1]

Penalty for Defamation of Jews
AP MAN JUDEN SCHELDEN MAG

Fruntlichenn grus zuvor. Euer frage ist: Eyn jude claget obir
eynen cristen man, er habe ehn eynen hurnson geheyssen. Das
bekante ym der cristenman, er habe ehn eynen hurnson ge-
heyssen. Do lies ym der jude ein recht werden, ap er ym nicht

[1] The content of this decision is identical with that of its revised version as
transmitted in the *Magdeburger Fragen*, I, 4, 7. From its introductory clause
as well as from other passages it is clear that the text reproduced above re-
presents the unrevised version of the original *Schöffenspruch* from which it
was derived. It contains clauses which are missing in all known manuscripts
of the *Magdeburger Fragen*. These facts warrant the reproduction in full of the
original version. Moreover, it offers a singular opportunity through a com-
parsion of both versions to study the editorial revision by the hand of a
medieval "editor," who adapted the individual court decisions for inclusion
into a generalized collection of precedential judicial decisions.

bussen solde. Do wart ym geteylet: Sinntemol das er is ym
bekante vor gehegtem dinge, so sal er ym bussen. Das ortil
schalt der cristenman und quam mit ortil uff die banck und
sprach sein ortil also: Sintdemol das alle leute die juden hurnson
heyssen, so habe ich ym recht gethon und nicht unrecht und
darff ym nicht bussen. Und tzoch sich des uff des koniges hoff
auch yn gehegt ding yn Magdburgischem rechte. Do volgete
ym der jude und die scheppen santen mit dem richter clage und
antwort und das gescholdene ortil dohen, do sie sich getzogen
haben. Des ortils worten die scheppen drey viertzentagen und
manten den schelder und seyne burgen, das er sein ortil volfurte.
Das that er nicht. Dornoch obir eyn virtel jares wolden die
scheppen ire busse haben von dem schelder umb das er sein
ortil nicht volfurthe, und machten ehn dingpflichtig mit seynen
burgen. Do globeten sie, brechte er sein ortil nicht in gehegten
dinge, sie wolden ehn die busse gebin; und das globten sie auch
vor den rathmannen. Dennoch brochte er sein ortil nicht. Do
nomen die scheppen ire busse von den burgen. Dornoch obir
ein jar sprach der schelder: Die scheppen haben die busse ge-
nomen, sie mussen is mir widdergebin. Ap die scheppen das gelt
behalden mogen adir was recht sey.

SENTENCIA

Die bussen, die die scheppen irworben und genomen, also
obin geschreben ist, die mogen sie mit rechte wol behalden und
durfen der nicht widergebin. Von rechtis wegin.

B XCVII

Jurisdiction over Jews — Law of Evidence in Lawsuits Involving Christians and Jews

AP EIN JUDE MIT GETZEUGIN WORDE ANGESPROCHIN

So als David jude ist von dem techant angesprochin mit
gewissenschafft fromer leute, so mus David jude mit so vil
cristener leute entgehin und der schult unschuldig weren, als er
angesprochin ist, und en kan sich des mit eynen seinen neyn
nicht abgenemen. Und das er des keysers kemmerer ist und

yn seyne kammer gehoret, das kan ym dortzu nicht zuhulffe komen, sundir so hoch, also er von dem techint wirt angeclagt, so hoch mus er des entgehin, als vor geteylet ist. Sundir obir sebin man getzeugnisse endarff David jude kein höer getzeugnis nicht leyden. Von rechtis wegin.

F XLI

Princely Peace Bestowed on Jews Must Be Upheld against Unlawful Force — Judicial Jurisdiction over Jews — Jews May Employ Christian Spokesmen in Lawsuits against Christian Opponents

Vonn frede geleyte und vorspreche

Ap ein furste eyme juden eynen frede gebe bynnen eyner benanten tzeyt und in dem selbin benanten jare des fredes ehm ein recht gebe und vorschrebe und ym das globte und vorburgete unnd vorschrebe mit anhangenden ingesigel stete und gantz tzu halden ane arck; ap denne ein ander furste adir ein ander erbar man, her were wer er were, der under dem vorgeschrebin fursten nicht besessen were und von ehm nicht hette, und welde denselben juden betedingen und welde ym brechin mit tedingen seynen freden und recht den ehm ein geborn furste gegebin hette; ap man dem juden den fredin und recht bynnen der tzeyt gebrechin mochte; ader ap derselbe furste den juden bey seinen frede und rechte behaldin solle, das er em globt, vorburget und vorschrebin hat; wenne juden nicht under ehn keyn recht habin, wenne was [rechtes][1] ehn die fursten gebin und setzin; und ap ein jude eynen cristenen man tzu eynem vorreder gehaben moge kegin eynem andern cristen man, adir wie das von rechte sein sal.

Sentencia

Hiruff spreche wir scheppen zu Magdburg vor recht: Vorbriefet ein furste eynem juden frede tzu eyner tzeyt, den frede sal er ym haldin vor sich und vor die seynen vor unrechter gewalt. Mer ist der jude ymande icht schuldig adir pflichtig

[1] Ms.: *richter*.

zu gebin, der mag das mit gerichte kegin dem juden wol fordern.
Do ist dem juden des fursten brieff noch frede nicht mete
gebrochin. Von rechtis wegin.

Vortmehr mag ein cristen man eynes juden vorredir wol sein
kegin eynem andern cristen manne. Von rechtis wegin.

F XLII

**Bishop Conrad of Breslau Arbitrator in a Legal Dispute
between a Jewish Creditor and a Christian Debtor — Promis-
sory Note Invalidated by a Release (Quitancia) Resulting
from That Arbitration**

VONN ENTSCHEYDE ADIR QUITANCIA UND SCHULT

Mosche jude und hat beschuldiget eynen lantman Bartusch
Koslig umb tzwehundert margk Pragischer groschin und legete
vor uns eynen brieff. Do der brieff gelesin wart, do sprach
Bartusch Koslig durch seinen vorreder: "Lieben hern, die
geltschult noch seines brieffs laute ist vorricht und entschicht
noch dieser quitancia laute von worte zu worte etc." Do die
quitancia geleßin wart, do sprach Bartusch Koslig: "Liebin
hern, dirkennet, ap ich icht billicher bey sollicher quitancia
mogelichen bleybin sal." Dokegin sprach der jude: "Wenne ich
denne eynen unvorserten brieff habe und er selbschuldig ist, ap
er nun mir icht mogelichin haldin sal etc." Item dornoch qwam
der jude abir an uns und begerte, das man ehn lisse den brieff
und das segil schauen, ap er seines brieffs und segils bekante.
Do gab man Bartusch Koslig den brieff und lies ehn den brieff
und das segil schauen. Do sprach Bartusch Koslig durch seinen
vorreder: "Ich sehe mein segil an dießem brieffe hangen adir
mit meinem willen und wissen ist es an dießen brieff nicht
komen." Dokegin sprach Mosche der jude: "Wenne denne der
bischoff bekennet, das er yn der quitancia sich yn eyne rich-
tunge gegebin hat, und der richtunge ich nicht gestehe und uff
den quitancian brieff ich nichtis nicht entreume." Dokegin
Bartusch Koslig: "Das segil ist an meynen willen und wissen
an den brieff komen und wil das abetzihen, wie myr das durch
recht irteylet wert." Dokegin der jude: "Wenne denne mein
brieff unvorbrochin und unvorseret ist, ap er mir nu icht moge-
lichen halden sal durch recht."

SENTENCIA

Mag Bartusch Koslig volkomen mit tzwen fromen mannen tzu sich, die von getzeugen nicht vorlegin mag, den das wissentlich ist, das bischoff Conrad zu Breslau zwischen Bartusch Koslig und Ychel juden von Reichenbach eynen entscheyt und suneliche richtunge gemacht habe, ehn beyden tzu willen, das Ychel jude Bartusch Koslig queid, ledig und los hat gelaßin, seyne erbin und eliche nochkomelinge und dortzu seyne burgen alles geldes unnd globde und alle schultbrieffe von der vierundtzwentzig marckn und ein firdung widerzugebin und tzu antworten ane alles arg und sagete doruff alle schultbrieffe tot, crafftlos und machtlos, so das sie vorbas mehr keynem juden fromen sollin und Bartusch und seinen burgin noch keyme cristen schadin sollen; wenne er das also volkomet mit den leuten, so ist er bey der sunelichen vorrichtunge nehr zu bleybin, wenne ehn Mosche jude sottane summa geldis, als yn deme brieffe außgedruckt ist, mit deme brieffe abe erfordern mag, sintdemmole das der brieff machtlos und crafftlos mit der sunelichin berichtunge[1] gemacht ist. Von rechtis wegin.

O XLVII

Formula and Ceremonial of Jewry Oath

VON DER JUDEN EYDE

Alles, das dir N. schult gibt, das bistu unschuldig, als dir helffe Adonay got und die czehn gebot, die er gab Moysi [am] Sinay. Bistu abir schuldig, Adonay der selbe Got an leybe und der sele dich schende und deme teuffel dich sende und dich an deyner judischen ehe vortilge nu und ymmer mehr. Amen.

Nota; der jude sal stehin barfus uff einem stule und sal gekart sein kegen dem uffgange der sonnen mit seynem antlicz, seinenn mantel sal er anhaben und eynen judenhut uffe; wirt er an seinem eyde fellig dreystundt, also dicke vorbust er eynen firdung, czum virden male ist er bestandin des rechten.

---

[1] In the manuscript, the word *neher* was added but later crossed out.

25

SUMMARIES OF COURT DECISIONS OF MAGDEBURG, LEIPZIG, AND DOHNA

Fifteenth Century

M a n u s c r i p t : Ms. M 20a, Sächsische Landesbibliothek, Dresden. Completed in 1504, the decisions originating in the fifteenth century.
B i b l i o g r a p h y: Homeyer, *Rechtsbücher*, No. 304. — G. Kisch, *Leipziger Schöffenspruchsammlung*, pp. XIII, 70, note 1.
P u b l i s h e d here for the first time from the manuscript, fol. 23v, 203v; 110r.

[1]
Objections against Validity of Promissory Note in the Possession of Jewish Creditor

BRIEF[1]

Der jude darf noch sinem judischin rechte nicht benennen, wer im den brief, der im versatzt ist [vor die II C marck],[2] geschriben hat. So aber der furste und sine bürgen des briefs nicht bekennen, so müssen sie ire sigill usstzihen, als recht ist. Wollen sie den denn juden beclagen als ein velscher des briefes, so muss sie en uberwinnen,[3] er künde sichs denn mit rechte geschutzen. S[ententia] Donen.

[2]
Jewish Moneylender Protected in the Possession of Lawfully Acquired Pledge

FURMAN

Hat der man sin gut zu furen dem furmane verdinget und geantwortet, und hat der furmann ein schibe wachs dovon in die juden versatzt; darumbe kan er zu jüden keine forderung gethun, sundern zu dem, dem er das gut glaubet hat; und der jude ist bei seim pfande nehir zu bliben. S[ententia] Magd[eburg].

---

[1] The same decision is repeated on fol. 203v of the manuscript, with the heading: *Jude.*
[2] Inserted from fol. 203v.
[3] Fol. 203v: *uberwunden.*

26

COLLECTION OF MAGDEBURG JURY-COURT DECISIONS SENT TO THE JURY COURT OF LEITMERITZ FOR VARIOUS BOHEMIAN TOWNS

Fifteenth and Sixteenth Centuries

M a n u s c r i p t s: 1. Ms. II F 1, formerly 23 G 9, Czech National Museum, Prague. A collection of Magdeburg jury-court decisions issued to the Jury Court of Leitmeritz, Bohemia, during the fourteenth, fifteenth and sixteenth centuries. They were originally in medieval German but were translated into the Czech language as early as the Middle Ages. The Czech version alone survived in this codex (about 1470). 2. Ms. 13143, Nationalbibliothek, Vienna, originating in Leitmeritz where the codex was written at the end of the fifteenth century and supplemented up to the time of the fifteen-forties. In addition to other works, this manuscript contains a collection of decisions issued by the Magdeburg Jury Court corresponding to the collection contained in the aforementioned Prague codex, Ms. II F 1.

B i b l i o g r a p h y: 1. Ms. Prague, Czech National Museum, II F 1: Homeyer, *Rechtsbücher*, No. 964; cf. Jaromír Čelakovský, "O právních rukopisech města Litoměřic" [The Legal Manuscripts of the City of Leitmeritz], *Časopis musea království Českého* [Journal of the Museum of the Bohemian Kingdom; in Czech], LIV (1880), pp. 548–556; Wilhelm Weizsäcker, "Zur Geschichte der Sammlungen Magdeburger Schöffensprüche im böhmischen Raum," *Festschrift Adolf Zycha zum 70. Gegurtstag überreicht von Freunden, Schülern und Fachgenossen* (Weimar, 1941), pp. 265–284; Wilhelm Weizsäcker, *Magdeburger Schöffensprüche und Rechtsmitteilungen für den Oberhof Leitmeritz* (Stuttgart and Berlin, 1943), pp. 2–21.— 2. Ms. Vienna, Nationalbibliothek, 13143; Homeyer, *Rechtsbücher*, No. 1169; cf. Emil Kalužniacki, *Die polnische Recension der Magdeburger Urteile und die einschlägigen deutschen, lateinischen und czechischen Sammlungen*, in Sitzungsberichte der kaiserlichen Akademie der Wissenschaften zu Wien, philosophisch-historische Klasse, Band 111 (Vienna, 1886), pp. 282–284; Weizsäcker, *op. cit.*, pp. 4–21.

E d i t i o n: Wilhelm Weizsäcker, *Magdeburger Schöffensprüche und Rechtsmitteilungen für den Oberhof Leitmeritz* (Stuttgart and Berlin, 1943).

R e p r i n t e d from Weizsäcker, *op. cit.*, pp. 48–51 (No. 11); 87–91 (No. 23); 198–202 (No. 49); 351–352 (No. 97); 358–359 (No. 102); 365–367 (No. 106); 370–371 (No. 108); 371–372 (No. 109). — The German translation by the editor, Wilhelm Weizsäcker, which is added, is a re-translation from the medieval Czech translation of the original text. Obvious mistranslations have been corrected while a stylistic revision has not been undertaken.

11

Liability for Payment of Loans by Jewish Creditors

Nassie prziatelske pozdrawenij naprzied. Wassie otazka gest takowa:

Mikulass umrziel gest a pozustawil gest ssiestero dietij, cztwero po prwnij zienie a dwe po poslednij. Dwe prwnich byli su od otcze sweho wysazieni, zie su s swymi muzi manzielsky bydlili. A z tiech dietij geden naystarssi byl gest ginych dietij porucznik. A z tiech dietij sslo gedno prycz s gednim pacholkem. Potom przissla panij Kaczia, poslednich dietij matie, przied rychtarzie a kmethy a ukazala geden list pod miestsku peczietij na cztyridczet kop g., kterez gij Mikulass, muz gegij, dal a zapsal na swem zbozi za wieno. A to wieno y s listem y se wssim prawem, kterez tu miela gest, dala gest to Hankowi stryczy swemu, aby on s tím uczinil y nechal wedle swe wuole. Potom napominal Hanek porucznika o to wieno. Y prodal gest porucznik trzi dijly gedne winicze za osmnadst kop g., za kterez by gemu byli dali dobrzie cztyrzidczet kop g. A tiech osmnadczt kop g. zawdal gest Hankowi na to wieno, a k tomu przidal gest dchan toho porucznika po dczerzi swe tak mnoho, zie Hankowi bylo wyplnieno trzidczeti kop g. bez gedne kopy. A Hanek zachowal ten list za ostatnij penize na to wieno, a k tomu Waczlaw ten porucznik dal gest wuoli swu, zie gest to zapsano w miestske knihy, tak zie Hanek bez nuzniho prawa muoz ty ostatnij penize wienne wziti na sskodu tehoz porucznika na geho zbozij a na tiech dwe dietij zbozij w krziestanech neb w zidech. Potom zemrzielo gest tiech cztwero dietij nayprwe panij Katerziny pastorkynie, potom teez panij ditie gedno, potom panij Katerzinino poslednij ditie a potom Waczslaw, tiech dietij porucznik. A tiech dwe dietij, kterez su byli wygradowane, prawy, zie by tiech dwe dietij dyl na nie spadl, a zastawili su to otewzdanij te winicze w prawem cziasu, kteruz byl Waczlaw prodal, a chtieli by tiech osmnast kop zase nawratiti, acz by to oni mieli ucziniti wedle prawa. Dale prawi Hanek, zie ty ostatnij penize wiena, kterez gest on wzal w zidech, zie by se zlichwily a przissli na padesat kop. Y prawij tiech dwe dietij, zie Mikulass otecz gich pozustawil zbozij sweho dobrzie za trzista kop mimo geho wesskeren dluh, a zie Waczlaw Gedwa gest byl poldruho leta porucznikem tiech dietij a zadneho pocztu gim neuczinil aniz kdy okazal, zie by czo tiem dietem przisporzil. A ty dieti mieli su na mowitem statku tak mnoho, zie by on byl nepotrziebowal zadneho diedicztwij prodati. Acz by tiech dwe dietij z toho napadneho diedicztwij, kterez na nie przipadlo gest, dluh w zidech mieli plniti a tu blizssi byli tu winiczy wyplatiti anebo nicz neb czo w tom za prawo gest.

Na to prawo prawime my kmethe w Maydburcze: Poniewadz tiech dietij mati gesstie ziwa byla gest, kdyz tiech dietij porucznik dijl te gich winicze prodal, a ona toho gest neodmluwala, tehdy nemuziete wy toho odmluwiti. Acz su ty dieti zadneho dluhu pozustali, to wy mate plniti tak daleko, yakoz diedicztwi stawa. Ale tu sskodu nehodnu, kteruz gest Waczslaw na zbozij tiech dietij prziewedl gest a swolil, te su nepotrzebowali ty dieti trpieti, proto nepotrziebugete wy take te sskody a lichwy se zbozij tiech dietij plniti. Wedle praweho prawa.

[German Translation]

Unsern freundlichen Gruß zuvor. Eure Frage ist also: Nikolaus starb und hinterließ sechs Kinder, vier nach dem ersten Weibe und zwei nach dem letzten. Zwei von den ersten waren von ihrem Vater abgeteilt, daß sie mit ihren Männern ehelich wohnten. Und von den Kindern war eines, das älteste, der andern Kinder Vormund. Und von den Kindern zog eines fort mit einem Knecht. Darauf kam Frau Kača, der letzten Kinder Mutter, vor Richter und Schöffen und zeigte einen Brief unter städtischem Siegel auf vierzig Schock Groschen, die ihr Nikolaus, ihr Mann, als Morgengabe auf seine Habe gegeben und verschrieben hat. Und diese Morgengabe zusamt dem Brief und allem Recht, das sie daran hatte, gab sie dem Hanek, ihrem Vetter, daß er damit tue und lasse nach seinem Willen. Darauf mahnte Hanek den Vormund um die Morgengabe. Und der Vormund verkaufte drei Teile eines Weinberges um achtzehn Schock Groschen, für die man ihm gut vierzig Schock Groschen gegeben hätte. Und diese achtzehn Schock Groschen zahlte er dem Hanek auf die Morgengabe an, und dazu gab der Schwäher dieses Vormundes seiner Tochter soviel, daß dem Hanek abgegolten wurden dreißig Schock Groschen weniger einem Schock. Und Hanek behielt den Brief für das übrige Geld auf die Morgengabe, und dazu hat Wenzel, der Vormund, seine Einwilligung gegeben, daß es in die Stadtbücher eingeschrieben wurde, so daß Hanek ohne Notrecht das restliche Morgengabegeld auf Schaden des Vormundes auf seine Habe und auf derselbigen zwei Kinder Habe nehmen kann bei Christen oder bei Juden. Darauf starb von diesen vier Kindern zuerst der Frau Katharina Stieftochter, darauf ein Kind derselben Frau, darauf der Frau Katharina letztes Kind und darauf Wenzel, der Kinder Vormund. Und die zwei Kinder, die ausgeradet waren, sprechen, daß der zwei Kinder Teil auf sie gefallen sei, und sie verwehrten die Übergabe des Weinberges, den Wenzel verkauft hatte, in rechter Zeit, und möchten die achtzehn Schock wieder zurückgeben, wenn sie das zu Recht tun dürften. Weiter spricht Hanek, daß sich das übrige Geld von der Morgengabe, das er bei den Juden genommen hat, verwuchert hat und auf fünfzig Schock gekommen sei. Auch sprechen die zwei Kinder, daß Nikolaus, ihr Vater, ihnen seiner Habe wohl für dreihundert Schock hinterlassen hat, ohne seine gesamte Schuld, und daß Wenzel Gedwa anderthalb Jahre Vormund der Kinder war und ihnen keine Rechnung gelegt noch gezeigt hat, daß er den Kindern etwas erspart habe. Und die Kinder hatten an beweglichem Gute so viel, daß er nicht genötigt gewesen wäre, Erbe zu verkaufen. Ob die zwei Kinder von diesem angefallenen Erbe, das ihnen zugefallen ist, die Schuld bei den Juden gelten sollten und näher wären, den Weinberg auszulösen oder nicht oder was darin Recht ist.

Hierauf sprechen w. Sch. zu Magdeburg ein Recht: Dieweil der Kinder Mutter noch lebend war, da der Kinder Vormund den Teil ihres Weinbergs verkaufte, und sie dem nicht widersprochen hat, so könnt Ihr dem nicht widersprechen. Ob die Kinder eine Schuld hinterlassen haben, die sollt Ihr soweit gelten, als das Erbe reicht. Aber den ungerechtfertigten Schaden, den Wenzel auf die Habe der Kinder geführt und zu dem er gewilligt hat, den brauchten die Kinder nicht zu dulden, darum braucht Ihr auch den Schaden und Wucher von der Habe der Kinder nicht zu gelten. Von Rechtes wegen.

23

Claims of Several Jewish Creditors against the Same
Debtor — Legal Procedure

Przissli su przied nas dwie stranie sobie odporne, ziadagicze za nauczenij prawa a rzkucze: Prosyme wassij milosti, milij pani, zie nam prawo a ortel ucziniti raczite rzieczij. Jakoz nam zidom dluzien gest Jan Donat, Jakobowi Cziernemu bez puol cztwrty sedmdesat kop a [...]¹ deset zlattych rynskych peniez puoyczenych. O ty penize seznal mi se przied rychtarzem dobrowolnie. A toho nam obiema gest nezaprziel przied panem purgmistrem w radie, y przied saudem dluhu nezaprziel, toliko zie gest rzekl, zie "su mi puoyczili a zase na mnie wyhrali." A tu sme geho oba k saudu przihnati kazali a saud geden na niem prawem sme prawo ustali. A potom sme se ohlasyli a przisswiedczili ke wssiemu statku geho, hbitemu y k nehbitemu, drziwe nez tiemto zidom dwima Jakobowi Polakowi a Jonassowi seznanij gim ktere tyz Donat udielal ani prawem kterym geho dofolkowali; tu gme se drziwe ohlasyli a przisswiedzili przied prawem a saudem hagenym k geho statku drziwe, nezli se on gim w dluhu seznal, ani czo gim zapsano na statku geho. Protoz wierzime bohu a prawu a wassij milosti, zie raczite nam prawo a ortel na to rzieczy, zie sme blizssij k tomu statku wedle geho seznanij przied rychtarzem nayprw a wedle geho nezaprienij przied saudem a przied radu a wedle nasseho ohlassienij a przisswiedczienij prawa gednoho saudu na niem ustaleho, nez tiem, kterymz se gest po nas dofolkowali. Nebo kdy se gim seznal, tehda sme se ohlasyli, zie toho nassiemu przisswiedczienij k saudu geho a prawa nasseho bez sskody ma byti etc.

Odpor proti tomu Jonassie zida. Tak daleko przisslo, zie Jonass zid obzialowal gest Jana Donata w saudie hagenem obecznem z pietimezczitma kop g. a w tom dluhu tyz Donat se gest seznal gemu. Y dieleno gest temuz Donatowi, zie to ma plniti do zapadu sluncze. A to gest w miestske knihy wesslo. Tehdy ziadal gest Jonass toho, aby gemu dopomozieno bylo zakladu a statku geho przied nadepsanymi zidy oba Jakoby,

¹ The name of the second Jew is not given in the manuscript. According to the following text, his name was also Jacob.

kterziz nemagij nicz seznaleho ani przied prawem prziemozeneho.
A k tomu se gest hlasyl trzi saudy po obecznem. Proti tomu
odeprzielasta dwa Jakoby swrchupsanij zidee, prawicze, zie
su se prwe na ten statek hlasyli. Ale nemata nicz seznaleho ani
przied prawem prziemozieneho. Tehda tijz zidee tiskli su k
tomu, aby gim tyz Donat ku Prahu dostanie uruczil. A on
odpijral, zie wedle swe usedlosti chcze gim prawa dostati. A
oni nechtieli su za to przigiti, proto zie su se ginij k statku geho
wssiemu prziswiedczili. A kdyz gest tyz Donat wsazien, z toho
wiezenie gest ussiel prycz. Protoz Jonass wierzij bohu a prawu,
zie gemu gich prwnij hlassienij nemuoz nicz sskodno byti,
poniewadz nicz seznaleho nemagij ani przied prawem prziemo-
zieneho. Y ziadat tyz Jonass prawa rzczienie y sprawedliweho
ortele, acz ma gemu przied tymiz zidy k statku geho dopomo-
zieno byti, czi czo by tu za prawo bylo.

Na to prawo prawime my kmethe w Maydburcze: Gestli
Jonass zid Jana Donata przied saudem zahagenym w saude
obecznem obzialowal z pietimezczytma kop, w kteremzto dluhu
Donat Jonassowi zidu se seznal; a na to z saudu hageneho temuz
Donatowi dieleno gest, aby przied zapadem sluncze zaplatil,
kteryzto podijl kmetsky w knihy miestske zapsan gest; a gestli
po tom Jonass zadal dopomozienij k zakladu a k statku geho
przied swrchugmenowanymi Jakoby s [!] zidy, odpieraczi swymi,
a k tomu se prziswiedczil a ohlasyl po trzi saudy po obecznem;
gessto to Jonass zid rychtarziem a kmethy anebozto gich saud-
nymi kniehami anebo miestskymi, w kterychz znamenawagi,
jakoz prawo gest, tak pokazati muoz, zie on prawa dostanij
po seznanij Jana Donatha k statku geho od saudu k saudu
dofolkowal gest, yakoz prawo gest; gest-li zie pak naprziedgme-
nowanij zidee Jakobowe prziswiedczienij takowe a prawa dostanij
Jonassie zida na statek Donatuw za dluh geho seznali su odmlu-
wali, prawicze, zie by se prwe k statku ohlasyli a prziswiedczili,
jakoz take wedle oznamenij wassich spisuw w swem polozienie
sami wznassiegij, zie Jan Donath w tiech paniezich, kterez by
gim dluzien byl, przied rychtarzem z dobre wuole seznal y
przied panem purgmistrem y radu y take przied prawem saudu
hageneho w nezaprzienij byl gest; a zie by oni potom geho k
saudu pohnali a saud na niem geden prawem ustali a potom oni

se ke wssiemu statku geho, k hbitemu y nehbitemu, ohlasyli a
przeswiedczili prwe nezli gich odpieracz Jonass zid etc.; y gest-li
zie su pak oni takoweho sweho ohlassienij, jakoz su oni prawem
na Janowi Donatowi ustalem prawu k geho statku wzeli, ku
prawym sudnym dnom a od tehoz saudu nedofolkowali, ale
prziesweidczieni a ohlassienij na statek geho opustili a se zase
prawem k niemu mieli a rukoymi od nieho ziadali; a proto Jan
Donath wsazen byl a z toho zase wiezenij wyssiel a prycz odssiel;
a nemohu oni take nynij gich takowym ohlassienim, aczkoli tu
nynij dali se, awssak yako prawo gest, od saudu k saudu nedo-
folkowali, aby oni do toho zbozij uwedeni byli, naprziedgmeno-
waneho zida Jonasse na temz naprziedgmenowanem geho
ohlassienij a prawa dostanij, kdez on k Donatowemu zbozij
prawem czinil gest a az dosawad dofolkowal, wedle prawa
hyndrowati nemohuu. Nez ten gisty Jonass zid muoz swemu
zacziatemu ohlassienij a prawa folkowanij ku statku tehoz Jana
Donatha prawem folkowati a k tomu statku a zbozij za swuoy
seznaly a ohlassieny dluh a pro naklady na prawo wedle biehu
wassij rychty sobie dati dopomoczy. Wedle praweho prawa.
Zapeczietieno peczietij nassij.

[German Translation]

Vor uns sind zwei miteinander streitende Parteien gekommen
und baten uns um Belehrung des Rechten und sprachen: Wir
bitten Euere Gnaden, liebe Herren, daß Ihr uns Recht und Urteil
tun und sprechen wollet. Wie Johann Donat uns Juden schuldig
ist Jakob dem Schwarzen siebzig Schock ohne vierthalb und [. . .]²
zehn rheinische Gulden geborgten Geldes. Zu diesem Gelde hat
er sich mir vor dem Richter gutwillig bekannt. Und das hat er
uns beiden vor dem Herrn Bürgermeister im Rat nicht verleug-
net, und vor Gericht hat er die Schuld nicht geleugnet, nur daß
er gesagt hat, daß "sie mir geborgt und wieder auf mich gewonnen
haben." Und da haben wir beide ihn zu Gericht vorgebieten
lassen und haben in einem Gerichtstag auf ihn richtig das Recht
erstanden. Und dann haben wir uns gemeldet und gezogen zu
all seinem Gut, fahrendem und unfahrendem, früher als der-

---

² See, *supra*, note 1.

selbige Donat den zwei Juden Jakob Polak und Jonasch irgendein
Bekenntnis getan und sie ihm mit irgendeinem Rechte gefolgt
sind; da haben wir uns früher gemeldet und dazu gezogen vor
dem Recht und gehegtem Gericht zu seinem Gute, bevor er sich
ihnen zur Schuld bekannte und ihnen etwas auf seinem Gute
verschrieben wurde. Deshalb vertrauen wir Gott und dem
Recht und Euren Gnaden, Ihr werdet uns Recht und Urteil
darauf sprechen, daß wir zu dem Gute erstlich nach seinem
Bekenntnis vor dem Richter und nach seiner Nichtleugnung vor
Gericht und vor dem Rat und nach unserer Meldung und
Beweisung des an einem Gerichtstag auf ihn erstandenen Rech-
ten näher sind als die, welche nach uns [den Gütern] gefolgt sind.
Denn als er ihnen die Schuld bekannt hat, da erklärten wir,
daß das unserm Zug an das Gericht gegen ihn und der Beweisung
unseres Rechten unschädlich sein soll etc.

Widerspruch des Jonasch Juden dagegen. Es ist soweit ge-
kommen, daß Jonasch Jud den Johann Donat im gemeinen
gehegten Gericht beklagt hat wegen fünfundzwanzig Schock
Groschen, und zu dieser Schuld hat sich derselbige Donat ihm
bekannt. Und es wurde demselbigen Donat geteilt, daß er das
zu gelten habe bis zum Untergang der Sonne. Und das ist in
das Stadtbuch gekommen. Da verlangte Jonasch, daß ihm zum
Pfande und zu dessen Gut geholfen werde vor den vorgeschrie-
benen beiden Jakob Juden, die kein Bekenntnis noch Überwin-
dung vor dem Rechten haben. Und dazu hat er sich gemeldet
drei Gerichte nach dem gemeinen. Dem widerstrebten die zwei
obgeschriebenen Jakob Juden und sprachen, daß sie sich früher
zu dem Gute gemeldet hätten. Aber sie haben kein Bekenntnis
noch eine Überwindung vor dem Rechten. Da drangen diesel-
bigen Juden darauf, daß ihnen derselbige Donat verbürge,
sich in Prag zu stellen. Und er widerstrebte, er wolle ihnen nach
seiner Ansässigkeit zu Gericht stehen. Und jene wollten das
nicht annehmen, weil sich andere zu all seinem Gute gezogen
hatten. Und als derselbige Donat festgesetzt wurde, ist er aus
dem Gefängnis entwichen. Darum vertraut Jonasch Gott und
dem Recht, daß ihm ihre frühere Meldung nicht schädlich sein
kann, weil sie kein Bekenntnis noch eine Überwindung vor dem
Rechten haben. Und es bittet derselbige Jonasch um einen

Spruch des Rechten und eines gerechten Urteils, ob ihm vor
denselbigen Juden zu dessen Gute geholfen werden soll, oder
was darin Recht wäre.

Hierauf sprechen w. Sch. zu Magdeburg ein Recht: Hat
Jonasch Jud den Johann Donat vor gehegtem Gericht im gemei-
nen Gericht beklagt wegen fünfundzwanzig Schock, zu welcher
Schuld sich Donat dem Jonasch Juden bekannt hat; und ist
darauf aus gehegtem Gericht demselbigen Donat geteilt worden,
daß er vor Untergang der Sonne gelte, welche Teilung der
Schöffen in das Stadtbuch geschrieben wurde; und hat darauf
Jonasch um Hilfe zum Pfande und zu seinem Gute vor den
obgenannten Jakob Juden, seinen Widersachern, gebeten und
sich dazu gezogen und gemeldet durch drei Gerichte nach dem
gemeinen; ob das Jonasch Jud mit Richter und Schöffen oder
durch ihr Gerichts- oder Stadtbuch, darin sie, wie Recht ist,
Aufzeichnungen machen, so beweisen kann, daß er der Erstehung
des Rechten nach dem Bekenntnis des Johann Donat zu dessen
Gut von Gericht zu Gericht gefolgt ist, wie Recht ist; ist denn,
daß die vorgenannten Jakob Juden solches Zuziehen und Erste-
hung des Rechten des Jonasch Juden zum Gute des Donat für
dessen bekannte Schuld widerredet haben, indem sie sprachen,
daß sie sich früher zu dem Gute gemeldet und gezogen hätten,
wie sie auch nach Anzeige Eurer Schriften in ihrer eingelegten
Schrift selbst vorbringen, daß sich Johann Donat zu dem Gelde,
das er ihnen schuldig war, vor dem Richter gutwillig bekannt
und vor dem Herrn Bürgermeister und dem Rate und auch
vor dem Recht des gehegten Gerichtes nicht geleugnet habe;
und daß sie ihn dann zu Gericht vorgebieten ließen und einen
Gerichtstag auf ihn mit Recht erstanden hätten, und daß sie
sich dann zu all seinem Gut, fahrendem und unfahrendem,
früher gemeldet und gezogen hätten als ihr Widersacher Jonasch
Jud etc.; und sind sie dann solcher ihrer Meldung, wie sie diese
mit dem auf Johann Donat richtig erstandenen Recht zu dessen
Gute getan hatten, nicht zu rechten Gerichtstagen von diesem
Gerichtstag gefolgt, sondern haben ihr Zuziehen und ihre Mel-
dung auf dessen Gut verlassen und sich wieder mit dem Rechten
zu ihm gehalten und Bürgen von ihm verlangt; und wurde des-
halb Johann Donat festgesetzt, und ist er aus diesem Gefängnis

wieder ausgekommen und entwichen; so können sie auch jetzt mit solcher ihrer Meldung, wiewohl sie jetzt geschehen ist, weil sie aber nicht, wie Recht ist, von Gericht zu Gericht gefolgt sind, um in das Gut eingeführt zu werden, den obgenannten Jonasch Juden an seiner vorgenannten Meldung und Erstehung des Rechten, die er zu Donats Gut mit Recht getan hat, und der er bis jetzt gefolgt ist, von Rechts wegen nicht hindern. Sondern derselbige Jonasch Jud kann seiner begonnenen Meldung und Folgung des Rechten zum Gute desselbigen Johann Donat mit Recht folgen und sich zu dem Gut und der Habe für seine bekannte und angemeldete Schuld und für die Kosten auf das Recht nach dem Lauf Eures Gerichts verhelfen lassen. Von Rechtes wegen. Versiegelt mit unserem Insiegel.

49ᴵ

Liability of Sureties for Claim of Jewish Creditor — Legal Procedure for Its Realization — The Magdeburg Jury Court Does Not Pass Judgment on Usury

Tak daleko przisslo, zie dwa rzezniczy u nas, Jan Aron a Jan Ruoziek, slibili su za gednoho Jana Purgrabka k zidu Eliassowi za gmenowitu summu peniez, bez gedna za xxxᵗⁱ ß, a to przed rokem. A kdyz zid dele czekati nechtiel tiech peniez, pohnal gest tiech rukoymij k saudu obecznimu. A oni sau nestaali tak zie gest zid ustaal na nich prawo. A w to se zapsati dal sobie na ty rukoymie gistiny xl ß bez dwu a lichwy xvj ß, yakož wassij milosti tuto tento zapis posylame. A potom ten zid žadal dopomozienie prawa k zakladu gednoho rukoymie, Aronowi. A tu paani kmethe dopomohli su gemu k domu geho, a kdyz tyz Aron lezal w nemoczy. A przigaw zid ten zaklad, zpowiedal ten zaklad prwnij saud, w tom swem zapsanie pokladage ge podle takoweho ustanij prawa a zapisu za gistcze. A w tom gest pan buoh toho rukoymie Arona wzal s tohoto swieta na onen. A [zid chtiel opiet zpowiedati ten zaaklad po druhy suud a]² k

---

¹ This jury-court decision was issued before November 1, 1514; cf. Weizsäcker, *op. cit.*, p. 202.

² The words enclosed in brackets are supplemented from the Vienna manuscript.

tomu dale folkowąti po geho smrti. A panij Urssyla, manzielka
geho, neboztika Arona, s poruczniky swymi a dietmi toho gest
odeprzela, rzkucz, poniewadz gest nedofolkowal zid k tomu
zakladu za geho zdraweho ziwota, zie na ni ani na geho diedicze
nediedie to rukogemstwie a nenie powinna y swymi dietmi o to
odpowiedati aniž ktere nauze aniž hydrowanie prawem proto
trpieti, acž gest gemu zaklad od prawa daan, k tomu sme powo-
lali druheho rukoymie a zida take, a tu gest wedle obwinienie
sweho a zapsanie k niemu mluwil, zie netoliko su k niemu
rukoymie, ale zie su se polozili gemu za gistcze, yakož gest ge
zapsal kniehami miestskymi. Tu gest ten rukoymie zidu toho
odeprzel, "zie nikdy sme se tobie nepokladali za gistcže, nez znam
se w prostem rukogemstwie bez gedne we xxx^{ti} ß a to bez lichwy."
A przesto chcze wzdy ten zid dale folkowati k toho umrleho
domu y k statku yakozto k zakladu gemu od prawa danemu.
Y milij paani, račte nas prawem naucziti, acž ten zid k tomu
zakladu ma dopusstien byti a dofolkowati, a takowe rukogem-
stwie ma-li diediti na tu panij a na statek gich, poniewadz gest
zid nedofolkowal k tomu zaakladu za geho zdraweho ziwota. A
take ten zaklad gest zidu dopomozen, kdyz gest ten Aron leziel
w nemoczy smrtedlne, z niez gest nepowstal. Czi-li k druhemu
rukoymi ma hleddieti ten zid o ten dluh a slib, jakož su slibili
ruku spolecznie a nerozdielnu a yakož se nezna ten rukoymie w
tom zawazku než w prostem slibu w tom rukogemstwie. Od
wassij milosti žadame prawem zprawa byti, czo tu za prawo
zuostati ma.

Na to prawo prawime my kmethe w Maydburcze: Slibili-li su
dwa rzezniczy wassy spolumiesstiene, Jan Aron a Jan Ruozek, za
gednoho gmenem Purgkrabka, take rzeznika, k gednomu zidu,
gmenem Mardochoem Eliass, za gmenowitu summu, za xxx^{ti} ß
bez gedne, a stalo-li se gest to przed rokem, a nechtiel-li gest
zid toho dale cžakati; a gestli gest on swe rukoymie k obecznimu
saudu, yakož prawo gest, pohnal a powolal, a gest-li zie su oni
k tomu saudu, kteremuž oni pohnani byli, k swemu prawu su
nestaali, a gestli gest zid prawo swe ustaal na Janowi Aronowi
rzeznikowi a na Janowi Ruožkowi společznie za dluh za Jana
Purgkrabka a w tom saudu na swe rukoymie dal zapsati xxx^{ti} ß g.
a lichwy xvj ß wedle znienie a zapisu prwniho w czeduli zapsa-

neho; zadalli gest pak na to dopomozienie ten zid k gedomu tiech
rukoymij, k Janowi k Aronowi; a gestli gest gemu dopomozieno
k geho domu, kdyz gesti tyz Aron w swe nemoczne posteli lezal;
a gestli gest tyz zid takowy zaklad przigal a ten prwnie saud
zpowidal; czož pak ten zid w pohonu saudu a w powolanie, kdyz
gest ge on Jana Arona a Jana Ruožka jakožto Jana Purkrawowy
rukoymie ugistil a prziprawil prawem, z tee prawe gistiny
hlawnich peniez oznamil a gmenowal gest, tehdy on gest takee
na tiech gistych rukoymiech prawem mohl dosahnuti, ustaati
a dobyti, tak yakož su oni, ku pohonu a saudu powolani sucze,
neprzissli a take przed prawem su nestaali. Jakož pak ten zid
prawo swe na tiech naprzedgmenowanych Janowi Aronowi a
Janowi Ruozkowi o ten geho dluh spolecžnie ustaal gest, tehdy
on se take muož o swuoy sprawedliwy dluh, jakož on w pohonu
saudu a powolanij, jakož prwe dotcženo gest, gmenowal a oznamil
y zwedl, na toho naprzedgmenowaneho Jana Arona zbozie tu
on nicz wiecze než toliko polowiczy toho gisteho dluhu prawem
postihnuti muož. A ta przedrzeczena panij Janowa Aronowa
neboztika wdowa pozustalaa y swymi dietmi nemuož se tako-
wymi swymi odpory u wassiem spisu polozienymi a zwedenymi
proti tomu a zase pomoczy. A druhu polowiczy tehož ustaleho a
dobyteho neb upomenuteho dluhu muož on k naprzeddotcženemu
Janowi Ruožkowi, k druhemu rukoymi, anebožto k geho statku
prawem hledieti a postihati. Czož pak na lichwu stogij anebožto
lichwy se dotyczie, na to neslussie nam w prawich rozeznawati
než duchownimu saudczy, tak yakož žadny saudcze lichwy
suditi nema, aniž mu to take suditi przislussie. Wedle praweho
prawa. Zapeczietieno pecžietie nassij.

[German Translation]

Es ist soweit gekommen, daß zwei Fleischer bei uns, Johann
Aron und Johann Ruoziek, für einen Johann Purgrabek bei
dem Juden Elias für eine benannte Summe Geldes, dreißig
weniger ein Schock, gelobten, und zwar vor einem Jahre. Und
als der Jude des Geldes nicht weiter warten wollte, lud er die
Bürgen zum gemeinen Gericht. Und sie standen nicht, also daß
der Jude das Recht auf sie erstand. Und dabei ließ er sich auf

diese Bürgen eine Hauptsumme von vierzig weniger zwei Schock und an Wucher sechzehn Schock verschreiben, wie wir Eueren Gnaden hier diese Verschreibung übersenden. Und darauf verlangte der Jude Hilfe des Rechten zum Pfande eines Bürgen, Aron. Und da halfen die Herren Schöffen ihm zu dessen Haus, da derselbe Aron krank lag. Und der Jude nahm das Pfand auf und bot das Pfand den ersten Gerichtstag auf, indem er sie in seiner Verschreibung nach solchem erstandenen Recht und solcher Verschreibung als Schuldner ansah. Und in dem nahm Gott der Herr den Bürgen Aron aus dieser Welt in jene. Und [der Jude wollte das Pfand beim zweiten Gericht wieder aufbieten und] dazu weiter folgen nach seinem Tode. Und Frau Ursula, die Ehegattin des gottseligen Aron, mit ihren Vormündern und Kindern widersprach dem und sagte, dieweil der Jude dem Pfande nicht bei seinem gesunden Leben gefolgt sei, so erbe die Bürgschaft weder auf sie noch auf seine Erben, und sie sei nicht pflichtig mit ihren Kindern, darauf zu antworten noch irgendwelche Not oder Hinderung durch das Recht darum zu dulden, wiewohl ihm das Pfand vom Rechten gegeben worden sei. Dazu haben wir den zweiten Bürgen und den Juden auch gerufen, und da hat er nach seiner Anschuldigung und der Verschreibung zu ihm gesprochen, daß sie nicht bloß seine Bürgen sind, sondern daß sie sich ihm als Schuldner verpflichtet hätten, wie er sie in das Stadtbuch verschrieben hat. Da hat der Bürge dies dem Juden geleugnet, "daß wir uns Dir niemals als Schuldner verpflichtet haben, sondern ich bekenne mich zu schlichter Bürgschaft für dreißig weniger ein Schock, und zwar ohne Wucher." Und trotzdem will der Jude immer weiter zu dem Hause und Gute des Verstorbenen folgen als zu dem ihm vom Rechte gegebenen Pfande. Und, liebe Herren, wollet uns eines Rechten belehren, ob der Jude zu dem Pfande zugelassen werden und folgen soll, und solche Bürgschaft erben soll auf die Frau und auf ihr Gut, dieweil der Jude dem Pfande bei dessen gesundem Leben nicht bis zu Ende gefolgt ist. Und dem Juden ist auch zu dem Pfande geholfen worden, da Aron in tödlicher Krankheit lag, von der er nicht aufstand. Oder ob der Jude sich an den zweiten Bürgen halten soll wegen der Schuld und des Gelübdes, da sie mit gesamter und ungeteilter Hand gelobt haben, und da der Bürge sich zu der Verpflichtung nicht bekennt, sondern nur zu schlichtem Gelöbnis der Bürgschaft. Von Eueren Gnaden bitten wir eines Rechten berichtet zu werden, was da Recht bleiben soll.

Hierauf sprechen wir Schöffen zu Magdeburg ein Recht: Haben zwei Fleischer, Eure Mitbürger, Johann Aron und Johann Ruozek, für einen mit Namen Purgkrabek, auch einen Fleischer, einem Juden mit Namen Mardochai Elias für eine benannte Summe, für dreißig weniger ein Schock, gelobt, und ist das vor einem Jahre geschehen, und wollte der Jude dessen nicht länger warten; und hat er seine Bürgen zu gemeinem Gerichte, wie Recht ist, geladen und gerufen, und sind jene bei dem Gericht, zu dem sie geladen waren, nicht zu ihrem Rechte gestanden, und hat der Jude sein Recht auf Johann Aron Fleischer und auf Johann Ruozek gemeinschaftlich für die Schuld des Johann Purgkrabek erstanden und in diesem Gerichte auf seine Bürgen dreißig Schock Groschen und Wuchers sechzehn Schock verschreiben lassen nach Laut der ersten auf dem Zettel geschriebenen Verschreibung; hat dann der Jude darum um Hilfe zu einem der Bürgen, Johann Aron, gebeten; und ist ihm zu dessen Haus geholfen worden, da derselbige Aron in seinem Siechbette lag; und hat derselbige Jude das Pfand aufgenommen und am ersten Gerichtstag aufgeboten; was denn der Jude in gerichtlicher Klage und Vorgebot, da er Johann Aron und Johann Ruozek als die Bürgen des Johann Purkraw mit dem Rechte gesichert und gerechtfertigt hat, an rechter Summe Hauptgeldes angezeigt und genannt hat, das konnte er auch auf dieselbigen Bürgen mit dem Rechten erlangen, erstehen und erkriegen, sowie jene, wiewohl sie zu Klage und Recht geladen waren, nicht gekommen sind und auch vor dem Rechten nicht gestanden haben. Wie denn der Jude sein Recht auf den vorgenannten Johann Aron und Johann Ruozek um diese seine Schuld gemeinsam erstanden hat, so kann er auch um seine gerechte Schuld, wie er sie bei gerichtlicher Klage und Vorgebot, wie vorberührt, genannt, angezeigt und erhoben hat, auf des vorgenannten Johann Aron Habe nicht mehr als nur die Hälfte derselbigen Schuld mit Recht erlangen. Und die vorgenannte Frau, des Johann Aron seligen nachgelassene Witwe, mit ihren

Kindern kann sich mit solchen ihren in Eurer Schrift niederge-
legten und erhobenen Widerreden dagegen und dawider nicht
helfen. Und die andere Hälfte derselbigen erstandenen und
erkriegten oder eingemahnten Schuld kann er bei dem vorbe-
rührten Johann Ruozek, dem zweiten Bürgen, oder an seinem
Gut mit Recht suchen und erlangen. Was denn auf Wucher
steht oder den Wucher berührt, darauf gebührt uns nicht in
den Rechten zu erkennen, nur dem geistlichen Richter, so wie
kein Richter über Wucher richten soll noch ihm solches zu
richten zukommt. Von rechtes wegen. Versiegelt mit unserem
Insiegel.

97

Illegal Compulsion Exerted by Jewish Creditor

Pozdrawenij nasse przatelske naprzed. Pocztiwi, zwlasstie
dobrzi przatelee! Jakoż ste nam o niektere wieczy, was samych
s gedne a niekterych wassich spolumiesstianuow a gednoho žida s
druhe strany dotycże, psali a nas na to prawa rzcżenij żadali,
prawime my kmethe w Maytburcze na to giste psanij za prawo:
Tak yakoż ten wass spolumiesstienin, kteryż toho krcżmarze pro
zlodieystwo do wazby wassij dal, a toho krcżmarze nechtiel gest
utrpnie obżalowati ani powolati, a wy że ste gemu to poddali, acż
by chtiel toho krcżmarze utrpnie nebo rukogemnie obżalowati
nebo powolati: Tehdy gesti przes to ten gisty miesstienin k tomu
krcżmarzi do wazby nemiel poslati ani gemu tiech sto kop po-
hruożkami skrze gednoho gineho a take skrze zida uhrożyti nebo
odssaczowati aniż mohl. A poniewadż pak on takowe wieczy,
kteere gemu odczizeny nebo pobrany byli, zase dosahl a k sobie
przigal gest, czoż pak ten gisty miesstienin, take ten druhy y
żid, kterzi k tomu krcżmarzi od nieho do wassij wazby poslani
byli a geho w tom tak w te wazbie bez wasseho wiedomi a wuole
ssaczowali a ty wieczy pusobili a gednali, pro takowu wiecz mate
wy ge wsseczky wedle wylkyru neb swolenij nebo obycżege
miesta wasseho, acż bysste ktere mieli, wedle slussnosti w tres-
tanij y w pokutu brati nebo wziti; ale że pro takowe gednanij
nebo skutek nebo cżinienij nemuoż gim to na gich czti a dobre
powiesti nicz sskoditi ani sskodno byti. Czoż gesti take ten

gisty miesstienin hotowych na ten ssaczunk od toho krczmarze
dosahl, to musy tomu krzcmarży od nieho zase zaplaczeno a
nawraczeno byti. A k tomu wy ani podkomorzi nemuożte se k
zadne sprawedlnosti tahnuti. Wedle prawa. Zapeczetieno
peczetij nassij.

[German Translation]

Unsern freundlichen Gruß zuvor. Ehrsame, besondere gute
Freunde! So Ihr uns um etliche Sachen, Euch selbst an einem
und etliche Euere Mitbürger und einen Juden am andern Teile
anlangend, geschrieben und uns Recht darauf zu sprechen ge-
beten habt, sprechen wir Schöffen zu Magdeburg auf dieselbige
Schrift für Recht: So Euer Mitbürger, der den Kretschmer um
Diebstahl in Euere Haft gegeben hat, den Kretschmer nicht
peinlich beklagen noch besenden wollte, und Ihr ihm das frei-
gestellt habt, ob er den Kretschmer peinlich oder mit Bürgschaft
beklagen oder besenden wollte: So hat über dies derselbige
Bürger zu dem Kretschmer in die Haft nicht senden noch ihm
die hundert Schock mit Drohungen durch einen andern und
auch durch einen Juden abängstigen noch abschatzen sollen
noch können. Und dieweil er denn solche Dinge, die ihm ent-
wendet oder genommen waren, wiederum erlangt und zu sich
genommen hat, was denn derselbige Bürger, auch der andere und
der Jude, welche zu dem Kretschmer von ihm in Eure Haft ge-
sandt wurden und ihn darin also in der Haft ohne Euer Wissen
und Eueren Willen geschatzt haben und die Dinge geursacht
und gehandelt haben, um solche Sache sollt Ihr sie alle nach
Willkür oder Verwilligung oder Gewohnheit Eurer Stadt, ob Ihr
welche hättet, nach Ziemlichkeit in Strafe und in Buße nehmen;
aber um solche Handlung oder Tat oder Betätigung kann ihnen
das an ihrer Ehre und gutem Leumund nichts schaden noch
schädlich sein. Was denn auch derselbige Bürger an Bereitem
an der Schatzung von dem Kretschmer erlangt hat, das muß
dem Kretschmer von ihm wiederum vergolten und wiedergekehrt
werden. Und dazu könnt weder Ihr noch der Unterkämmerer
Euch zu irgendwelcher Gerechtigkeit ziehen. Von Rechtes
wegen. Versiegelt mit unserem Insiegel.

102
Direct Application by a Jew to the Jury Court of Magdeburg for Legal Instruction — Legal Instruction Given in Hypothetical Case

Abrahame žide, jakoz gsi nam psal, ze sy ty sestru miel, kderaz u gednoho zida w domie byla, kterazto miela penize a statek, ktery za penieze stogi, a ta ze gest umrzela a statku toho zadnemu nezrzidila a yakz prawo nedala. A tak se domniewass Jakuba zida z toho narzikati, ze ten statek twe sestry u nieho gest, a wie o tom, kde ten statek gest etc. a nas na to giste psanij prawa rżcżeni zadal gsy, prawime my kmetee w Maydburcze na to giste psani poslane za prawo: Jakoz ty Jakuba zieda k gemu o swiedomi obzalowal sy aneb obzalowati by chtiel, ze on statek twe sestry miel by anebo ma a wo niem wie: A kdyz on te zaloby bude chtieti newiedomim odgiti, tehdy muoze on przisahu swu podle obyczege zydowskeho toho se sprostiti a newinnen ucziniti. A tak yakoz ty swiedomi aneb pruowodu dotyczess a geho k geho swiedomi obzalowal by, nepotrzebugess proto przes swu zalobu prowozowati. Wedle prawa miesta nasseho.

[German Translation]

Abraham Jud, so Du uns geschrieben hast, daß Du eine Schwester hattest, die bei einem Juden im Hause war, welche Geld hatte und Gut, das Geldes wert ist, und daß die gestorben ist und ihr Gut niemandem vermacht und, wie Recht ist, gegeben hat; und so vermeinst Du, Jakob Juden darum anzusprechen, daß das Gut Deiner Schwester bei ihm sei und er davon wisse, wo das Gut sei etc.; und uns auf dieselbige Schrift Recht zu sprechen gebeten hast, sprechen wir Schöffen zu Magdeburg auf dieselbige gesandte Schrift für Recht: So Du zu Jakob Juden zu seinem Gewissen geklagt hast oder klagen möchtest, daß er das Gut Deiner Schwester hätte oder hat und von ihm weiß: Und wenn er dieser Klage mit Nichtwissen wird entgehen wollen, so kann er sich durch seinen Eid nach jüdischem Brauch dessen ledigen und unschuldig machen. Und so wie Du Gewissen oder Beweis berührst, ob Du ihn zu seinem Gewissen beklagtest, so brauchst Du darum über Deine Klage hinaus nichts zu vollführen. Nach unserem Stadtrecht.

106

Klagengewere [Guaranty that Action in Court against
a Defendant Would Not Be Repeated] Pledged by a Jewish
Plaintiff — Arrest in Favor of Jewish Plaintiff — A Fellow-
Citizen of An Alleged Debtor Subjected to Arrest in Reprisal
by Jewish Claimant — The Latter's Liability from
Klagengewere

Pozdrawenij nasse przatelske naprzed. Opatrny zwlasstie
dobry prziteli! Kdež ste nam o niekteru przi psali a od nas na
to prawo rzcżenij żadali, kdeż take y te prze zprawu dawate,
że zid z Prahy, gmenem Samuel, skrze sweho moczneho po-
rucżnika, żida Kaprzika, po smrti Pangraczia Kasse, miesstie-
nina Lithomierziczkeho, na toho gisteho Pankracia Kasse
pozustale zbożij se prawem tahl; a kdyż gest tyż zid panij
Reginie, giż gmenowaneho Pankracia Kasse pozustawene wdo-
wie, na gegij yakożto obwinniene podle zadosti prawa gwar
swych dluhuw slibil a ginymi lidmi uruczil, a ta gista panij
Regina od prożalowanij toho zida, ktereż gest proti nij uczinil,
nalezem a prawem gest oddielena, poniewadz ona zwlasstie
yakożto obdarowana w swe żenske swobodie a milostiwem obda-
rowanij sedij; y kdyż zid ten ortel uslyssal a yhned, yakoż
slussy, tomu neodeprzel, ale, toho nesstrafuge, zase do Prahy
tahl a tak to wyrcżene prawo owssem opowrhl. Potom ten gisty
zid swu smielostij a swewolnie ginu miesstku z Lithomierzicz,
panij Reginy sausedu, kteraż tu w Praze pro swu potrzebu byla,
obstawil a zdrzel, tak dlauho, aż se dale przihodilo, że panij
Kassowa sama take potrzeby swe w Praze gednala. Tu su gij
pani gegij, na ten czas tudiž w poselstwij sucze, namluwili, aby
se w Praze postawila, przirzikagicz gij neopusstieti. A kdyz
gest a se postawila, tehdy ta obstawena miesstka gesti pro-
pusstiena a panij Regina zase do wazby wzata. Na tom wasse
otazka ku prawu gest postawena: Poniewadz gij zid przes ten
slibeny a zaruczeny gwar, yakoż swrchu dotcżeno, u wazbie drzij,
a kdyby gi w takowe wazbie nutil aneb moczij pridrzel, aby ona
gemu niezczo dati musyla, a ona toho na żidu samem powinnem,
kteryż gwar propadl, hogiti by se nemohla, sau-li pak geho
postawenij rukogmie powinni tu panij z wazby wyswoboditi a
sskodv, kterez gest wzala, s zakladem a s pokutu naprawiti etc.

Prawime my kmethe w Maydburcze na takowe psanij a otazku
za prawo: Kdez gest ten zid swrchugmenowany yakožto zalobnik
panij Reginie Kassowe, obžalowane, gwar dluhuw swych, yakz
za prawo, slibil a gij to zdrzeti dobrimi a usudlymi uruczil; a
gest-li ze gest pak tu gistu panij Reginu mimo takowy slibeny a
zaruczeny gwar a przi ortelem dieleny potom w Praze na czizim
prawie a panowanij pro tu przi stawowal a u wazbie drzal, na
tom gest gij nemilostiwee a znamenite bezprawij uczinil, a ten
gisty zid pro takowu wiecz proti prawu Lithomierziczkemu a
panij Kassowe gwar gesti propad; y poniewadz pak on yakožto
zalobnik w te rychtie Lithomierziczich osedly nenij, alewssak
tudiž w te rychtie ten uruczeny gwar zdržeti rukoymie postawil,
tehdy take ti gistij rukoymie moczi gich rukoyemstwij giž
gmenowanu Reginu z wiezenij wyswoboditi a gij takowy propa-
deny gwar, že gest dle takowe prze do czicij rychty u wiezenij
wzata a wsazena, uloženu pokutu zmieniti a nahraditi powinni
gsau s naprawu sskod, kterez gest wzala, k tomu take nakladuow
ku prawu. Podle prawa. Zapeczetieno nassij peczetij.

[German Translation]

Unsern freundlichen Gruß zuvor. Vorsichtiger, besonderer
guter Freund! So Ihr uns um eine Sache geschrieben und uns
Recht darauf zu sprechen gebeten habt, wo Ihr auch der Sache
Meldung gebt, daß ein Jude aus Prag, mit Namen Samuel,
durch seinen mächtigen Vormund, den Juden Kaprzik, nach
dem Tode des Pancratius Kasse, Leitmeritzer Bürgers, sich auf
desselbigen Pancratius Kasse verlassene Witwe mit Recht ge-
zogen habe; und wie derselbige Jude der Frau Regina, des schon
genannten Pancratius Kasse verlassener Witwe, auf ihr als der
Beschuldigten und nach des Rechten Erfordernis Gewere seiner
Schulden gelobt und mit andern Leuten verbürgt hat, und die-
selbige Frau Regina von der Anklage des Juden, die er gegen sie
getan hat, mit Urteil und Recht freigeteilt worden ist, dieweil sie
sonderlich als Begabte in ihrer fraulichen Freiheit und günstlicher
Begabung sitzt; und wie der Jude das Urteil vernommen und
nicht sogleich, wie es sich gebührt, dem widersprochen hat, son-
dern, ohne es zu strafen, wieder nach Prag gezogen und so das
gesprochene Recht allerdings verachtet hat. Darauf hat der-

selbige Jude in seiner Dreistigkeit und mutwillig eine andere Bürgerin aus Leitmeritz, der Frau Regina Nachbarin, welche daselbst in Prag wegen ihrer Notdurft war, gehindert und aufgehalten so lange, bis es weiter geschah, daß Frau Kassin selbst auch ihre Notdurft in Prag handelte. Da haben sie ihre Herren, die zu der Zeit nämlich auf Botschaft waren, überredet, daß sie sich in Prag stelle, indem sie ihr zusagten, sie nicht zu verlassen. Und da sie sich stellte, da wurde die gehinderte Bürgerin entlassen und Frau Regina hinwiederum in Haft genommen. Darauf ist Euere Frage zum Recht gestellt: Dieweil sie der Jude über die gelobte und verbürgte Gewere, wie obberührt, in Haft hält, und ob er sie in solcher Haft nötigte oder mit Macht dazu anhielte, daß sie ihm etwas geben müßte, und sie sich dessen an dem Juden, der selbst pflichtig und der Gewere verfallen ist, nicht erholen könnte, ob denn seine gestellten Bürgen pflichtig sind, die Frau aus der Haft zu befreien und die Schäden, so sie genommen, mit dem Bürgezug und der Buße auszurichten etc.

Sprechen wir Schöffen zu Magdeburg auf solche Schrift und Frage für Recht: So der obgenannte Jude als Kläger der Frau Regina Kassin, Beklagten, Gewere seiner Schulden, wie Recht ist, gelobt und ihr das zu halten mit guten und rechtmäßigen [Leuten] verbürgt hat; und ist denn, daß er dieselbige Frau Regina über solche gelobte und verbürgte Gewere und nach Teilung durch Urteil später in Prag in fremdem Recht und Herrschaft um die Sache aufgehalten und in Haft gehalten hat, daran hat er ihr ungünstliches und merkliches Unrecht getan, und derselbige Jude ist um solche Sache wider das Leitmeritzer Recht und Frau Kassin der Gewere verfallen; und dieweil er denn als Kläger im Leitmeritzer Gericht nicht ansässig ist, aber darum in dem Gericht, die verbürgte Gewere zu halten, Bürgen gestellt hat, so sind auch dieselbigen Bürgen kraft ihrer Bürgschaft die schon genannte Regina aus dem Gefängnis zu befreien und ihr solche verfallene Gewere, daß sie nach solcher Sache in ein fremdes Gericht in Haft genommen und gesetzt wurde, mit darauf gelegter Buße zu wandeln und zu erstatten pflichtig mit Ausrichtung der Schäden, so sie genommen hat, dazu auch der Kosten zum Recht. Von Rechts wegen. Versiegelt mit unserem Insiegel.

108[1]

According to Procedural Law, a Jew Cannot Lose His Case as Long as the Time Allowed by the Court for Producing Evidence Has Not Elapsed

Nasse przatelsky pozdraweni naprzed. Pocztiwi zwlasstni dobrzi przatele! Kdez wy nam niekterych stran omyl, kteryz mezy nimi o pokazani aneb prowedeni gest, tak yakz Ysaakowi zidu to wykonati ulozeno, tiech diediczuw anebo przatel Adama Nadrzencze s gedne a dotczeneho Ysaaka zyda strany druhe dotykagiczy, sepsanie poslali ste a nas na to prawa rzczeni gste zadali etc., prawime my kmete w Maidburcze na takowe psani wasse k nam poslane za prawo: Acz dobrze Ysakowi zidu wod was, panuw raddy a kmetuw, ku prawu ulozeno, aby on swug dluh proti diediczom Adama Nadrzencze pokazati miel; poka-wadz gemu proto zadny gmenowany den aneb czil, w kterymz by on swug ulozeny pruowod anebo pokazani miel by wykonati, podle prawa neni ulozeno anebo gmenowano, tehdy take ten zid, nepatrzicz na to, zie poruczniczy se po trzikrat kaupenemu saudu wzdyczky we dwauch nedielech przed tymze saudem zahagenym k pruowodu ohlasowali, swu przi nepropadl y ni stratill, ale zwlasstie musy se gemu gesstie den ginemu witi termin aneb czil k takowemu k podielenemu pokazani rzadne z prawa ulozen byti, a czoz by tak w ohlassenym czasu anebo czili pokazal anebo nepokazal, na to gde slussnie dale, czo za prawo gest. S praweho prawa etc.

[German Translation]

Unsern freundlichen Gruß zuvor. Ehrsame, besondere gute Freunde! So Ihr uns etlicher Parten Irrtum, welcher zwischen ihnen um eine Beweisung oder Vollführung ist, so wie das dem Isaak Juden zu vollbringen auferlegt wurde, die Erben oder Freunde des Adam Nadrzenecz an einem und den berührten Isaak Juden am andern Teile anlangend, verschrieben gesandt und uns Recht darauf zu sprechen gebeten habt etc., sprechen wir

[1] This decision of the Magdeburg Jury Court was sent to Leitmeritz before September 20, 1524. The latter date is given in the following decision which refers to the same lawsuit.

Schöffen zu Magdeburg auf solche zu uns gesandte Schrift für Recht: Wiewohl dem Isaak Juden von Euch, Herren des Rats und Schöffen, zu Recht auferlegt worden ist, daß er seine Schuld wider die Erben des Adam Nadrzenecz beweisen solle; sofern ihm darum kein benannter Tag oder Ziel, in welchem er seinen auferlegten Beweis oder Beweisung durchführen sollte, nach Recht auferlegt oder benannt worden ist, so ist auch der Jude, unangesehen dessen, daß die Vormünder sich zu dreien Malen einem gekauften Gericht immer in zwei Wochen vor dem gehegten Gericht zum Beweis angemeldet haben, seiner Sache nicht verfallen noch verlustig geworden, sondern es muß ihm sonderlich noch ein Tag, Termin oder Ziel zu solcher erteilten Beweisung ordentlich auferlegt werden, und was er denn in vermeldeter Zeit oder Ziel bewiese oder nicht bewiese, darüber ergeht ziemlich ferner, was Recht ist. Von Rechtes wegen etc.

109¹

In Cases Involving Jews, the Legal Procedure Prescribed by Law Must Be Strictly Observed — By Appealing to a Higher Court a Jew Does Not Incur Any Fine or Penalty

Dale na druhi artikul, w kterymz wy dale ukazugietie, ze swrchudoczeni poruczniczy anebo diediczowe Adama Nadrzencze wod rychtarze a kmetuw sobie saud zahagiti zadali a tu rzekli, ze zid takowy dluh pokazati ma; a proti tomu sobie zid spomaha a prawi, zie wedle takoweho puhonu, kteryz se neporzadnie stal, nenij powinnowat takoweho dluhu pokazowati, a s tim se k wyssimu prawu odwolal. A poruczniczy dauffagi, zie zid skrze takoweho odwolani, kteryz on k wyssymu prawu uczinil, w pokutu upadl. Y giest wasse otazka na to, giest-li zie gest zid s tie przicziny w pokutu aneb trestani upad etc. Prawime my kmete w Meidburcze na tyz artikul za prawo: Pokawadz zidu k geho ulozenemu pruowodu aneb pokazani przedkem wedle porzadku prawa a tak od prawa zadny czil ulozen nebyl, tehdy

---

¹ This decision of the Jury Court of Magdeburg was sent to Leitmeritz before September 20, 1524. Since the *Schöffen* of Magdeburg, at that time, usually did not date their decisions, the date appearing at the end of this *Schöffenspruch* was probably added by the jurors of Leitmeritz. The preceding decision, *supra*, No. 108, refers to the same lawcase.

on take tim, ze on se, bezprawniho spusobu tehoz artikule doty-
kagiczy, yakz nynij dotczeno aneb ukazano, na wyssy prawo
odwolal, w zadni [!] pokutu anebo trestani neupadl; ale zwlasstie
on mussy swemu pokazani w slussnim czile anebo czasu, kteryz
giemu od was s prawa mussy gmenowan a ustawen aneb ulozen
byti, slussnie ffolgunk ucziniti, a gemu to dopusstieno byti.
S praweho prawa. Zapeczetieno nassy peczeti. Actum feria iij.
post Lampertum [September 2] anno salutis etc. xxiiij., aliter
1524.

Ferner auf den zweiten Artikel, in welchem Ihr ferner anzeiget,
daß die obberührten Vormünder oder Erben des Adam Nadrze-
necz sich von Richter und Schöffen ein Gericht hegen ließen und
daselbst sprachen, daß der Jude solche Schuld beweisen solle;
und dagegen behilft sich der Jude und spricht, daß er nach
solcher Ladung, die unordentlich geschah, nicht pflichtig sei,
solche Schuld zu beweisen, und hat sich damit zum höheren
Rechte berufen. Und die Vormünder verhoffen, daß der Jude
wegen solcher Berufung, die er zum höheren Rechte getan hat,
in Buße verfallen sei. Und ist Euere Frage darauf, ob der Jude
aus der Ursache in Buße oder Strafe gefallen sei etc. Sprechen
wir Schöffen zu Magdeburg auf denselbigen Artikel für Recht:
Sofern dem Juden zu seinem auferlegten Beweis oder Beweisung
zuvörderst nach Ordnung des Rechten und also von dem Recht
kein Ziel auferlegt wurde, so ist er auch dadurch, daß er sich,
die unrechte Weise desselbigen Artikels anrührend, wie nun
berührt oder gezeigt, an das höhere Recht berufen hat, in keine
Buße oder Strafe verfallen; sondern er muß seiner Beweisung
in ziemlichem Ziel oder Zeit, die ihm von Euch nach Recht
benannt und bestimmt oder auferlegt werden muß, ziemlich
Folge tun, und das muß ihm zugelassen werden. Von Rechtes
wegen. Versiegelt mit unserem Insiegel. Actum feria iij. post
Lampertum [20. September] anno salutis etc. xxiiij, aliter 1524.

APPENDIX

1

BRÜNNER SCHÖFFENBUCH

Middle of Fourteenth Century

E d i t i o n: Emil Franz Rössler, *Die Stadtrechte von Brünn aus dem XIII. und XIV. Jahrhundert*, "Deutsche Rechtsdenkmäler aus Böhmen und Mähren," Vol. II (Prague, 1852). — In the municipal archives of Brno (Brünn) a new edition of the *Brünner Schöffenbuch* meeting the requirements of modern scholarship has been in preparation for several years; see *Deutsches Archiv für Geschichte des Mittelalters*, I (1937), p. 459. Due to war conditions, the archives of Brno could not be contacted, however.

B i b l i o g r a p h y: Julius Weiske, "Bemerkungen über das Brünner Schöffenbuch privat- und prozessrechtlichen Inhalts," *Zeitschrift für deutsches Recht und deutsche Rechtswissenschaft*, XIV (1853), pp. 113 ff.; Emil Ott, *Beiträge zur Rezeptionsgeschichte des römisch-kanonischen Prozesses in den böhmischen Ländern* (Leipzig, 1879), pp. 174–176; Emil Ott, "Das Eindringen des kanonischen Rechts, seine Lehre und wissenschaftliche Pflege in Böhmen und Mähren während des Mittelalters," *ZRG.*, XXXIV, kanonistische Abteilung, III (1913), pp. 71 ff.; Miroslav Boháček, *Římské právní prvky v právní knize brněnského písaře Jana* [Traits of Roman Law in the Law-Books of John the Clerk of Brünn; in Czech], in "Práce ze Semináře Českého Práva na Karlově Universitě," No. 9 (Prague, 1924); Boháček, "Ještě k římskoprávnímu obsahu brněnské právní knihy" [Additional Information on the Roman-Law Content of the Brünn Law-Book; . in Czech], in *Sborník prací z dějin práva československého*, I ("Práce ze Semináře Českého na Karlově Universitě," No. 15), (Prague, 1930), pp. 39–49; Gertrud Schubart-Fikentscher, *Das Eherecht im Brünner Schöffenbuch* (Stuttgart, 1935), pp. 1–17; Schubart-Fikentscher, "Das Brünner Schöffenbuch, Beiträge zur spätmittelalterlichen Rechts- und Kulturgeschichte," *Deutsches Archiv für Geschichte des Mittelalters*, I (1937), p. 457 ff.; Schubart-Fikentscher, "Neue Fälle zum Brünner Recht," *ibidem*, III (1939), pp. 430–496; Schubart-Fikentscher, "Römisches Recht im Brünner Schöffenbuch," *ZRG.*, LXV (1947), pp. 86–176; Johann Kapras, *Právní dějiny zemí koruny České*, I (Prague, 1913), p. 62 ff., 101; Otto Peterka, *Rechtsgeschichte der böhmischen Länder*, I (second ed.; Prague, 1933), p. 165 ff.;

243

Bertold Bretholz, *Quellen zur Geschichte der Juden in Mähren vom XI. bis zum XV. Jahrhundert (1067–1411)*, (Prague, 1935), pp. XIX–XXII. Cf. Homeyer, *Rechtsbücher*, No. 214.

R e p r i n t e d from Rössler's edition, pp. 10, 12, 48, 114, 139, 143, 154–155, 185, 200–207, 254, 258–259, 309. — Bretholz's textual emendations, based on the original manuscript, are enclosed in brackets.

14

Jurisdiction Over Jews

DE ACTORE ET REO QUANTUM AD IUDICII ACCEPTATIONEM

Judei tamen, clerici et nobiles, quia proprios habent judices et actor forum rei sequi debet, coram eisdem judicibus sunt conveniendi.

19

Law of Evidence with Regard to Jewish Claims

DE ACTIONE DEBITORUM, QUA IMPETITUR ALIQUIS POST MORTEM ALTERIUS, QUOD ET VULGARITER DICITUR "ANGESPROCHEN NACH TODER HAND"

In Gostel occiso quodam iudeo relicta ipsius egit simpliciter in diversos debitores, quorum aliqui cum negarent, petivit pro se sententiari, ex quo ageret nomine mariti sui premortui, quod in vulgari dicitur *nach toder hand*. Utrum quilibet negans, quem impeterit, non deberet se mettercius expurgare et infra. Super quo sententiatum est, quod praedicta allegatio per judeam facta, quamvis in villis aliquibus servetur per rusticos, tamen non est pro justitia tenenda, sed potius mala consuetudo et corruptela seu abusio censenda. Unde agens pro debitis pro vivo vel pro mortuo, si simpliciter agit, reus negans simpliciter se expurgat. Si autem agit cum testibus, reus tenetur se cum testibus expurgare.

93

Court of Arbitration — Delegation of Jurisdiction Concerning Jewish Claims

DE SUPERARBITRIS

Ex his quae jurati de Gostel in causam cujusdam judaei mortui proposuerunt, sententiatum est. Si causa committitur septem arbitris ita, quod quidquid major pars eorum ordinaverit, debeat observari, et tandem tres eorum auctoritatem suam committant quarto ex eisdem septem, alii vero tres committant vices suas cuidam alteri dicto numero septenario non incluso; tunc ille quartus quem primi tres assumpserunt potius est superarbiter dictae causae, quam extraneus, quem ultimi tres eligere curaverant.

241

Warranty of Jewish Vendor — Spokesman for a Jewish Defendant — Procedural Responsibility of Jews

IN EMENDA QUANDOQUE INCIDIT PARS TACENS ET
VERBIS ADVOCATI

Bozkowiczenses jurati scripserunt sic: Judaeum quemdam pro equi arrestati disbrigatione christianum, quem statuere promiserat non statuens, judex quaesivit quare christianus non statuisset, cum ipsum tamen statuere promiserat, sicut jurati per judicem de hoc interrogati statim coram judicio publice testabantur. Prolocutor vero judaei pro judaeo respondens juratos arguendo dixit: quia judaeus nunquam christianum statuere promisisset. Quaesivit ergo judex qualiter judaeus talem contumeliam juratis per suum prolocutorem coram judicio illatam debeat emendare. Super quo per juratos inventum fuit: ex quo tantum prolocutor judaei juratos arguit, quamvis judaeus tacendo quodammodo in hoc consenserit, cum judex non quaesiverit a judaeo, utrum hoc esset verbum suum, quod prolocutor ei dixerit, judaeus tamen emendam parvae contumaciae scilicet septuaginta duos denarios parvos judici solvere tenetur. Unde aliquis gravius excedit pro se loquendo, quam tacens in verba alterius consentiendo. Judex quoque sicut et partes tacendo potest negligere sua jura.

306

Responsibility of Jews for Stolen Articles Found Unconcealed in Their Possession — Jewish Defendant Entitled to Legal Assistance by Advocate

QUALITER FUR AD JUDICIUM SIT DUCENDUS

Dum in Gostel cuidam civi de nocte res essent subtractae de mane post ortum solis in platea judaeum res praedictas in sacco publice in dorso portantem invenit. Jurati vero cum judaeum sacco super eum ligato tribunali praesentare mandassent, judex judaeorum allegans, qui judaeus manifeste saccum portans, et non in actu furti deprehensus fuisset, hoc fieri non permisit. Quaesitum est ergo: quid sit juris in hoc casu. Super quo responsum fuit: Quamvis de consuetudine fur statuatur judicio furto super collum ejus ligato, tamen multum differt furtum apud aliquem invenire et ipsum in actu furti rapere; sicut etiam distat furtum aperte et furtum occulte et de die vel de nocte portare res. Unde in casu praescripto, si actor rationabiles proponens allegationes petit, quod reus ducatur ad judium, sacco sibi ad collum ligato: talis petitio est in cippum intimanda, et si nihil habito suorum consilio in contrarium allegat, per advocatum suum, qui ad talem duntaxat allegationem faciendam dari sibi potest, actoris petitio fiat. Si autem pro parte sua petitum et allegatum aliquid fuerit, tunc jurati secundum hoc utrique parti de justitia debita providebunt.

313

Liability of Jewish Creditor for Accidental Loss of Pawned Objects — Procedural Obligations of Jewish Defendants

DE FURTIS ET PIGNORIBUS CHRISTIANORUM PER
JUDAEUM PERDITIS

Sententiatum est in Nausedlicz, quod si cum rebus alienis alicui res propriae subtractae fuerint et ille de hoc tacuerit, nec coram vicinis vel officialibus judicii debito tempore furtum publicaverit, res alienas solvet. Item Judaeus in Nausedlicz judicem et juratos ad domum suam ducens ostendit eis foramen tecti, per quod dixit sibi christianorum pignora esse subtracta. Christiani ergo, cum quaererent a Judaeo, quot perdidissent pignora et ille respondisset, undecim, protestatione de hujusmodi fecerunt confessione petentes pro eis sententiam. Cum Judaeus cum pignoribus eorum res proprias non amississet, utrum ipsis ad solutionem pignorum non obligaretur. Quo audito Judaeus replicavit: cum pecuniam suam in pignoribus [perditis habuisset, utrum pignoribus] ablatis res suae non similiter subtractae sint et postea per moram bonam addidit, quod cum pignoribus Christianorum de rebus propriis sibi peplum et pallium sint recepta. Quaesitum est ergo, quid sit juris in hoc casu. Et respondetur diffinitive, quod Judaeus tenetur ad solutionem pignorum: allegatio enim perditionibus pecuniae quam Judaeus perdidit in hoc casu, pro eo non facit: quia res propriae sunt hic recipiendae, quae separatae sunt a pignoribus et distinctae. Debuit etiam Judaeus statim ad interrogationem Christianorum, quod res proprias perdiderit respondisse, unde tarda confessio, quam post moram de rebus propriis amissis aliquis facit, sibi non proficit, quia perpenditur, quod captiose ex Christianorum protestatione non ex veritatis scientia ad ipsam est motus. Prodest tamen morosa confessio, si homo indutiari se peteret donec perspiceret res proprias, si ex eis aliquas perdidisset.

337

Liability for Indebtedness to Jewish Creditors

DE HEREDITATIBUS OBLIGATIS SUB USURA VEL SINE
USURA, QUANDO SINT VENDENDAE

Pro rustico cujusdam villae civis quidam de Wissaw ad judaeos pro nominata pecunia fidejussit; et cum dicti civis et rusticus ex eo, quod judaei de suis statim volebant debitis pagari, coram judicio super hujusmodi casu contenderent, sententialiter diffinitum fuit, quod rusticus civem a fidejussione redimere deberet. Rusticus vero dicens, se pecuniam in praesenti paratam habere non posse, sed hereditatem suam ipsi civi pro fidejussionis absolutione obligare velle, jurati de Wissaw petiverunt informari: utrum tali facta obligatione civis hereditatem eandem sicut de hereditatibus aliis, quae obligantur, consuevit fieri anno et die in pignore debeat servare, vel statim ipsam liceat sibi vendere et se de judaeorum debito et usura, quae accrescit, quotidie liberare. Quibus rescriptum fuit: Si fidejussor apud judaeos precibus potest efficere, quod super hereditatem principalis debitoris nomine pignoris suum debitum volunt habere, bene quidem; sin autem extunc statim fidejussor ipse de eadem se intromittens hereditate, ipsam per VI septimanas tenebit super per XIV dies intromissionem et tentionem hujusmodi coram judicio publicando; et si facta trina publicatione debitor principalis ipsum a judaeis non absolverit, statim hereditatem vendere poterit, se ipsum a debito principali judaeorum et usurarum voragine redimendo. Nec per hoc communi juris consuetudini, quae habet, quod hereditas obligata anno et die servanda est, in pignore derogatur.

Hoc enim intelligendum est, cum obligatio fit voluntarie et non; cum ad ipsam faciendam aliquis compellitur, sicut factum est in proposito rigore justitiae et ordine judiciario mediante, et praecipue cum debitum, pro quo obligatur, hereditas est judaeorum, supra se usuram recipiens. In tali enim casu illi, qui hereditatem obligavit, augmentum usurae anno et die majus faceret damnum, quam servatio hereditatis generet sibi lucrum. Unde circa obligationes hujusmodi statutum tale generaliter est observandum: Si aliquis homo alteri, non habens mobilia, hereditatem suam pro debitis, non compulsus ad hoc, per formam juris obligaverit, talis hereditas anno et die in pignore est servanda, postea vero trina coram judicio facta pronunciatione vendi potest. Si vero per judicium aliquis compellitur, ille suo juramento obtinere debet, quod res mobiles habere non possit, et quod necessitate cogente hereditatem talem suo obliget creditori; hoc enim facto creditor, cui hereditas obligatur, hereditatem hujusmodi de ipsa se intromittens tribus vicibus eam coram judicio publicabit, et postea illi, cujus est hereditas et qui sibi eam obligavit, si eam habere voluerit, tamquam inquilino potius, quam alicui alteri pro aliqua summa pecuniae census nomine per annum et diem exponet; si vero eam habere noluerit, tunc alteri cuicumque ipsam eodem modo, ut praedictum est, exponere potest; et si hujusmodi currente termino hereditas talis ab ipso liberata non fuerit, ipsam postea libere vendere potest cuicumque. Qualiter autem faciendum sit de hereditate pro debito obligata usurario, superius est expressum.

403
Qualifications for Election to Judgeship
DE ELECTIONE JUDICIS, QUIS ET QUALIS SIT ELIGENDUS,
ET QUAE CONDITIONES SUO CONVENIANT REGIMINI

Homo in judicem eligendus non debet esse perjurus, nec etiam debet esse proscriptus nec excommunicatus, nec sit etiam judaeus nec haereticus vel paganus, sitque legitimi matrimonii filius, non sit etiam rusticus, hoc est in moribus rudis et grossus; unde multum est laudabile, si pro judice persona haberi poterit litterata. Corpore etiam sanus existens in manibus praecipue defectum non patiatur; non sit coecus, non sit surdus, neque mutus; in aetate quoque annos viginti et unum non excedens, octagesimum non attingat. Et istae conditiones judici conveniunt quo ad corpus. In anima vero virtutibus debet fulgere cardinalibus . . .

430

Court Jurisdiction over Claims of Jews against Christians, and of Christians against Jews

DE JUDICIO PEREMTORIO

Judicium peremtorium bis habetur in anno, scilicet post epiphaniam domini et post dies quatuordecim, a die paschae numerando. Et in prima die sicut in feria secunda, fiunt juramenta causarum tam civilium, quam criminalium, de priori tempore feriato, in quo non jurabatur, ad judicium peremtorium induciata. Die vero sequenti habetur judicium homicidiorum, insolentiarum et omnium consimilium, et juramenta per reos actores et testes in talibus facienda, nisi precibus inducientur, continuo sunt praestanda. Sed tertia die fit judicium debitorum, in quo similiter, nisi precibus protrahatur, statim est jurandum. Ultima vero die specialiter est judicium pro judaeis isto videlicet modo, quod judaei tantum agunt in christianos, et tunc, ut prius christiani statim jurabunt; sed juramenta, quae christiani diebus feriatis per judaeos impetiti ad judicium protraxerunt peremtorium, sunt feria secunda, scilicet prima die ejusdem judicii facienda. Pro querimoniis autem christianorum, quas habent movere judaeis, judex judaeorum speciali judicio praesidebit. Notandum tamen, quod cuicunque extraneo judicium peremtorium in genere sub istis scilicet verbis vulgariter dicendo *czu offentagen* indictum fuerit, ille quolibet dierum praedictorum etiam incluso sabbato suam justitiam prosequetur.

Chapter Concerning Jews

CAPITULUM DE JUDAEIS

431

Can a Jewish Plaintiff or Defendant Be Regarded a
Vir Probus

DE JUDAEIS, UTRUM AGENDO ET RESPONDENDO
JUDAEUS POSSIT DICI PROBUS VIR

Quidam in Gewiczka, cui equus arrestabatur in Boskowicz, dixit coram judicio, quod probum virum, apud quem dictum equum emerit, pro ejus disbrigatione statuere vellet; instante vero termino judicii quemdam statuit judaeum, contra quem adversarius excipiens quaesivit, utrum judaeus, cum sit infidelis, locum probi viri agendo vel respondendo supplere possit. Super quo diffinitum fuit, quod cum judaeus secundum aetatem, secundum sexum, secundum sensum, i. e. secundum discretionem, et secundum probitatem, et secundum actus viriles, sit et possit esse vir, et omnibus istis modis non repugnet sibi, quod sit probus: vicem probi viri, quamvis non probi christiani, dummodo non sit infamis agendo vel respondendo, supplere potest. Unde, quod non est fidelis, ex hoc solum habetur, quod non sit vir conjugio; matrimonium enim et alia sacramenta extra ecclesiam non habentur.

432

Criminal Jurisdiction over Jews — Criminal Procedure against
Jews — Execution of a Jewish Thief

DE JUDAEIS, QUANTUM AD FURTA ET CAUSAS CRIMINALES

Postquam quaedam civissa hujus civitatis de camera res suas perdidisset, dictum est ei per inquilinos domus, quod quemdam judaeum sic vestitum et sic dispositum in domo vidissent. Ad quae verba mulier se convertens in plateam judaeorum mutato habitu, quo quotidie induebatur, judaeum secundum signa, quae ab inquilinis audiverat, quaerere coepit. Eo itaque viso cum ad fugam se converteret ita, quod non videret eum amplius, mulier cucurrit ad judicem judaeorum petens, quod ipsum judaeum tamquam furem suum caperet. Judex vero, quia ante adventum mulieris de furto ipso perceperat, judaeum in fuga detinuerat et in vinculis jam habebat. Quo audito mulier dicebat judici: Domine! perdidi tot marcas grossorum pragensium in tali marsupio, et tot solidos viennenses in secundo marsupio et peplum, et monilia et alia clenodia talia et talia. Quae cum judex in cista judaei quaerere inciperet, invenit aliquos grossos, et etiam viennenses in duobus marsupiis, et etiam invenit peplum et alias res sub debitis signis, quae mulier rebus dixerat de eisdem. Cum igitur judaeus, tamquam fur in fuga captus, per mulierem in causam traheretur, respondit, quod res in sua potestate inventae sibi essent obligatae, et quia ipsas furtim ablatas ignoraverit, eas pro pignoribus recepit; quod vellet juramento suo super eisdem pignoribus obtinere, sicut dicunt jura et privilegia judaeorum sub his verbis: Item si christianus impetiverit judaeum, quod pignus, quod judaeus habet, ei furtim vel per violentiam sit ablatum; judaeus juret super illo pignore, quod, cum recepit, furtim ablatum vel raptum ignoravit, hoc [in] juramento suo implicante, [quanto] sit ei pignus hujusmodi obligatum et infra. In contrarium vero mulier allegavit, quod non sit consuetum, quod denarii tamquam pignora pro aliis denariis judaeis obligentur; nec etiam marsupia pro pignoribus consueverunt obligari. Et insuper cum ipsa certa signa dicat de clenodiis in cista judaei inventis, utrum sibi ipse qamquam fur non debeat condemnari. Pendente itaque termino, per juratos christianorum et judaeorum ad deliberandum super praemissis allegationibus posito, judaeus ipse promissis et tormentis de veritate dicenda monitus et inductus confessus est, quod dictas res subtraxerit, et quod quemdam christianum Mathiam nomine socium ejusdem furti habuerit, et quod eidem Mathiae de pecunia ejusdem furti cesserint sex marcae. Secundum quam confessionem dictus Mathias captus recognovit de praescriptis. Dictam vero confessionem judaei, quia tantum coram christianis juratis facta fuerat, alii judaei ex hoc, quod non simul judaei et christiani eam audiverant, nullius esse vigoris dicebant. Consilium vero plenum civitatis, quod regitur per viginti quatuor, sententialiter adinvenit, quod

non obstante judaeorum allegatione, quia christianus ex prodi-
tione judaei esset captus, et accusationem judaei veram esse
recognoverit, judaeus ipse ex confessione propria coram solis
christianis facta, poena patibuli mori deberet. Unde quamvis
judaeus per christianos et judaeos sit convincendus, tamen in
actu furti raptus per ipsum actum vel furtum convincitur ipso
jure. Dictus denique judaeus, quia judex judaeorum a civitate
declinaverat, coram tribunali christianorum ductus fuerat abjudi-
catus, et pilleus de scutella ligno quodam elevato superius
scutellae more judaico imposito factus cum pice ardente crinibus
et capiti judaei impressus cum eodem pilleo, ut a christianis
suspensis discerneretur, patibulo, catenis et ferramentis cum
collo, ventre et pedibus est affixus; dominus vero de Land-
stein, capitaneus Moraviae postea Brunnam veniens, juratis
objecit, quod judaeum, qui fuisset servus camerae domini
Marchionis, contra justitiam suspendissent. Ad quod jurati
responderunt, quia moti jure civitatis judaeum patibulo tradi-
dissent. Scribitur enim in privilegio jurium civitatis sic: Qui-
cumque in alio furto deprehensus fuerit, quod sexaginta denarios
valet, suspendium patiatur et infra. Et quia nullus fur excipitur
a poena suspendii in verbis praescriptis, ideo jurati plenum jus
habent, omnen furem, et maxime cum furto captum vel de
furto confessum, cum in dicto privilegio auctoritate regia con-
firmato hoc ipsis non sit prohibitum, suspendendi. In hoc enim
nomine infinito, "q u i c u m q u e," omnis fur includitur, et
n u l l u s fur excipitur. In qua juratorum responsione ipse
contentatus nullam de judaei suspensione fecit ulterius men-
tionem.

433

Law of Evidence in Lawsuits Involving Christians and Jews

DE JUDAEIS, QUANTUM AD ACCUSATIONEM ET DEFENSIONEM

Licet privilegium judaeorum dicat, quod christianus volens
judaeum vincere cum christianis, debet etiam judaeum [testem
producere]; tamen, si judaeus christianum cum testibus chris-
tianis et judaeis impetit, non oportet, quod [propter hoc] christia-
nus similiter cum christianis et judaeis se defendat et expurget.

sed sufficit, quod defensionem juridicam cum testibus faciat christianis; cum enim [actio] fit voluntaria, et defensio sit de jure naturali, jus potius defensori debet succurrere, quam actori. Sic sententiatum est in Gostel.

434

Law of Evidence Concerning Jewish Loan Contracts

DE JUDAEIS, QUANTUM AD DEBITA SOLUTA TESTIMONIO
JURATORUM CONTRACTA

Jurati de Nausedlicz scripserunt sic: Judaeus impetivit christianum pro debitis, quae sibi concesserit coram jurato, et quaerit, si juratus de concessione testetur, utrum christianus eadem debita solvere sibi non teneatur. Christianus autem respondens concessionem affirmat, sed debita se asserit persolvisse, quod velit ostendere forma juris et infra. Item scripserunt etiam sic: Judaeus impetivit christianum pro debitis, quae coram jurato sibi concessit isto modo, quod sororio suo hujusmodi debita solvere deberet. Ad quod christianus respondit, quod dicta debita coram eodem jurato jam mortuo, dicto judaei sororio etiam defuncto persolverit, quod velit probare forma juris et infra. Super quibus ambobus diffinitum fuit, quod christianus debita soluta mettertius credibilium virorum in cruce jurando ostendere tenetur. Ad quam tamen ostensionem christianus non admitteretur, si tempore concessionis judaeus hanc cautelam interposuisset: volo, quid ista debita mihi non alibi, nisi coram jurato persolvantur. Et hoc est intelligendum super prima questione. In secunda vero, ubi juratus dicitur esse mortuus, locum non habet.

435

Formula and Ceremonial of Jewry Oath

DE JUDAEIS, QUANTUM AD FORMAM JURANDI

In Radisch cum judaeus mulieri christianae jurare deberet pro octo lapidibus lanae, alter judaeus formam jurandi sibi praedixit istis verbis in vulgari: *D e s s w e r s t d u u m b d i s c h u l d , a l s d i r d i e f r a w s c h u l d g a i t b e i d e r*

Ee di dir got gabe auf dem perg Sinai. Quaesitum est ergo, utrum valeat ista forma. Et responsum est, quod sic. Ut autem debitus modus circa ipsam servetur, recipiendus est pentateuchus Moisi, scilicet rodale judaeorum, et quaeratur in Exodo vel in Deuteronomio scriptura decem praeceptorum domini, et super illo praecepto: non perjurabis, nec assumes nomen dei tui in vanum; judaeus jurans manum ponat, et sive repetat verba post illum, qui sibi formam proponit, sive proponens totam formam pro se loquatur, judeus subjungat solum Amin, forma valet. Debet tamen in ipsa forma res, de qua placitatur, affirmatio vel negatio, quae ad hoc exigitur, propriis verbis exprimi, et si judaeus istam formam recusans circa jus, quo privilegiatus est, se petierit conservare, hoc est sibi favorabiliter concedendum.

436

A Jew Cannot Prove a Christian Guilty in Criminal Procedure

DE JUDAEIS RATIONE VULNERUM

Ad requisitionem civium de Chremsir sententiatum fuit, quod christianus accusatus per judaeum, quod ipsum vulneraverit, per testes idoneos christianos melius potest innocentiam suam ostendere, quam judaeus eum vincere possit.

437

Law of Evidence in Criminal Procedure against Jews

DE JUDAEIS, QUANTUM AD CONVICTIONEM IN CRIMINIBUS

In Radisch judaeus deprehensus in furto cum coram praetorio accusaretur de furto, alter judaeus astans ibidem prolocutori dixit, quia major fur esset, quam judaeus, de quo furti querimoniam proponebat. Ad cujus prolocutoris querelam modo praemisso expositam judaeus respondit negando petens, se circa privilegia judaeorum conservari. Advocatus vero christianus judaeum vult vincere testimonio juratorum, qui praetorio assederent. Quaeritur ergo et infra. Et respondetur, si coram judicio, ubi judaeus dicitur advocatum christianum furem appellasse, plures alii judaei fuerunt, sicut est verisimile, tunc judaeus cum christianis et judaeis est vincendus. Si autem praeter illum solum alii non affuerunt judaei, tunc super ferenda sententia diffinitiva matura deliberatio est habenda. Est enim forte contrarium juri, ut jurati, qui tribunali praesidentes, ubi major est vis eorum officii, sententias absolutorias et contemnatorias in astantes judicio proferunt, non possint testari de verbis et factis, quae per quemcumque hominem cujuscunque professionis existentem, ibidem fierent. Sic enim, si judaeus ipsum judicem vel juratum in actu judiciario vita privaret, impune transiret. Licet etiam in generali privilegio judaeorum scribatur, quod judaeus per christianum et judaeum vinci debeat, tamen ex hoc forte princeps non concessit judaeis, quod in specie non esset verisimiliter concessurus. Et praecipue cum hoc in dicto privilegio non sit expressum nominatim.

438

Jewish Creditors Able to Obtain Debts Due Them on Movable Pledges upon Oath

DE JUDAEIS, QUANTUM AD PIGNORA ET JURAMENTA

Sententiatum est judaeis civitatis, quod judaeus tantum super pignora rei mobilis, quae in sua tenet clausura, per juramentum potest suum debitum obtinere. Secus autem est de hereditatibus et rebus immobilibus, quae sibi inpignorata sunt ut asserit, debet hoc per testes vel literas demonstrare.

439

Compound Interest and Computation of Interest — Liability of Jewish Creditors for Loss of Pawned Objects

DE USURIS, QUANDO CEDANT SORTEM ET QUANDO NON, ET UTRUM JUDAEUS SORTE ET USURA RECEPTIS PIGNORA SINE CONTRADICTIONE RESTITUERE TENEATUR IPSO JURE VEL NON

Jurati de Radisch de usuris et pignoribus judaeis obligatis duos scripserunt casus, quorum primus est iste: Quidam de nostris concivibus judaeum accedens petivit sibi concedi quinque fertones grossorum, quos cum judaeus sibi mutuasset, christianus usque in tertium annum solutionem protrahens sortem principalem, cui quinque fertones alios pro usura superaddit, judaeo numeravit. Modo judaeus sorte et usura receptis petivit pro se sententialiter dictari, utrum in dicta usura de jure debeat contentari, cum annus et secundus et insuper plus temporis pertransiverit, a die concessionis capitalis pecuniae supradictae. Christianus autem in contrarium allegat, cum nullum pactum inter ipsum et judaeum primo tempore concessionis de usura solvenda sit interpositum, cum etiam postea debito pendente nunquam per judaeum sit monitus, nec aliqua ratio inter ipsos sit habita, utrum usura, quae accrevit, summam excedere debeat principalem. Secundus casus est talis: Quidam de nostris cuidam judaeo duo obligavit pignora, quae cum postea redimere vellet, nominatam cum ipso de usura fecit rationem, quam una cum sorte judaeo expediens, cum judaeus pecuniam in sinum suum recepisset et christianus pignora sibi restitui peteret, unum pignus eidem obtulit dicens, quod secundum tempore, quo auctoritate domini marchionis captus fuerit, perdidisset. Quaerit ergo christianus, cum judaeus totam sortem et usuram receperit, et nec ante, nec post, nec illo tempore, quo pro usura secum pactaverit de pignoris amissione mentionem fecerit, utrum pignus suum perdere debeat ipso jure. Super quorum primo sententiatum fuit, ex quo pacta per conventionem legem accipiunt, et primo inter christianum et judaeum nulla nominata facta est mentio [nec postea debito stante inter christianum et judeum aliqua racio est habita,] ratione cujus usura tunc accessa aliam super se recepisset usuram, sufficit, quod tantum accreverit in usura, quantum fuit de debito principali. Et est ista sententia non nova, sed ab antiquo usitata. Et quicquid judaeis in usurarum voragine per istum modum deficit, hoc ex eo, quod in pactando debitores non monendo nec cum eis rationem habendo, defides sunt et remissi, propriae debent negligentiae imputare. Et nota, quod redemto pignore a judaeo pro sorte, si usuras statim debitor non solveret, ipsas infra mensem sine alia usura judaeus recipere tenetur. Et similiter facta ratione inter christianum et judaeum, si judaeus infra mensem pagatus non fuerit,

super primam usuram accrescit alia usura. Et hoc probatur
ex privilegio judaeorum, ubi scribitur sic: Item si a judaeo
christianus pignus suum absolverit ita, quod usuras non persol-
verit, easdem usuras si infra mensem non dederit, illis usuris
accrescant usurae. Decipiunt ergo judaei christianos in hoc,
quod redemtis pignoribus vel habitis cum ipsis rationibus pro
debitis, statim per dies XIV super primas usuras alias computant
usuras. Super secundo vero diffinitum fuit pro christiano:
judaeus enim amissionem pignoris publicare debuit statim, ut de
ea certus fuit, vel saltem illo tempore, quando cum christiano
pro usura habuit rationem. Valorem autem pignoris amissi,
christianus, testes si habere non potest, de hoc suo juramento
confirmabit. Et trahitur ista sententia ex privilegiis judaeorum
ubi scribitur sic: Si autem judaeus per casum incendii aut per
furtum aut per vim res suas cum obligatis sibi pignoribus amiserit
et hoc constiterit, et christianus, qui haec obligavit, nihilominus
eum impetiverit, juramento proprio judaeus se absolvet. Ecce
per hoc, quod dicitur c o n s t i t e r i t , patet, quod amissio
pignoris debet publicari, et non sub silentio teneri. Unde nota,
quae in talibus magnam vim habet illa publicatio quae vulgariter
dicitur *urkund*, quia suspicionem tollit.

440

**Payment of Debt in Instalments — Computation and Nature
of Interest**

UTRUM SOLUTIO IN PARTE FACTA JUDAEIS SIT IN
SORTE VEL USURA DEFALCANDA

Si christianus in debitis partem judaeo dederit et postea inter
eos fierit quaestio, christiano dicente, quod in sorte partem illam
solverit, judaeo vero asserente, quod in usuris eam recipit, tunc
sententiandum est pro christiano; cum enim sors de jure debe-
atur, usura vero sit accessoria, et quodam modo minus debite
petatur, potius est favendum sorti quam usurae, quia etiam jure
divino prohibitae sunt usurae.

441

Exclusive Competence of Jewish Courts for Jewish Litigants — Mixed Jewish-Christian Courts

DE JUDAEIS AD INVICEM CONTENDENTIBUS

In quaestione, quam judaeus movet judaeo, soli jurati judaeorum sententias dicere possunt, nisi fortassis nolint, vel partibus habeantur suspecti; tunc enim christiani jurati cum judaeis ad pronuntiandum sententias assumantur. Sic sententiatum est in Radisch.

537

Jews Refuse Purchase of a Christian Child and Denounce Its Mother and Her Helper to the Authorities

DE POENA MULIERIS PROPRIUM PUERUM JUDAEIS VENDENTIS

Nefanda mulier assumta sibi socia cuidam antiquo judaeo Brunensi Osel nomine infantem, uteri sui crinibus et facie subruffum, pro sex marcis grossorum venalem exposuit. Judaeus vero, quasi gavisum fingens se et continuo tres marcas mulieribus exhibens, cum superhabenda deliberatione emtionis infantis cum episcopo et suis senioribus terminum eis sicut die crastina hora diluculi ad cellarium quoddam cum infante veniendi assignasset judicem suum cum duobus juratis occulte factum eis exponens ad idem cellarium invitavit. Qui postquam mulieres venissent, et forum in eorum praesentia pro tribus cum dimidia marcis infantem jam judaeis tradendo finaliter constituisset, ipsas capi mandantes casum in pleno consilio juratis proposuerunt. Qui advertentes, quod in tam magno maleficio voluntas merito reputatur pro facto, et quod, qui sibi et sui corporis parti malus est, nulli bonus censendus est, et quod faciens et consentiens pari poena plectendus est, ambas dictas mulieres mortis dignas supplicio diffinitiva lata sententia condemnarunt. Fuit ergo mater infantis viva humata et secunda, quia praegnans erat et gravida, exoculata.

544

Jews Refuse Purchase of Hosts and Denounce to the Authorities Christian Scholars Who Wanted to Sell Them

DE POENA SUBTRAHENTIS SACRAMENTUM EUCHARISTIAE

Duo scholares sacramentum altaris, videlicet quatuor hostias consecratas in Modricz de parochia furtive in capsa seu pixide deaurata, receperunt. Et cum dictum sacramentum judaeis Brunnensibus ad vendendum portassent, judaei perterriti misso secrete pro suo judice eosdem capi procurarunt. Quaeritur ergo, qua poena sint percellendi pro scelere tam immenso. Et respondetur in sententia diffinitiva, quod in hoc casu voluntas venditionis gravior est judicanda, quam actus furti. Unde dicti malefici potius tamquam heretici in favorem fidei igni sunt tradendi, quam sicut fures poena patibuli tormentandi.

664

Qualifications of Witnesses

DE TESTIBUS, QUI NON POSSUNT ESSE TESTES, ET DE CONDITIONIBUS OBSERVANDIS CIRCA TESTES

Edictum de testibus prohibitorium est, unde omnes admittuntur, qui a jure non prohibentur.

... et maxime testimonium infidelium, sicut haeretici, Saraceni et judaei in omnibus casibus, cum finis testimonii sit, fidem facere, et insuper testimonium perjuri ... rejicitur ipso jure.

Item nota, quod omnes homines ad dicendum testimonium admittuntur, nisi qui legibus prohibentur, et illi continentur in his versibus:

Conditio, sexus, aetas, discretio, fama,
Et fortuna, fides: in testibus ista require.
Sed pueri, servi, mulieres, sive protervi,
Judaeus, fur, pauper non possunt esse licenter.

Et expone: ... Fides: ut infidelis; dubius enim in fide infidelis est, ut sunt Judaei, Saraceni, haeretici et omnes fidem catholicam abnegantes ....

2

DECISIONS OF THE JURY-COURT OF BRÜNN [BRNO], MORAVIA, TO THE COURT OF EIBENSCHITZ, NEAR BRÜNN

Middle of Fourteenth Century

M a n u s c r i p t: Ms. Cod. 12472, National Library, Vienna, written in the second half of the fifteenth century, completed in 1467. Collection of court decisions, of law instructions, and regulations handed down by the Jury Court of Brünn mostly to the Court of Eibenschitz. The court decisions belong to the middle of the fourteenth century.

E d i t i o n: Gertrud Schubart-Fikentscher, "Neue Fälle zum Brünner Recht", *Deutsches Archiv für Geschichte des Mittelalters*, III (1939), pp. 430–496.

B i b l i o g r a p h y: Not in Homeyer, *Rechtsbücher*. — Schubart-Fikentscher, *loc. cit.*

R e p r i n t e d from Schubart-Fikentscher, *loc. cit.*, pp. 492–493.

19

Regulations of Jewry-Law According to King Ottokar's Privileges

RUBRICA DE PRIVILEGIIS JUDEORUM SENTENTIANDIS

Item secundum privilegia ipsis per dominum Ottokarum[1] data et consequenter per reges Bohemie et marchiones Moravie in hodiernum ratificata taliter sentencianda declaramus:

Objects Permitted to Be Accepted as Pledges by Jewish Creditors

a)[2] Quod iudeus recipere poterit nomine pignoris omnia, que fuerunt sibi obligata, quocunque nomine censeantur, nulla de hiis requisitione facta, exceptis vestibus sanguinolentis et madidis et sacris vestibus.

[1] The original text of the privilege (in Latin) is found in *Codex Diplomaticus Moraviae*, IV, No. 16, p. 17.

[2] For the Latin original text of chapter 5 of the privilege, cf. *supra*, note 1; German version in King Venceslas II's Jewry-Law for Brünn, Emil Franz Rössler, *Die Stadtrechte von Brünn aus dem XIII. und XIV. Jahrhundert* (Prague, 1852), p. 368, No. 117:

Ein jude mag allez daz nemen czu phant, waz man im czu trait wie daz genant ist, an plutiges gewant und naz gewant, daz der chirchen czu gehort, daz schol chain jude nemen mit nichte.

Trade Privilege for Jews

b)³ Item iuxta eadem: Si christianus impetiverit iudeum, quod pignus quod iudeus habet, ei furtim vel per violentiam sit ablatum, sicut in presenti casu de panno furato, tunc iudeus iuret super illo pignore, quod, cum receperit, furtim raptum vel ablatum ignoraverit, hoc in suo iuramento impliciter, quanto sit ei pignus huiusmodi obligatum. Et sic expurgatione facta, christianus sortem et usuras ei persolvat, que tempore medio accreverunt. Si vero iudeus ad requisitionem de panno negasset et postea apud ipsum inventum fuisset, ipse merito eundem pannum gratis restituisset.

Jews Shall Not Accept Pledges under Suspicious Circumstances

c) Ipsi etiam iudei Brunnenses pignora quecunque preter prius dicta, quolibet tempore recipiunt indifferenter, non obstante, quod serenissimus dominus noster imperator Karolus civitati Brunnensi contulerit gratie prerogativam,⁴ videlicet, quod nullus iudeus, moram trahens in civitate nostra Brunnensi, pignus quodcunque post occasum solis a cuiuscunque personis, notis vel ignotis, recipiat, ymo etiam de die nec de equis, vaccis etc., de quibus quod subtracte fuerint suspicio habeatur et infra. Sed iudei in suis privilegiis antiquis permanebunt. Nec credimus, quod vos specialia instrumenta domini Karoli seu alterius principis ipsis in contrarium habeatis.

³ For the Latin original of chapter 6 of the privilege, cf. *supra*, note 1; the text is covered to the end of the first sentence ("*accreverunt*"); German version in Rössler, *op. cit.*, p. 368, No. 118:
Ist daz ein christen ein juden anspricht um phant, daz der jude hab, und der christen sprech, im sei daz selb phant vorstoln oder enphuert oder eintragen deupleich, der jude swer auf dem phant, daz er nicht gewest habe um daz steln, ob iz vorstoln sei oder nicht; und waz er darauf gelichen hab, daz behab; so geit im der christen daz hauptguet und den gesuech, der darauf di weil gegangen ist.
⁴ For the original text dated Prague, March 23, 1348, see *Codex Diplomaticus Moraviae*, VII, No. 764, p. 554.

INDEXES

References are to pages
and footnotes

INDEX OF SUBJECTS

Aliens, 130

Anefang ["hand-laying," procedure prescribed for the purpose of recovering stolen goods from the present possessor], 147–148, 153

Apostasy, of baptized Jews, 59, 127

Appeal, of Jews to superior courts, 74, 241, 242 no penalty for appealing to superior court, 241–242

Arbitration, between Jewish and Christian litigants, 183, 209, 213, 217–218, 244

Arbitrators (*zunleute, entscheitleute*), 209, 210, 213, 218, 244–245 (seven)

Arms, Jews and clerics excluded from bearing, 38, 41, 42, 57, 65, 89, 96, 121, not to be accepted as pledges, 113

Arrest, *see* Seizure

Asylum, 41, 133 denied to Jews, 133 no. 2

Baptism, 60, 102 of dying Jewish children, a meritorious act, 116 forced, of Jewish children prohibited, 114 of illegitimate children from illicit sexual relations, 117 of Jewish children, by nurses, prohibited, 116 *see also* Conversion to Christianity

Bequest, between Christians and Jews forbidden, 48, 91, 125

Blasphemy, 46, 48, 126, 127

Body tax, no special body tax for Jews, 85

Boycott, against Jewish traders, 101

Busse, see Fines

Caorsins, 100, 101

Cemetery, Jewish, under protection, 85, 123

Chamber of the Reich [imperial treasury], 125, 216

Chamber serfdom [*servi camerae, Kammerknechte*], of Christian usurers (Caorsins), 100 of Jews, 58, 100, 123, 216, 252 origin of, 58

Children, kidnapping, 86, 114 sale prevented by Jews, 258

Christ, killed by Jews, 94 passion, 102

Christians, 38, 39, 42, 45, 47, 58, 143 excommunication of Christians giving services to Jews, 48, 116, 128, 168 Jews treated like Christians, 76, 85, 88, 105, 122, 134, 199 law of evidence for Christians and Jews, 82, 96, 103, 106 marriage with Jews forbidden, 128 religious discussions with Jews prohibited, 117

separation from Jews, 115, 116
servants forbidden to Jews, 48, 60,
    116, 128
slaves to be freed, 90, 128
social intercourse with Jews pro-
    hibited, 42, 60, 91, 115, 124,
    134
trading with Jews, 115
warranty of Christian vendors, 47
Clerics, 38, 41, 42; see also Arms
Combat,
    judicial, 58, 86
Commerce between Jews and Chris-
    tians,
    115
Concurrence of claims of Jewish
    creditors,
    224–229
Confession,
    of Jew in Christian court, 251–
    252
Constantinus, 53
Conversion of Christians to Judaism,
    90
    death penalty for attempt, 44, 49,
    129
Conversion of Jews to Christianity,
    95
    no compulsion to, 41, 59, 102,
    114
    on day of Last Judgement, 102
Converts to Christianity,
    protection of, 48, 60, 126
Courts, see Jurisdiction; Mixed
    Jewish-Christian courts
Craftsmen's guilds,
    Jews excluded, 101
Crimes,
    against Jews, 39, 42, 45, 50, 58,
    73, 84, 86, 91, 95, 123, 139, 141,
    151, 154, 254
    between Jews, 86
    committed by Jews, 38, 42, 45, 50,
    58, 66, 80, 85, 91, 95, 122, 139,
    140, 250, 254
    see also Handhaving crime

Death penalty,
    for apostasy of Jewish converts,
    127
    for attempted conversion to Juda-
    ism, 126, 129
    for blasphemy, 127
    for injuring converted Jews, 126
    for intermarriage between Chris-
    tians and Jews, 128, 134 no. 19
    for sex relations between Chris-
    tians and Jews, 62, 90, 129
Debt, 37
    amount of, 103
    execution, 230, 232
    form of obligation, 165
    maturity of, 103
    payable in court, 253
    payment in instalments, 257
    proof of payment, 201–202
Defamation,
    committed by Jews, 167
    of Jews, penalty for, 157, 193, 214–
    215
Defendants, Jewish, 186
    obligations of, 156–157, 193, 199,
    245, 246–247
Domestic peace,
    infringement of, 175

Ebener (ebner) [arbitrator],
    213, 214
Einlager (inleger, einreiten) [a special
    kind of custody, widely employed
    as a means of contractual enforce-
    ment of obligations],
    197–198, 208–209
Einreiten, see Einlager
Evidence,
    in criminal procedure, 254
    law of, for Jews, 57, 58, 59, 67, 73,
    79, 80, 82, 83, 96, 106–107, 109,
    134, 153
    mixed, 254–255
    in lawsuits involving Christians
    and Jews, 82, 96, 103, 106, 120,

129, 134, 154, 159, 215–216, 240, 241, 244, 252, 253, 255
of payment of debt, 100, 107, 213
Execution,
of Jewish thief, 251–252

Fines [Busse],
for bodily injury inflicted on Jews, 141
for defamation by Jews, 168
for defamation of Jews, 157, 193, 214–215
for Jews and Christians alike, 88, 105
Forgery, 219

Gastgericht (gastrecht) [extraordinary court for foreigners],
Jew as plaintiff, 208
Gerüfte, [hue, cry for help], 151
Ghetto, 116
Good Friday,
public appearance of Jews forbidden, 48, 60, 91, 125

Handhaving crimes,
committed against Jews, 151
committed by Jews, 122, 246, 252
see also Crimes
Heathen, 42, 49, 55, 65, 102, 123, 126, 129, 143
Heresy (Ketzerei), 116, 127, 259
Heretic (Ketzer), 55, 59, 123, 126, 127, 128, 129, 175
(Hussites), 259
Host desecration,
prevented by Jews, 259

Idolatry, 101
Illegitimate birth, 176
Illegitimate children,
from illicit sex relations, 117
Immigrants, 130

Imperial privileges,
Jews excluded from, 129, 130
Indemnification,
of kidnapped and robbed Jews, 86
for obligations resulting from Schadennehmen, 202
Infidels, 250, 259
Interest,
compound, 255–257
computation of, 257
immoderate, 110
law of evidence, 83, 106–107
legal nature, 257
moderate, 110
not to exceed principal, 256
payment of, 83, 106–107
rates, 165, 170, 172, 174, 178, 255–256
Intermarriage,
prohibited, 48, 128, 134 no. 19

Jerusalem,
destruction of, 43, 58
Jewish garb, 110, 116
"Jewish hat" (Judenhut), 60, 68, 88, 98, 116, 142, 218, 252
worn by criminal on gallows, 252
Jewry-law (Judenrecht),
differing in various countries, 110
in general, vii–viii, 5–8, 11–18
restrictive laws of anti-Jewish character, 47–49, 90, 132–133
Jewry oath,
ceremonial, 50, 51, 53, 61, 62, 68, 71, 72, 97, 104, 120, 121, 131, 140, 142, 143, 159, 199, 218, 254
formulas, 51–53, 61–62, 62–63, 68, 70–72, 87–88, 98, 104, 121–122, 143–144, 159, 199, 218, 254
significance, 72
taken in front of synagogue, 72, 140, 159, 199
taken in synagogue, 67, 98, 120, 132, 134 no. 17, 179

according to territorial law, 104
according to town law, 104
validity of formula, 254
    see also Oath
Jewry-privilege,
    for Moravian Jewry, 252, 254, 257,
    260, 261
loss of, 111
Jewry-protection,
    by chancellor, 56
    by king, 56, 58, 59, 66
Josephus, 39, 42, 45, 50, 58, 59, 66,
    91, 95
Judenrecht [Jewry-law], vii–viii
    see Jewry-law
Judex judaeorum, 246, 249, 251, 252
Judgeship,
    qualifications for election to, 55,
    66, 91, 248–249
Jurisdiction,
    concerning contentions among
    Jews, 84
    exclusive competence of Jewish
    courts for Jewish litigants, 258
    mixed courts of Christians and
    Jews, 252, 258
    over Jews, 43, 50, 60, 67, 78, 92,
    120, 122, 131, 158, 199, 215–216,
    217, 244, 245, 249, 250–251
    (criminal)
Jury-court decisions,
    character, 20
    sources of Jewry-law, 11–18

Kammerknechte, see Chamber serf-
dom
Kidnapping,
    of Christian children, penalty for,
    86
    of Jewish children, permissible, 114
    of Jewish children, penalty for, 86,
    114
King's peace,
    Jews under, 38, 39, 40, 41, 42, 45,
    50, 56, 58, 65, 73, 89, 90, 91, 95,
    96, 121

Kingship,
    Jews not eligible for, 55
Klagengewere [guaranty that the
    plaintiff's court action against
    defendants will not be repeated],
    154–155, 180, 209–211, 237, 239,
    performed by Jewish plaintiff by
    taking "Jewish" oath, 209
Law,
    canon law, 6, 8
    codified law, 4
    customary law, 4, 5
    feudal law, 6, 13
    Magdeburg law, 9–18
    municipal law, 6, 7, 8, 13
    Roman law, 4, 8
    secular law, 6
    territorial law, 6, 8, 13
    town law, 8
        see also Jewry-law
Law-books, medieval German
    (Rechtsbücher), 3–8, 14
    character, 7, 19–20
    definition, 4
    sources of Jewry-law, 5–8
Law-instruction,
    direct application for, by Jews,
    176, 177, 236
    in hypothetical case, 236
Liability,
    debtor's accessory, 81, 107,
    of debtor's heirs, 176–177, 185–186,
    188–189, 191–192, 221–223, 230–
    234,
    creditor's for deterioration of
    pawned objects, 81, 105, 109, 110
    creditor's for loss of pledges, 81,
    108, 112, 142, 246, 257,
    of sureties, 230–234, 238–239
Loans,
    of Jews negotiated before burgo-
    master and municipal council,
    144–145; see also Stadtbrief

Magdeburg, 12, 17 n. 14,
    Jews of, 12

Jury Court, 9–18
law, 9–18
Magdeburg law, collections of, 14–16
Schöffenstuhl [superior court], 10
Meat, from cattle slaughtered by Jews,
sale of, 75, 89
Mirror (*Spiegel*) of the law, 3, 4 n. 2
Missionaries,
not barred from social relations with Jews, 115
Mixed Jewish-Christian courts, 252, 258
Money,
borrowing from Jews as a means of contractual enforcement of debt obligations, *see Schadennehmen*
counterfeit, 158
Moneylending,
on cattle and horses, 83, 103
at immoderate interest, 110
at moderate interest, 110
at night prohibited, 78, 111
without security, 107
to suspicious persons prohibited, 78, 111, 112
see also Usury

Nurses,
Christian, for Jews, 115

Oath,
taken by Jews in legal procedure, 39, 49, 58, 67, 79, 80, 81–83, 103, 107–109, 111, 112, 140, 145, 179
with no oath-helpers, 154, 236
with two oath-helpers, 148, 166, 205 (one Christian, one Jewish)
with two Christian oath-helpers, 168
with six oath-helpers, 140, 154, 177, 192 (Christian and Jewish)
with seven oath-helpers, 151, 216
see also Jewry oath, *Klagengewere*
Oath-helpers, *see* Oath

Oberhof Magdeburg, 9–11
Ordeal,
of hot iron and boiling water, 176
see also Combat

Patibulum [gallows],
penalty for Jewish thief, 252
Peace,
King's, *see* King's peace
princely, 216
Plaintiffs,
Jews admitted as, 123, 130, 183–184, 186, 189
Platea judaeorum [*Judengasse*], 250
Pledge,
acceptance of food and beverages, 113
acceptance of sacred vessels or books, 79, 92, 95, 113, 120
acceptance of secular books, 79, 113
acceptance of suspicious objects, 96, 112, 261
acceptance from suspicous persons, 78, 111, 261
accidental destruction of, 80
contractual, 37, 109, 170, 172, 174, 219, 248
deterioration of, 81, 82, 105, 106, 110
forfeited, 54, 64, 77, 100, 152
immovable objects, 163, 247–248, 255
law of evidence, 80, 108, 109, 255
loss of, 81, 108, 246, 257
movable objects, 39, 260
origin of, 82
pawned to Jews, 54, 64, 77, 100, 219, 260
possession of, 47, 219
realization of unredeemed, 81, 107, 108, 152, 163, 230–233, 248
redemption of, 56, 103, 106, 109, 110
release, of, 206
return on holidays, 84

value of, 82, 108, 109
robbing of, 84
unlawful practices with, 110, 111
Pogroms (*slachtung*),
123, 124, 125
Procession,
Jews not to stay in street during, 85
Promissory notes,
clause of attorney, 208
clauses in, 165, 166, 167, 173, 176, 177
date, 174–175
evidence by, 77, 100
formulas, 169–170, 171–172, 173–174
loss of, 77
as pledges in the hands of Jewish creditors, 77, 99, 219
seals on, 165–166, 170–171, 172, 173, 174, 196, 217
validity, 164–166, 169–171, 171–173, 173–175, 193–194, 196, 217, 219
Property,
acquisition of movable, 39, 43, 59, 66, 70, 95
immovable, 110, 117, 163–164, 168–169, 182–183
lawful acquisition from non-owner, *see* Trade privilege of Jews
of slaughtered Jews, 124, 125
see also Real property
Public office,
Jews barred from, 42
Public peace,
Jews under, 89
Public registers,
claims of Jewish creditors entered into, 77, 99, 145–147, 178, 201–202, 212, 224, 225, 227, 228
Punishment, 38, 39, 42, 45, 50, 57, 58, 66, 84, 141; *see also* Death penalty

Quitancia [release]
210, 217–218

Real property,
Jews barred from ownership of, 78, 101
lawfully acquired and transferred by Jews, 182–183
ownership permitted to Jews, 110, 117, 163–164, 168–169
Rechtsbücher [law-books], 3–8
Religious discussions,
between Christian laymen and Jews prohibited, 117
between clergy and Jews permitted, 117
Renting of houses and gardens to Jews, 115
Reprisal, *see* Seizure
Restitution,
of illegally obtained goods, 234, 235
of stolen goods, 175, 261
in case of usury, 46, 100
Richtunge [settlement of dispute by arbitration],
217
Rodal(e) [Torah],
87, 254
Ruchte, see Gerüfte

Schadennehmen [borrowing money from Christians or Jews at the debtor's expense as a means of enforcement of obligations],
37, 105, 148–150, 161–162, 180–182, 197–198, 199–201, 202
Schöffensprüche, 11–18, 20
Schule [synagogue],
68, 85, 116; *see also* Synagogue
Seals on promissory notes, *see* Promissory notes
Security,
movable objects as, 39, 43, 59, 66, 95; *see also* Pledge
Segregation of Jews, 115, 116; *see also* Ghetto
Seizure in favor of Jewish claimant,
of movable objects, 184–185, 187–188,

of persons, 237–239
of real property, 194–195
in reprisal, 237–239
Sex relations,
  between Christians and Jews, 62, 90, 117, 129
  death penalty for, 62, 90, 129
Slachtung, see Pogrom
Slaughtering of cattle by Jews, 75, 89
Social relations between Jews and Christians,
  forbidden, 42, 60, 91, 115, 118, 124, 134
  permitted to missionaries, 115
Sorcerers, 128
Spiegel [mirror of the law], 3, 4 n. 2
Spokesmanship (*vorreder, vorspreche, prolocutor*),
  Christians for Jews, 134 no. 14, 216, 245
  clerics excluded, 94
  Jews entitled to employ spokesman, 246
  Jews unfit for, 55, 65, 74, 75, 93
  qualifications for, 65
Stadtbrief [Official document of burgomaster and municipal council concerning Jewish loan contract], 146
Status of Jews,
  in various countries, 110
Statutes, municipal, 210
Stolen goods,
  claiming of, 83, 109
  moneylending on, 78, 104, 110, 111, 251
  purchase of, 48, 59, 70, 95
  restitution of, 175
  smuggled into Jewish houses, 112
Surety, 211–212, 229–234, 238–239
Synagogue,
  building of, 39 n. 1
  leaving of, with Jew-hat, 68, 71, 88, 98, 116
  new synagogues not permitted, 48, 121
  protected, 48, 85
  repair of old synagogues, 48, 121
  see also Schule

Tacit preclusion (*Verschweigung*), 156
Taxes,
  on real property payable to the Church, 45
Theft, 251, 252, 254
Titus, 39, 42, 43, 45, 58, 59, 66, 91, 95
Toleration of Jews in Christendom,
  reasons for, 94, 102
Torture,
  of Jewish thief, 251
Tote Hand [testimony *nach toter hand*, in disputes over relations of deceased persons],
  145, 146, 171, 177, 184, 191, 244
Trade privilege of Jews, 39, 43, 59, 78, 80, 83, 88, 93, 95, 104, 109, 111, 114, 120, 147, 251, 261
  bona fides required, 261

Usury [moneylending at interest]
  by Christians, 100, 101
  claims against usurers, 101
  definition of, 97
  conviction of usury deprives of social and legal standing, 101
  fitting for Jews, 103
  Oberhof of Magdeburg does not pass judgment on, 178, 194, 207, 231, 234
  prohibition of, 97, 101
  practice permitted to Jews, 78, 97, 101, 110
  protection of women against, 96
  repentance of, 100
  restitution in case of, 46, 100
  see also Moneylending

Verrichtung (*vorrichtung*), *see* Arbitration
Verschweigung [tacit preclusion], 156

Vespasian, 39, 42, 43, 45, 59, 66, 91, 95

Vir probus ["reputable man"], Jew qualified to be regarded as, 250

Vorreder, see Spokesmanship

Vorspreche, see Spokesmanship

Warranty, of Christian vendors, 47, 69 of Jewish vendors, 38, 42, 45, 47, 51, 57, 59, 65, 67, 69, 74, 95, 97, 114, 118, 119, 139, 153, 163–164, 168–169, 192, 245

Weistümer, 11, 12

Were [seisin, possession], 195, 207

Witnesses, Jews barred from appearing as, 48, 50, 88, 91, 126, 133 no. 7, 259 qualifications and duties of, 105

Wucher, see Interest

INDEX OF JEWISH NAMES

Aaron, in Eisleben, 160

Abraham, in Leipzig [*ca.* 1427–1439], 179, 194 n. 1, 203–204

Abraham, in Leitmeritz, 236

Abraham, vom Hayne, in Naumburg, 164–167

Canold (Kanold), in Naumburg, 168–169, 172

Cussil (Cussel, Kussil), in Kalis, 206–207, 208–209

Czierny, Jacob, in Leitmeritz, 224–228

David, 215

Elias, Mardochai, in Leitmeritz, 229–234

Hasze, in Zerbst, 191, 192

Isaac, 183–185

Isaac, in Leitmeritz, 240–242

Isaac, [in Sagan], 209

Jacob, in Leitmeritz, 236

Jacob (Czierny [*Schwarz*]), in Leitmeritz, 224–228

Jacob, in Posen, 212

Jacob, in Schweidnitz, 154–156

Jonass (Jonasch), in Leitmeritz, 224–229

Jordan, in Leipzig [mentioned 1436–1439], 182–183, 186

Josse, 189

Junger, in Naumburg, 169, 172, 173

Kanold (Canold), in Naumburg, 168–169, 172

Kaprzik, in Prague, 237, 238

Kussil (Cussil, Cussel), in Kalis, 206–207, 208–209

Lasar, 181

Margkart, 176, 177

Meyger, in Naumburg, 168–169

Meysner (Meyssener), Abraham, 209

Meyssener (Meysner), Abraham, 209

Mosshe, in Sagan, 209–211, 217–218

Musche, in Meissen and Dresden, 144–147

Osel, in Brünn, 258

Perlin, in Naumburg, 164

Polak, Jacob, in Leitmeritz, 224, 225, 227, 228

Samuel, in Prague, 237, 238

Schalam (Schalom), 178–179

Slommentrost [contraction of Solomon and Trost, German translation of Hebrew Menachem], in Schweidnitz, 205

Ychel, in Reichenbach, 218

Zcadagk, in Naumburg, 167–169

INDEX OF PLACES

Boskowitz, 245, 250
Breslau,, 11, 209
Brünn (Brno, Brunna), 243, 252, 259, 260, 261

Cracow, 11, 158
Culm, 11

Dohna, 147, 148, 196, 219
Dresden, 11, 145, 146, 147

Eibenschitz, 260
Eisleben, 159–160

Frankenstein (Frangkinstein, Franckinstein), 203
Freiberg, 163, 164, 169, 172

Gene [Jena], 181
Gewitz (Gewiczka), 250
Görlitz, 11, 195
Gostel [Kostel], 244, 245, 253
Guben (Gobin), 199

Halle, on the Saale river, 10, 11, 17 n. 14

Jena (Gene, Ghen), 181

Kahla (Kale), 181
Kalis [Kalish], 208, 209
Kostel (Gostel), 244, 245, 253
Kremsier (Chremsier), 254

Leipzig, 10, 11, 17 n. 14, 169, 179, 180, 182, 186, 187, 188
Leitmeritz, 11, 220, 237–239, 240

Lemberg, 11
Liegnitz (Legenitcz, Ligenitz), 190, 202

Magdeburg, 12, 17 n. 14, 141, 150, 155, 158, 159, 160, 161, 162, 163, 164, 166, 169, 171, 173, 175, 176, 177, 178, 190, 192, 194, 195, 197, 199, 200, 202, 206, 210, 212, 213, 219, 222, 223, 225, 228, 230, 233, 234, 235, 236, 238, 239, 240, 241, 242
Meissen, 145, 146, 147
Merseburg, 193
Mödritz (Modricz), 259

Naumburg, 11, 160, 164, 166, 167, 168, 169, 170, 171, 173, 174, 176
Nausedlitz, 246, 253
Olmütz, 152

Posen, 211
Prague, 237–239

Radisch [Ungarisch Hradisch], 253, 254, 255, 258
Reichenbach, 218

Sagan (Sagen), 209
Schweidnitz (Sweidnicz), 154, 205
Stendal, 10, 140, 141

Thorn, 11

Wischau (Wissaw), 247

Zeitz (Zcicze), 175
Zerbst, 190

www.ingramcontent.com/pod-product-compliance
Lightning Source LLC
Chambersburg PA
CBHW020404100426
42812CB00001B/197